LA BÚSQUEDA DE LOS CONOCIMIENTOS OCULTOS Y PERDIDOS

DOLORES CANNON

Traducción: M. Belén Zorita Cruz

Revisado por:
Diana Paola Azuero & Carmelo Lattassa

Previously published by and Permissions given to print by:

Mª Eugenia (Nefer)

© 2014 por Dolores Cannon

Primera Impresión by Ozark Mountain Publishing, Inc.: 2014
Primera traducción & publicación al español: 2017 by M. Eugenia (Nefer)
Edición de Ozark Mountain Publishing, Inc. 2022

Todos los derechos están reservados. Parte del libro o en su totalidad no puede ser reproducido, transmitido o utilizado de cualquier forma o en cualquier manera, electrónica, fotográfica o mecánica, incluyendo el fotocopiado, grabaciones o cualquier otra información guardada y de sistema extraído sin permiso escrito de Ozark Mountain Publishing, Inc. A excepto de las frases breves que conforman en los artículos literarios y revisiones.

Para permiso, nuevo de series, condensación, adaptaciones o para nuestro catálogo de otras publicaciones escriba a: Ozark Mountain Publishing, Inc., P.O. Box 754, Huntsville, AR 72740-0754 Attn: Permission Department.

Librería del Congreso Catálogo en publicación Datos:
Cannon, Dolores, 1931- 2014
LA BÚSQUEDA DE LOS CONOCIMIENTOS OCULTOS Y PERDIDOS
Título original: The Search for Hidden Sacred Knowledge by Dolores Cannon
    Muchos de nosotros vivimos vidas anteriores como guardianes del conocimiento sagrado que se enseñaba en las antiguas escuelas de misterios. Gran parte de este conocimiento se perdió con el tiempo debido a los desastres y la destrucción o la muerte. El conocimiento estaba reservado para unos pocos elegidos que dedicaron su vida a entenderlo y enseñarlo.

1. Conocimiento antiguo 2. Metafísica 3. Hipnosis 4. Reencarnación
I. Cannon. Dolores, 1931-2014 II. Metafísica III. Título
Número de tarjeta del catálogo de la librería del congreso: 2022943964
ISBN: 978-1-956945-27-0

Diseño de portada y arte: Victoria Cooper Art
Traducido por: M. Belén Zorita Cruz
Revisado por: Diana Paola Azuero & Carmelo Lattasa
Ilustraciones: Joe Alexander
Diseño del libro: Nancy Vernon
Ensamble en: Times New Roman
Publicado por:

P.O. Box 754 Huntsville, AR 72740-0754
Impreso en Estados Unidos de América

DEDICATORIA

Este libro está dedicado a todas aquellas personas "trabajadoras de la luz" para dar fruto al conocimiento y particularmente a los facilitadores del método QHHT Quantum Healing Hypnosis Technique en todo el mundo y que con tanto amor trabajan en elevar la vibración para todos nosotros.

"Escribo por la misma razón que respiro, porque si no lo hiciera moriría."

Isaac Asimov

Queridos lectores,

Poco después de que mi madre terminara este libro, ella trascendió de este mundo al siguiente. En estos últimos años, ella no solo trabajó diligentemente en este libro, y algunos otros, sino que también dedicó mucho tiempo a desarrollar programas de entrenamiento, y perfilando personalmente la destreza del equipo de facultativos de su método QHHT – Quantum Healing Technique, para asegurar que todo su tra- bajo y legado continuara a través de su equipo y futuros practicantes. Hasta sus últimos días aquí, ella insistía "el trabajo y búsqueda del conocimiento" debe continuar y prometió que ella ayudaría desde el otro lado. Una promesa que me alegra informar que está cumpliendo.

Con cariño, Julia Cannon

Alegación de descargo

La autora y la editora de este libro no pretenden ofrecer consejo médico ni prescribir el uso de ninguna técnica como tratamiento para problemas físicos o médicos. La información médica incluida en esta obra se extrajo de las consultas particulares y de las sesiones de Dolores Cannon con sus clientes. No pretenden constituir un diagnóstico médico de ninguna clase, ni sustituir al consejo o al tratamiento médico de un especialista. Por ello, tanto la autora como la editora declinan cualquier responsabilidad por la interpretación o el uso que el lector pueda hacer de esta información.

La autora ha procurado en todo momento proteger la identidad e intimidad de los clientes involucrados en estas sesiones. La localización de las mismas es verídica y exacta pero se han utilizado solo nombres de pila falsos.

PRÓLOGO Y AGRADECIMIENTOS

Este libro que hoy tenéis en vuestras manos, está dedicado por Dolores a todos aquellos facilitadores de la técnica QHHT que Dolores Cannon creó, y que es el fruto de 45 años de trabajo, a través de ella, miles de personas no solamente encontraron conocimiento, también descubrieron información que les ayudaría en su entendimiento sobre ellos mismos y su propósito o misión en el mundo como alma eterna, en esta y en muchas otras vidas. Este libro es el fruto del amor, del profundo amor que siento por mi admirada maestra Dolores, pero también del amor de muchas otras personas, que de manera accidental llegaron a mi vida y que han participado en el trabajo de traducción, edición y publicación. A todas ellas, les daré eternamente las gracias. Sabiendo que sin todas esas sincronicidades y personas, nunca hubiera sido posible su publicación. La misma Dolores se maravillaba de cómo los acontecimientos y sincronicidades se sucedían una y otra vez en su vida, no solamente de la información que recibía en sus sesiones, sino también en la forma que la gente conectaba con su in- formación y llegaban a sus conferencias y clases.

Yo fui una de las miles de ellas, y nunca antes de conocerla, me había planteado aprender una técnica de sanación, aunque mi deseo de ayudar a otros seres humanos siempre estuvo conmigo, al menos desde que tengo recuerdos o conocimiento. Así que cuando mi extraordinaria Abuelita Dolores (como yo cariñosamente la llamo) apareció en mi vida, en la pantalla de mi PC, no dudé ni por un momento, y decidí registrarme y asistir al curso que en tres semanas tenía previsto impartir en Inglaterra en Mayo 2013, en ese momento, no había leído ninguno de sus libros, no sabía apenas nada de Dolores y tampoco de lo mucho que cambiaría mi vida al tomar aquella decisión, sólo escuche mi intuición, si lo queremos llamar así, aunque ahora reconozco que fue mi Ser Superior o SC como lo llama Dolores, que me decía que Ella tenía algo mucho más allá del enorme parecido físico con mi abuela materna, había algo que me atraía, quería saber más sobre ella y en qué consistía su trabajo, y así es como llegué a esa clase, y a aprender la técnica QHHT. A lo largo de estos años he escuchado cientos de historias de facilitadores parecidas a la mía... y de cómo Dolores cambió su vida, quizás con una sesión, con sus enseñanzas o simplemente leyendo sus libros... y ese es mi propósito, que tengáis acceso a la información que ella nos dejó a través de sus libros, para mejorar nuestras vidas.

Ahora me dedico a viajar por muchos países, especialmente de habla hispana, llevando la técnica QHHT y transmitiendo el mensaje de Dolores, ésa es mi misión, y esto incluye la publicación de este libro y de otros que vendrán en un futuro si así tiene que ser, para que muchas más personas la conozcan y vivan su propia misión. Creo que ése fue uno de los mayores méritos de Dolores, Que al decidir vivir su pasión, el buscar y transmitir el conocimiento, ayudó a miles de seres humanos a vivir la suya propia también. Esa sería la grandiosa obra de Dolores junto con toda la información que publicó en sus libros.

Este libro es una pequeña parte de toda esa información, espero que lo disfrutéis y os maraville tanto como a mí, el proceso de su publicación en español. Quiero dar las gracias muy especialmente a Belén Cruz por la traducción de este libro, a Carmelo Lattassa por la portada y diseño, y a Diana Pahola Azuero, Aitana Von Loh, Víctor Álvarez Parapar y Catia D´Angelo por la revisión, todos ellos dedicaron largas horas de su tiempo libre para que este proyecto se hiciera realidad. Gracias a mi hija Aitana por todas las atenciones durante el proceso, por su ayuda en la transcripción y por ser mi más ferviente admiradora. Un lugar especial a todos los que de una manera u otra me ofrecieron su apoyo moral para editar y publicar esta obra, y a todos vosotros, mis queridos clientes y ferventes seguidores de Dolores Cannon en Español, que me motivasteis para hacerlo posible.

Un abrazo de luz para todos!

~Mª Eugenia (Nefer)

ÍNDICE

Introducción	i
Capítulo 1: Isis y la gente de la máquina	1
Capítulo 2: Piensan que somos dioses	17
Capítulo 3: No cometas los mismos fallos	31
Capítulo 4: Recordando la curación ancestral	44
Capítulo 5: Ocultando la información	50
Capítulo 6: Maná desde el cielo	63
Capítulo 7: Cómo llevar un abrigo	77
Capítulo 8: La tripulación de emergencia	90
Capítulo 9: Otro viajero	100
Capítulo 10: Color y sonido	107
Capítulo 11: Protegiendo el conocimiento	118
Capítulo 12: Orbes de información	131
Capítulo 13: Los cráneos de cristal	142
Capítulo 14: Enseñando el conocimiento	161
Capítulo 15: Lemuria y portal	170
Capítulo 16: Sacerdotisa en la Atlántida	178
Capítulo 17: La extraña estructura	189
Capítulo 18: La Atlántida	200
Capítulo 19: Los archivos ocultos de la Atlántida	207
Capítulo 20: Experimentación en la Atlántida	214
Capítulo 21: El origen de Stonehenge	225
Capítulo 22: El monte Vesubio y la destrucción de Pompeya	237
Capítulo 23: Ir al infierno	246
Capítulo 24: Ocultando las enseñanzas de Jesús	263
Capítulo 25: Conclusión	278
Sobre el autor	281

INTRODUCCIÓN

Para aquellos de vosotros a quienes les resulte familiar mi trabajo en hipnosis, les digo "bienvenidos de nuevo." Para aquellos que no hayan leído ninguno de mis libros, les digo "bienvenidos a bordo." Todo lo que necesitáis para el viaje es una mente abierta y la habilidad de suspender la desconfianza durante el breve tiempo que requiere leer este libro. Llevo trabajando en este campo de lo extraño y lo desconocido durante tanto tiempo que se convierte en normal. Ya no cuestiono la información que recibo a través de miles y miles de clientes que vienen por terapia. Sé, sin lugar a dudas, que nada es imposible en mi trabajo. No intento convencer a nadie sobre las cosas que he descubierto. Creo que mi trabajo habla por sí mismo.

Un extraño fenómeno lleva ocurriendo en mi labor durante los últimos años; sin duda un gran cambio. Cuando doy conferencias a grandes audiencias por todo el mundo, encuentro mucha gente que dice no haber oído de mí. Dicen que sólo han descubierto mi trabajo recientemente como un mes o una semana antes de la conferencia. Me descubrieron a través de Internet. Por eso me refiero a este tema como la generación de internet. Créanme que no me he estado escondiendo. Además de trabajar en el campo de la hipnosis, he escrito muchos libros y dado conferencias continuamente por todo el mundo durante cuarenta y cinco años. La mayoría de personas que están descubriéndome parecen jóvenes; tiene sentido que Internet esté llegando a mucha más gente que a través de mis libros y conferencias. Tengo el privilegio de ver cómo se está desarrollando este fenómeno.

Soy una hipnoterapeuta que trata con la regresión a vidas pasadas. Durante muchos años desarrollé un nuevo método de hipnosis que usa el poder de la mente del cliente para curarlos instantáneamente de cualquier mal, enfermedad o dolencia. En lo que me estoy enfocando principalmente ahora, es en la enseñanza de este sorprendente método por todo el mundo. Comencé a impartir cursos en 2002 y he entrenado a más de 4.000 personas que están descubriendo los mismos milagros que yo encontré. Aunque no fue siempre así. Puede resultar difícil de creer, pero cuando descubrí la reencarnación y vidas pasadas en 1968 no se relacionaba el uso de la hipnosis en ese sentido. En aquel tiempo la hipnosis sólo se usaba para eliminar hábitos (dejar de fumar, perder peso, etc.) y para ayudar al paciente a relajarse. En nuestro mundo occidental las palabras "reencarnación y regresión a vidas pasadas" eran desconocidas para la mayoría. Cómo me adentré en este fascinante mundo de viaje en el tiempo, lo explico en mi primer libro "Cinco vidas recordadas". En lugar de asustarme, mi curiosidad despegó y me vi obligada a investigar más a fondo. Hoy se me considera pionera en el campo de regresión a vidas pasadas porque he encontrado una forma de llegar más lejos y usarlo para ayudar al cliente con terapia y curación. Porque no había nadie que enseñara este tipo de terapia en 1960 pude desarrollar mi propia técnica, y con ella, la manera para poder hablar directamente con la fuerza más grandiosa del Universo.

Ocurrió gradualmente, pero encontré la forma de pedir Su asistencia para ayudar al cliente. Ésta tiene las respuestas a todas las preguntas, total conocimiento de cualquier índole y puede realizar curaciones instantáneamente. Cuando descubrí este Poder-Fuerza, no tenía un nombre para definirla. Otros se han referido a ella como el alma superior, el yo superior, la conciencia superior o la conciencia universal. En aquel momento no estaba familiarizada con estos términos y la llamé Subconsciente. Quisiera subrayar que no es el término usado por psiquiatras al referirse al subconsciente. He descubierto que es la parte más infantil de la mente y no tiene el poder de la parte de la mente con la que trabajo. "Ellos" me dicen que no importa como se la llame y también dicen que de todas maneras no tiene un nombre, pero que responderán y trabajaran conmigo. Para los propósitos de este libro, me referiré a ella como el SC. Mis alumnos también se sienten más a gusto llamándola SC.

Trabajo con el nivel más profundo de trance, llamado el nivel sonámbulo. En este nivel, puedo conseguir apartar la mente consciente del camino y conversar directamente con este grandioso poder, el SC. No soy médium ni canalizo. Toda la información de la que escribo procede de miles de clientes con los que he trabajado durante más de 45 años. Me considero reportera, informadora e investigadora de conocimiento perdido. Recojo toda la información que procede de mis clientes y junto las piezas de un rompecabezas. Siempre me sorprende lo que se descubre y la información se ha hecho cada vez más compleja con teorías metafísicas desconocidas. Éstos han sido los cimientos de mis libros "El Universo complejo" La información que recibo hoy en día nunca hubiera podido entenderla hace veinte o treinta años. Me ha sido dada gradualmente o hubiera sido sobrecogedora. Ellos me dicen "te damos una cucharada de información, digiérela y después te daremos otra." Me alegra que lo hayan hecho de esa forma o nunca habría podido entenderla. Debido a mi trabajo en hipnosis, he descubierto que las escuelas de conocimiento secreto siempre han estado rodeándonos. Siempre ha habido cierto miedo a que se perdiera el sagrado conocimiento oculto, y mucho se perdió. En un principio se preservaba oralmente, no a través de la escritura. Se pasaban de generación en generación. Usualmente era a una persona a la que se confiaba como guardián del conocimiento (algunas de estas historias se ven narradas en mi libro Starcrash) y algunas se preservan como leyendas. Mucho del conocimiento se ha perdido a través del tiempo, tanto en desastres naturales o de una tribu, o tras fallecer el Guardián del conocimiento antes de que pudiera transferirlo. Si había mucha información que preservar y transferir, podía llevar años de dedicado estudio. Este fue el principio de las escuelas secretas. El conocimiento no estaba al alcance de todos pues cualquier persona no podría entenderla. Solo para elegidos o selectos, que consagraban sus vidas a comprenderlo y enseñarlo. Debían vivir sus vidas recluidos y aislados, a causa de la posesión del conocimiento que ponía sus vidas en peligro. Pues siempre hubo gente (a menudo, aquellos en el poder) que se sentían amenazados por cualquier cosa que no podían entender. Esta fue la razón real, durante la caza de brujas y persecución, en los primeros años de la Iglesia Católica. Se sentían amenazados por los Agnósticos y su conocimiento secreto. Lo querían para ellos, pero los agnósticos dejarían que les dieran muerte, antes de divulgarlo. Tenían que hacer un juramento (sobre estas historias hablo en mi libro Jesús y los Esenios) Entonces, la Iglesia decidió que sólo había una respuesta, estas personas habrían de morir. Por lo tanto, nada tuvo que ver con brujas y demonios, sino el deseo de más conocimiento y poder. La Inquisición es un perfecto ejemplo del periodo tan terrible en esa época. Los Esenios también son un perfecto ejemplo, del extenso grupo que tuvieron que preservar y proteger el antiguo conocimiento. Vivieron en absoluto aislamiento y sigilo.

Tuve una sesión recientemente, donde una mujer regresó a una vida donde ella era un monje (aparentemente en la montaña del Tíbet) que había pasado toda su vida recluida con un grupo de estudiantes del conocimiento, estudiando lo oculto. Gracias a la separación de las distracciones de este mundo, era sencillo concentrarse y aprender los misterios. Aprendió cómo salir fácilmente de su cuerpo y viajaba, ayudando a crear universos y galaxias. Según iba haciéndose mayor en ese tiempo, fue enseñando a discípulos como hacer lo mismo, para que el conocimiento no se perdiera. Me gustaría pensar que estas habilidades continúan siendo enseñadas en monasterios remotos como en Tíbet o Nepal.

Uno de mis alumnos tuvo un caso donde el cliente regresó a otra vida donde él era un guardián del conocimiento secreto (muy similar a las historias de este libro). Por supuesto cuando llegué al SC, una de las preguntas era saber más acerca del tipo de conocimiento secreto que guardaba o protegía. El SC rió - ellos tienen sentido del humor y dijo, "Todo lo que hoy en día tendría que hacer es poner en Google geometría sagrada". Todo está allí, ya no sigue siendo un secreto. El conocimiento por el que hubo gente que murió en otra época, ahora está continuamente disponible, según vamos moviéndonos hacia la Nueva Tierra. Todo el conocimiento y habilidades psíquicas, están siendo traídos de nuevo a una velocidad asombrosa.

Trabajo a menudo con Ashrams (comunidad espiritual hindú) y Sufís – filosofía mística. Doy conferencias en sus retiros docentes. Hablo de información de la que escribo en mis libros Universo complejo. Después de una conferencia en Bahamas, todo el mundo estaba abandonando el templo para irse a la cama, me di la vuelta y vi un grupo de estudiantes que iban amontonándose y rodeando al Sufí. Después me contaron la conversación. Le preguntaban si la información era cierta porque era verdaderamente muy radical. El Sufí les dijo, "Ella habla con verdad. La verdad no es nueva información. Es la nueva antigua información." Siempre fue guardada para aquellos que empleaban sus vidas estudiando y aprendiendo, yendo a cuevas en Nepal para meditar y llegar a la iluminación. Siempre se guardó para un grupo selecto que dedicaban sus vidas al estudio. La diferencia es que ahora ha sido traída de nuevo para la gente normal. Aunque muchos no comprenderán, y está bien, quizá ese no es su camino. Pero para muchos sí, y es importante que en nuestro tiempo se recupere el conocimiento, pues no nos colgaran ni quemarán en la hoguera por el miedo a ser diferentes.

En mi trabajo a menudo recibo información que es similar, aplicada al mismo tema. Cuando esto ocurre, acumulo los casos y los pongo en un libro separado. Esto es lo que ocurre en este libro. No es otro de mi serie El Universo Complejo. Este libro habla por sí mismo (de la misma manera que mis anteriores) y trata de información que ha sido perdida u ocultada. Durante cientos de años, ésta solo fue enseñada en escuelas secretas a discípulos que eran capaces de entenderla y de usarla. Los casos a los que hago mención, son aislados, durante muchas de las sesiones realizadas. Las guardé y las uní en este libro.

¡Disfruten del viaje!

Capítulo 1

ISIS Y LA GENTE DE LA MÁQUINA

En mis libros Los guardianes del jardín y Los Custodios hablan de cómo los extraterrestres crearon vida en la Tierra. Todo ello llevó una cantidad de tiempo inconcebible mientras la vida se fue estableciendo y comenzó a florecer. Después de que los animales se creasen, los humanos fueron desarrollados manipulando los genes y el ADN de los simios. Según las especies iban creciendo y comenzaban a tener inteligencia, entonces llegaron los extraterrestres y vivieron entre los salvajes para educarlos y dotarles de habilidades con el fin de que pudieran sobrevivir y que con el tiempo crearan una civilización. Los extraterrestres vivieron entre ellos durante muchos, muchos años porque ellos no morían hasta que lo decidían. Es por eso, que estos seres eran tratados como Dioses o Diosas y crearon leyendas. Porque ellos sabían que eventualmente se irían y regresarían a sus hogares para intentar pasar el conocimiento a seres específicos que pensaban, serían capaces de proseguirlo. También se cruzaban con los nativos para producir aquellos, que tendrían algunas de sus cualidades y poder ayudar a las personas, después que los originarios se marcharan.

El conocimiento y habilidades continuaron para poderlos transmitir durante siglos a través de varias generaciones de personas elegidas. Este fue el comienzo de las escuelas ocultas secretas donde algunos eran escogidos para aprender y practicar diversas técnicas. Pasado el tiempo, ellos se recluían en templos y centros que estaban aislados del pueblo en general. Por causa de los talentos que poseían, eran tratados de manera diferente, mantenidos y por encima de otros. Éstos llegaban a ser sacerdotes o sacerdotisas y poseían diversas habilidades.

El conocimiento debía ser salvaguardado y protegido. Ellos sabían que tenía que preservarse. A lo largo de incontables siglos esta sabiduría fue protegida y compartida con unos pocos elegidos. Se lucharon guerras y terribles injusticias fueron cometidas (como la Inquisición), en intentos por ganar acceso a dicho conocimiento. Aquellos que lo tenían, a menudo preferían morir antes de dejarlo caer en las manos equivocadas. El conocimiento debería ser salvaguardado y protegido. Sabían que debía prevalecer.

Ahora ya no se reserva estrictamente para los oráculos en templos, ermitaños en cuevas u hombres sabios enclaustrados en escuelas ocultas. Está regresando a nuestro tiempo, está disponible para que todos aprendamos. Esto es porque el velo se está haciendo más fino; estamos experimentando un despertar según nos movemos hacia la Nueva Tierra. Nuestras frecuencias y vibraciones están siendo aumentadas para que podamos entender estos misterios ancestrales. Están siendo traídas de vuelta a nuestro tiempo y a la disposición y uso de cualquiera de nosotros.

Sin embargo, las regresiones de las que hablo en este libro nos ponen en claro información para darnos cuenta de cuán desconocido era el conocimiento a cualquier persona y sólo a disposición de unos pocos elegidos.

* * *

Originalmente, los templos en Babilonia fueron diseñados con pilares exteriores, separados uniformemente. Algunos tenían el tejado abierto al cielo (3.000 AC Babilonia había desarrollado una cultura compleja) Estos templos eran observatorios. El sacerdote se sentaría en un punto designado en el centro del edificio a observar y guardar registros del movimiento de las estrellas y los planetas, según pasaban entre dichos pilares. Estos registros se guardarían y cotejarían durante cientos de años. De esta forma cada movimiento podía ser medido con precisión. Estos registros formarían parte de la ciencia sagrada; sólo aquellos en escuelas, secretas tendrían acceso y podrían interpretar el significado. Éste habría sido el nacimiento de la Astrología y la Astronomía. Por supuesto, las enseñanzas originales (qué estrellas observar) habría venido de los extraterrestres, ya que mucho del conocimiento original dado tendría significado observando cuerpos planetarios, invisibles a simple vista. De ese modo, utilizaban instrumentos muy avanzados como los telescopios (probablemente similares a dispositivos para ver a grandes distancias, como en

Qumrán. Hago mención de ello en mi libro "Jesús y los Esenios".) Mucha de esta información era esencial para los extraterrestres porque tiene relación con su planeta de origen o constelación. Podrían así tener un seguimiento de los movimientos y sabrían el mejor momento para viajar allí o comunicarse. Parte de la información sería importante para los terrícolas para trazar el paso del tiempo, las estaciones y otra parte, imprescindible para los mismos extraterrestres.

Este patrón también se seguía en las construcciones de círculos de piedras y monolitos, como el de Stonehenge, New Grange y muchos otros por todo el mundo. Servían de marcadores para el paso de las estaciones y la posición de ciertos planetas y estrellas. Sus cursos estaban trazados guardando relación con los dinteles y piedras.

Era una ciencia altamente avanzada en la época de la Atlántida. El conocimiento fue llevado por sus supervivientes a Egipto y a otras partes del mundo. Esto se explora en mis libros El Universo Complejo.

¿A qué se debía la importancia de construcción de templos, círculos de piedra y marcar el paso de las estaciones? Los monumentos y el conocimiento se remontan a cuando el hombre primitivo empezó a dominar la agricultura, a sembrar, a cosechar y a cuidar del ganado. ¿Cómo estos humanos con instintos muy básicos desarrollaron estas obras de arte cuando tan sólo estaban comenzando a evolucionar de seres salvajes a los rudimentos de la civilización? Sabemos que durante estos primeros años los extraterrestres vivieron entre ellos y les enseñaron habilidades básicas que necesitarían para sobrevivir y progresar. Por ejemplo, en los Indios Americanos la mujer del maíz les enseñó cómo y cuándo sembrar. Otros seres también vinieron y les enseñaron a cazar y usar el fuego. En cada una de estas leyendas que hay por todo el mundo, los portadores culturales procedían del cielo o del otro lado del mar. En mi libro "El Universo complejo I" hay una historia sobre extraterrestres que construían máquinas que aprovechaban la energía del Sol, la luna y las estrellas.

Ya que estos seres podían vivir todo el tiempo que querían, eran considerados dioses por la gente.

Era muy importante poder calcular el tiempo, especialmente el paso de las estaciones, así que esas especies en evolución fueron enseñadas sobre cuándo sembrar y cosechar. De ahí la importancia de erigir estructuras para poder seguir el curso de las estaciones y preparar a ciertas personas para poder interpretar la información y dársela a la gente. He descubierto que las estructuras originales fueron construidas por extraterrestres, no humanos primitivos que vivieron allí en aquel tiempo.

El uso de la mente para crear y hacer levitar la piedra, etc.; fue perfeccionado en algunas civilizaciones altamente avanzadas y llevada a Egipto y otros lugares por sobrevivientes, después de la destrucción de Atlántida. Los extraterrestres todavía seguían viviendo entre los hombres.

Comenzó con el seguimiento básico de las estaciones, después convirtiéndose en sistemas más sofisticados de Astronomía, con el fin de que los extraterrestres pudieran seguir el curso de sus planetas de origen y su posición. Las estructuras podían ser vistas desde el espacio y como marcadores para sus naves espaciales orbitando el planeta, y saber dónde estaban sus hermanos ubicados y trabajando.

* * *

Toni era una mujer soltera que vivía en su rancho en Texas y empleaba su tiempo en criar y vender caballos. Ella vino a mí para encontrar respuestas a problemas personales. Nunca sabemos el tipo de vida pasada a la que el SC tiene su lógica especial y única, y yo nunca sé la que escogerá o la conexión que tendrá en la vida actual del cliente.

Cuando Terry salió de la nube, se encontraba en un gran templo con altas columnas. Miraba un barco con la cabeza de un dragón en su parte frontal, que se dirigía hacia ella. El barco, con unas veinte personas, se acercaba a un muelle de un gran río. Ella observaba a una mujer con el pelo largo y oscuro y un brazalete de oro alrededor de su brazo. "Ella es muy guapa, tiene flequillo, lleva algo en la cabeza, parece de oro." Mientras hablaba se fundió con la mujer. "Soy acólito. Estudio allí. Escucho las palabras de Isis."

El diccionario define un acólito como alguien que acompaña, atiende y asiste, presumiblemente a algún tipo de potestad religiosa.

D: ¿Qué estudias?
T: Las estrellas y los planetas.
D: ¿Dijiste que pensabas que tiene algo que ver con Isis? (Sí) ¿Quién es Isis?
T: Ella es la reina. Vive en este templo.

* * *

Isis era una Diosa muy importante en el antiguo Egipto. De acuerdo con el mito que la rodeaba, era hija de Geb, Dios de la Tierra, y Nut, Diosa del cielo. Ella se casó con su hermano, Osiris, y tuvieron a Horus, quien se convirtió en Faraón. Esto probablemente fue el comienzo de la endogamia para guardar puro el linaje. Cuenta el mito que poseía poderes mágicos y cualidades inusuales. La estrella sirio está asociada con Isis. La aparición de la estrella significa el adviento de un nuevo año, e Isis estaba considerada la diosa de la resurrección y reencarnación, también como protectora de los muertos. Fue la única diosa adorada por todos los egipcios. El antiguo historiador Plutarco, describió a Isis como "una diosa excepcionalmente sabia y una amante de la sabiduría, en quien el conocimiento y entendimiento encontraban el grado más alto."

A través de la historia, Isis fue servida tanto por sacerdotes como sacerdotisas en su culto, muchos de estos obtuvieron una reputación de sabiduría y curación, además de tener otros poderes especiales, incluyendo la interpretación de los sueños y la habilidad de controlar el tiempo. El culto a Isis y Osiris continuó hasta el siglo VI DC, cuando Justiniano impuso el Código Teodosiano que ordenaba destruir todos los templos paganos. Muchas creencias y rituales al culto de Isis fueron incorporados en la emergente religión cristiana.

Esta historia parece tener lugar cuando Isis vivía, antes de convertirse en culto. Yo quise asegurarme de que hablábamos de una persona real, no una estatua del templo.

* * *

D: *¿Es ella una persona real? (Si) Yo pensaba en dioses o diosas en estatuas.*
T: No, ella es real. Muchas personas estudian con ella.
D: *¿Estudian lo mismo?*
T: No, todos tenemos distintos trabajos. Algunos no consiguen estudiar los libros y pergaminos. Y siguen enfadados.
D: *¿Por qué están enfadados?*
T: No quieren estar aquí. Quieren irse a casa.
D: *¿No es esta su casa?*

T: No, vienen de los cielos. Proceden de galaxias vecinas ó estrellas vecinas. Y las mujeres no son nada parecidas de donde proceden. No les gusta estar aquí por ese motivo. No quieren estudiar con ella.

Aparentemente, no les gusta estudiar bajo el mando de una mujer, como si las mujeres no fueran respetadas de donde vienen.

D: *¿No pueden regresar a casa sino son felices aquí?*
T: No, tienen que permanecer durante cierto tiempo. Es tan dife rente a su mundo. Es muy oscuro el lugar de donde vienen y tienen mucha maquinaria. Aquí todo es muy verde, muy fértil, muy bonito y cálido. Les han ordenado permanecer aquí para llevar información.
D: *¿Estas personas tienen la misma apariencia que el resto de vosotras?*
T: No, llevan un tipo de recubrimiento que acaba en punta en las manos y llevan máscaras. No pueden verse sus caras.
D: *Ah, ¿Me pregunto porque llevarán máscaras?*
T: Para ocultar el mecanismo. No son personas muy bellas. Son oscuras. Son negras, como metal.
D: *¿Qué apariencia tienen sus máscaras?*
T: Nosotros lo llamaríamos un pájaro. Un pico puntiagudo. Una apertura grande para los ojos, que están muy hundidos. Y sus ojos parecen muertos. Son rápidas, como los pájaros. Sus voces suenan como a máquina, no es suave, no hay melo día cuando hablan.
D: *¿Pero tú nunca las has visto sin sus máscaras?*
T: Puedo ver más allá.
D: *¿Posees la habilidad para hacer eso?*
T: Si. Su carne parece cuero.
D: *También dijiste que parecían máquinas.*
T: No, me refiero a lo que hay debajo de su envoltura.
D: *¿Pero tienen vida?*
T: Sí, pero no poseen órganos como nosotros. No los necesi tan. Me asustan. No me gustan.

Pensé que sonaba como a algún tipo de persona mecánica o algo computarizado. ¿Quizá un robot?

T: Tienen inteligencia y la habilidad de pensar y reaccionar, pero es falso. Algo les dice cómo contestar y qué decir.
D: Entonces se trata de un robot o máquina ¿verdad?
T: Sí, pero más avanzada.
D: Si están enfadadas, significa que pueden sentir algún tipo de moción. (Sí) ¿Cómo se siente Isis al respecto de que no quie ran estar allí?
T: Ella dice que son necesarias. Tenemos que ofrecer amistad. Debe haber paz.
D: ¿No habría paz si ella no les permitiera venir?
T: Eso es.
D: Quizá hay algo que puedan aprender.
T: Bondad. Algunas de ellas vencen esa ira o enfado y se que dan. Están aprendiendo a tener sentimientos. Ellas ya saben acerca de las estrellas. Dicen que proceden de la vía Láctea. Nosotras estudiamos su cultura.
D: ¿Hay más gente distinta en el templo?
T: Si, hay un gran grupo de personas que visten túnicas blancas. No tienen pelo y son muy altas. Miden más de dos metros. No hablan mucho. No tienen que hacerlo. Pueden decirte lo que quieren mentalmente. Estudian los puntos energéti cos de este planeta. Los usan para generar energía. Así viajan.
D: ¿Necesitan algún artefacto para hacer eso?
T: A veces sí, otras no.
D: Y los seres oscuros, ¿usan naves?
T: Si. Si hay algo de lo que saben es de máquinas. Su nave es larga y estrecha, como un tubo. Hay veces que ni se apre cian, según gire. Parece un haz de luz. Pero los altos tan solo aparecen. No les gustan las máquinas.
D: En ese lugar hay estudiantes muy inusuales, ¿verdad?
T: Si, hay mucha gente diferente. Algunos vienen de la Tierra. Hay humanos nativos de la Tierra. Como yo.
D: ¿Hay más de los otros que nativos de la Tierra?
T: No, ella no les permite venir a muchos.
D: ¿Te gusta estar allí?
T: Ah, sí. Hay mucha paz. Y tantos libros.
D: Con tantos seres diferentes allí, puedes aprender sobre planetas y estrellas, ¿y quizá viajar allí?
T: No se nos permite salir.

D: Pensaba que es la forma de obtener conocimiento de prime ra mano.
T: Ah, no. Los oscuros quieren llevarnos con ellos, pero no nos traerían de vuelta.
D: Probablemente quieren ese conocimiento para su mundo. (Sí) Así que prefieres aprender de los libros.
T: Si, paso estudiando sola mucho tiempo.
D: Ese barco que viste, ¿sabes quiénes son esas personas que vienen en él?
T: Son peregrinos. Vienen de muy lejos, de un clima frío. Saben de Isis. Quieren verla en persona. Nunca han venido antes.

Parece que podrían ser Vikingos.

D: ¿Ocurre eso muchas veces?
T: No, hay un velo. Nadie puede encontrar el templo a menos que sea oportuno.
D: Entonces, este lugar no puede encontrarlo cualquier viajero.
T: No, no podrían verlo.
D: Esto se hace como protección. (Si) ¿Crees que quieren estu diar o solo ver a Isis?
T: Quieren el conocimiento. Quieren llevárselo consigo.
D: Todo el mundo quiere llevárselo, ¿verdad?
T: Sí, pero no pueden. Ella sabe quién debe conocerlo.

Condensé el tiempo y la llevé adelante para saber si los visitantes pudieron reunirse con Isis.

T: Ellos no hablan con ella. Ella no les habla. Algunas personas piensan que no hay nada allí. Algunas ven una estatua, pero yo sé que es real.
D: Me sorprende que no puedan ver el templo a no ser que sean las personas adecuadas.
T: A veces tropiezan cuando están en él.
D: ¿Podrían verte o al resto de personas?
T: No, parece un templo en ruinas para ellos. Es una forma de protección. La apariencia puede ser diferente a distintas per sonas. De no ser así, se apropiarían de él; sólo lo quieren por el poder que tiene y lo usarían mal.

D: *Por lo tanto, pueden caminar por el templo donde todos estáis, y no veros.*
T: Si. A veces están justo encima del mismo conocimiento, don de se encuentra escondido. Pero parecen columnas rotas y un suelo sucio. De esa manera, regresan a su lugar y dicen que nada había allí.
D: *Es una forma muy buena de protegerlo. (Si) ¿Qué harás con el conocimiento que estas aprendiendo?*
T: Enseñar a los niños. Ellos no vienen aquí. Me enviaran a enseñar. Hay personas a las que tendré que ver.

Después, la saqué de la escena e instruí para que fuera adelante, a un día importante. Me sorprendió el gran salto -salto de rana. Así lo llamó, cuando el tema salta de repente en otra vida que no guarda relación. Ella apareció en el día de su muerte. Se encontraba en mitad de una guerra, era un hombre, un soldado, en lo que aparentaba ser Grecia o Roma. Había mucho ruido y gritos, golpeteo de metal. No podía ver, porque su cabeza había sido golpeada por detrás con algún tipo de mazo. "Yo era un guerrero. Tenía un escudo. Alguien me golpea por detrás. No puedo ver. Todo está oscuro. Estoy tumbado en el suelo. Y oigo ruido alrededor de mí" No sabía de qué guerra se trataba. "Es por causa de dinero y oro. No nos explican. Sólo nos traen a luchar" Era en tierra extranjera, así pues, era el grupo invasor. "Ahora me veo tumbado allí, y me estoy marchando. Mi cuerpo está inmóvil. Pienso que ya no estoy vivo. Fue horrible. Tan sólo me voy. No quiero ser jamás guerrero."

D: *¿Qué vas a hacer ahora?*
T: No han decidido por mí todavía.
D: *¿Tienes que ir a algún sitio para descubrirlo?*
T: Si. Parece una biblioteca, muchos libros. Preferiría permane cer allí. Mis maestros están aquí. Nos están esperando allí.

Este era obviamente el lado del espíritu donde todos vamos después de la muerte, el cual se describe en mi libro "Entre la muerte y la vida."

D: *¿Ellos te dicen lo que tendrás que hacer?*
T: Ah, dicen que tengo que regresar. No he terminado todavía.

D: ¿Por qué tienes que volver?
T: A seguir enseñando.
D: ¿Ya han decidido a dónde vas a ir?
T: Solo les oí decir, "lejos en el futuro." Al final de los tiempos. "Te necesitamos en el final de los tiempos"
D: ¿Por qué quieren que vayas tan lejos en el futuro?
T: Isis es el motivo.
D: ¿Isis? ¿Qué relación guarda ella con el final de los tiempos?
T: ¿Ella vendrá a traer de vuelta luz dorada?
D: ¿Ha regresado ella desde la vez que tú la conociste? (No) ¿Y regresará en el final de los tiempos? (Sí) ¿Y quieren que tú estés allí a la misma vez? (Si)

Hay un capítulo en "El Universo complejo" libro II, acerca de Isis. En esa historia Isis regresa a la Tierra para completar su misión. Ella está muy molesta de la forma que los humanos estaban tratando a la Tierra.

D: ¿De dónde procedía Isis originalmente? ¿Era nativa de la Tierra?
T: No, ella vino de…. estaba con Dios.
D: ¿Alguna vez te dijo cómo llegó aquí?
T: No lo sé. Sólo puedo ver un puente de cristal brillante. Y puede ir y venir.
D: Pero entonces, ¿ella se quedó en la Tierra durante un algún tiempo para enseñar?
T: Sí, pero no salió bien. Esas máquinas. Llegaron demasiadas, y ella tuvo que irse. No podías confiar en ellas. No se las puede enseñar.
D: ¿Cuándo ella se marchó ellas también se fueron?
T: No, siguieron llegando. Querían este lugar, la Tierra.
D: La persona que eras en aquel tiempo, ¿estaba para poder ver todas estas cosas que ocurrieron?
T: Esas máquinas me llevaron porque creían que sabía lo que Isis conocía, pero no era así.
D: ¿Dónde te llevaron?
T: No conozco este lugar. Está en otro grupo de estrellas.
D: ¿Es su lugar de origen?
T: Si. Es un lugar muy oscuro, no hay luz del sol.
D: ¿Puedes existir allí?

T: Fue difícil. No podía respirar. No me retuvieron mucho tiempo. Nunca regresé a casa. Tan sólo transicioné. No había nada allí para mí.

D: *¿Pudiste enseñarles algo o darles lo que querían?*

T: No, no quise.

D: *Suena como que ellos no entendían que tú no podías vivir allí. (No) Sin embargo, no intentaron llevarse a Isis.*

T: Ella es demasiado poderosa.

D: *Pero entonces, ¿los otros seres permanecieron en la Tierra después de que Isis partiera?*

T: No sé lo que ocurrió. No estaba allí. Todo lo que sé es que más vinieron y se quedaron en la Tierra durante un tiempo.

D: *Pero, ahora dices que quieren que regreses en el fin de los tiempos cuando Isis también regrese. ¿Por qué le llaman "el fin de los tiempos"?*

T: Tan sólo es el final del modo de pensamiento. Ella trae armonía. Trae paz. Trae entendimiento. Ella lo revelará, mostrará a la gente la luz. No pueden sobrevivir si no aceptan las enseñanzas. Es la última de esas máquinas. Se están marchando.

D: *¿Se quedaron mucho tiempo? (Si) ¿Podría la gente distinguirlas?*

T: No, porque cambian su envoltura. Parecen como cualquier otra persona.

D: *¿Intentaban aprender cosas?*

T: Si. Pero fallaron.

D: *¿Intentaban cambiar cosas?*

T: Si, querían la luz del sol. Querían su belleza, pero no podían sobrevivir aquí. Su modo de pensar es erróneo.

D: *¿Regresaron a su casa?*

T: No, su planeta ya no existe ahora. Estalló. Ahora están vara dos aquí. Querían cosas de esta Tierra. Las flores y los árbo les, y su belleza.

D: *¿No habrían podido cambiar su negatividad?*

T: Algunas veces lo hicieron.

D: *Estaba pensando que como son máquinas, realmente no po dían morir, ¿Verdad?*

T: No, ellas residían, usaban un cuerpo, y después lo dejaban. Van y cogen otro, y cuando el cuerpo no puede funcionar, consiguen otro.

D: *¿Se les permite hacer eso?*

T: Tienen que hacerlo, sino no pueden sobrevivir.
D: Pensaba que el cuerpo tiene un alma dentro. ¿Verdad?
T: Sí, pero eso es diferente.
D: ¿Es diferente? Intento comprenderlo.
T: No toman un cuerpo, si el alma sigue estando allí.
D: Quieres decir que es un cuerpo que ya no tiene alma dentro.
T: Si, ellos – no se describirlo. El alma está separada del cuerpo.

¿Un cuerpo que ha fallecido recientemente? Resulta similar a un caso del que escribí en "El Universo complejo - libro III". El capítulo se titula "Una alternativa totalmente nueva a un transeúnte – walk- in" Normalmente, walk-in o transeúnte ocurre cuando una persona no quiere estar en la vida por más tiempo, por la razón que sea. Quieren irse, pero el suicidio no es una opción. ¿Por qué destruir un vehículo perfecto, cuando otra alma sería más que feliz usándola? Entonces llegan a un acuerdo con otra alma (normalmente una que ya conocen y con la que tienen una asociación) en la que ellos abandonarán, y el alma que llega tomará cargo del cuerpo en ese exacto momento. Nada de esto se hace con una involucración o motivación consciente. La consciencia de la persona normalmente no tiene ningún indicio de que haya ocurrido, excepto que las cosas parecen distintas en su vida. El alma entrante hace un acuerdo de encargarse de realizar cualquier acuerdo que la persona haya hecho con otros, tanto como cualquier karma que deba ser compensado y otros contratos hechos antes de entrar en esta vida. El transeúnte ó walk-in debe honrar estos compromisos y realizarlos antes de que pueda continuar con sus propios motivos para entrar. Este sería un walk-in normal.

Lo que hace el caso de esta alternativa de transeúnte diferente, es que el alma entrante no los conoce de ninguna encarnación anterior. Es enviada desde un poder superior. Todavía con el acuerdo del alma original. Siempre ha de entenderse que, definitivamente, estos casos no son una posesión, invasión o tomar control del cuerpo. Siempre se hace con permiso.

D: ¿Ellos crean un cuerpo?
T: Saben hacerlo. Pueden crear algo que se asemeja a un cuerpo.
D: Eso es lo que quieres decir. Pero entonces, llega a un punto donde no pueden funcionar más.
T: Si, queda inservible.

D: *¿Hacen esto para que la gente no vea realmente su apariencia?* (Sí) *¿Aunque antes dijiste que en el final de los tiempos el último se marcharía?*
T: Si. Cuando ella regrese ellos no podrán permanecer. Todo será diferente. Será precioso otra vez.
D: *Por lo tanto, ellos tendrán que irse a otro lugar ¿verdad?*
T: Ella dice que tan solo se desintegrarán.
D: *¿Mientras estaban en la Tierra, pudieron conseguir los objetivos que querían?*
T: No pudieron, no tenían alma. Tenían ese propósito y poder, tienen poder. Lo ocultan bajo sus envoltorios que parece un cuerpo.
D: *¿Puede cualquier persona reconocerlos si los ve?*
T: Sus ojos parecen muertos.
D: *¿Pero si tú los vieras sabrías que hay algo distinto?* (Si) Antes mencionaste, en la vida como soldado después de haber sido asesinado, que vas a ir a un futuro lejano y regresarás cuando lo haga Isis. (Si) *¿Puedes ver qué forma tendrá tu cuerpo en un tiempo futuro?*

Esperaba que describiera el cuerpo de Terry, pero me sorprendió. "Ella es muy pequeña. Algo más de metro y medio. Rubia, ojos azules." Ciertamente no era Terry. Ella es morena y de estatura media. Pregunté para asegurarme de que estaba hablando acerca de su propio cuerpo en el futuro, o quizá el cuerpo de Isis. Pero insistió en que ella era rubia. "Muy conocida"

D: *¿Qué quieres decir con muy conocida?*
T: No lo sé. No veo por qué. – La gente, todos volvemos a estar juntos. Traemos nuestros pergaminos con nosotros. El conocimiento.
D: *¿Fueron dejados en la Tierra?*
T: Si. Se guardaron en un arcón dorado.
D: *¿Los guardasteis hace mucho tiempo o...?*
T: No, nos los quitaron. No sabían lo que tenían. Están en un gran arcón dorado. No saben leerlos, pero les asustan estos pergaminos. Porque destruiría lo que han hecho que la gente pensara. Han mentido acerca de todo, y entonces cuando nuestros pergaminos se traigan, la verdad será contada.
D: *¿Nos han mentido acerca de la historia?* (Si) *¿Tu grupo encontrará estos pergaminos, el arcón?*

T: Aunque lo que ellos dicen es que nuestra pretensión es llevar la a la luz.
D: ¿Y esto es lo que este cuerpo al que estoy hablando, estará encargada de hacer en un futuro lejano, en el final de los tiempos?
T: Si, en el 2.050. Esas máquinas se habrán marchado para en tonces.
D: ¿Eso es a lo que te refieres con al final del modo de pensa miento? (Si) ¿Es el mundo diferente?
T: Si, es más apacible. No más luchas, ni más guerras. Las perso nas están aquí para aprender. Y nuestro grupo les enseñará.
D: Pero eso es muy lejos en el tiempo.

La moví de la escena donde hablaba sobre estos asuntos con el consejero, y después llamé al SC de Terry. "Por qué escogiste mostrarle esta vida hoy?

T: Para sorprenderla, para ayudarla a darse cuenta de que ella es una maestra de gran habilidad. Ella lo ha sido muchas, muchas veces.
D: ¿Qué tiene que hacer con su vida ahora?
T: La forma en la que ella vive su vida enseñando a otras sobre espiritualidad, sobre la luz, sobre bondad, sobre armonía. Te néis que entender que una vida bien vivida es una lección para el resto. Ella no se daba cuenta de que estaba viviendo bien, haciendo lo que la pedimos que haga.
D: ¿Por qué la habéis llevado al futuro para ver su vida futura?
T: Porque ella pensaba que ésta era su última vida. Ella quería que fuera su última, y no lo es. Ha sido difícil, muy difícil para ella.
D: Así pues, no va a poder hacerlo tan rápido. Tiene trabajo que hacer.
T: Sí, mucho trabajo. (Rió)

Entonces me explicaron que le mostraron su muerte como soldado para explicarle a Terry sus problemas actuales de espalda. "Siempre ha tenido miedo a quedarse incapacitada, y quisimos que supiera que nosotros la protegemos. Eso ocurrió en otra vida, no en esta. Intentamos decirle "Déjanos ayudarte."

OTRO CLIENTE

B: Su trabajo tiene que ver con la energía femenina. En el despertar y la capacidad de expresión humana. No es crear la conexión. La está proyectando en mujeres que pueden lle varlo a cabo. Es como el ratón en el laberinto, no sigue siem pre en línea recta. Y lleva a mucha gente a iluminar el sendero. Es la comadrona en el nacimiento de lo que vendrá. Tiene que ser hecho a través de su subconsciente. Y otros pueden ver a través de sus ojos. Sólo ha de trabajar con ocho de los aspectos de la personificación de la energía femenina. Hay más, pero sólo hay ocho para dar instrucción. Ella tra bajará con esta energía. Ella es quien es, pero no lo sabe. Se supone que ha de implantarla en la conciencia humana. Lleva absorbiendo conocimiento en este planeta durante siglos. Alineaciones deben ser hechas. Cada alineación debe ser ampliada. Se trata del cambio. La Tierra se parte en dos y se abre. Ella algunas veces llora por este motivo. Se siente responsable de la destrucción.

D: *¿En otra vida?*

B: En la vida que viene. En esta vida.

D: *¿Piensa que es responsable de la destrucción?*

B: Teme haber podido desencadenarla en alguna otra parte.

D: *¿Eso no ocurrirá?*

B: Si ha de ser así, ocurrirá.

D: *Lo que quiero decir es, ¿Ella no es la única responsable?*

B: No, no sola.

D: *¿Se trata mayoritariamente en pasar información?*

B: Algunas veces en implantarla. – Es como una flecha de luz que necesita un objetivo. Ella crea el objetivo para que la flecha golpee en la diana. Lleva tiempo y alineación para crear la marca, hacer diana, los círculos concéntricos. La divina feminidad es lo que se necesita para pellizcar la conciencia de la humanidad, para llevarla al equilibrio. Para crear suficiente a gran escala. Y los cambios a gran escala flutúan. Y hay una gran división teniendo lugar, una división de consciencia. Es la división que le preocupa, lo que se manifestará de forma física en la Tierra. A ella le preocupa si será de forma física o espiritual. Y ella tiene suficiente poder para manifestar la física. Sabe canalizar. Ya lo ha hecho en otra vida.

B: Está siendo muy meticulosa, y eso hace que las cosas sucedan más despacio. Necesita no hacer eso.

D: *¿Eso le ocurrió en la Tierra o en algún otro lugar?*

B: Fue parado en la Tierra, fuera de su control. Alguien lo desencadenó. Ella pudo ver qué ocurriría. No pudo frenarlo.

D: *Por eso le asusta que pueda ocurrir otra vez.*

B: Porque ella sabe cómo. No quiere esa resolución. Pero ese no es su propósito esta vez.

Es algo similar al caso de George (El Universo complejo- libro III, capítulo 38, La última solución) cuando dijo que él tenía poder suficiente para destruir el planeta, y que estuvo en la Tierra cuando antes ocurrió. Nos dijeron en esa ocasión, que él no era el único en la Tierra en este momento con ese poder latente. Estoy descubriendomás de este tipo en mi trabajo. Por supuesto, ellos lo desconocen, no son conscientes, se supone que no han de saberlo. Están aquí para vivir una vida lo más normal posible en este frenético planeta llamado "Tierra".

Capítulo 2

PIENSAN QUE SOMOS DIOSES

Al comienzo, los extraterrestres vinieron y vivieron entre la gente en evolución. Trajeron mucho conocimiento para ayudar a la gente a avanzar. Aquí es donde las leyendas sobre dioses y diosas se originaron, porque los extraterrestres vivían tanto como ellos querían, o partían cuando deseaban hacerlo. De ese modo, la gente les consideraba especiales. Aunque los extraterrestres sabían que con el tiempo tendrían que partir y permitir que la gente se desarrollara por sí misma. Los extraterrestres se cruzaron con algún ser humano para crear líderes y no dejarlos totalmente sin ayuda. Un ejemplo, sería el de los primeros faraones, que al comienzo también fueron considerados dioses.

* * *

Rachel era una escritora independiente, que escribía para periódicos y revistas. Tenía una sed de conocimiento y de lo desconocido, aunque sentía que había algo más que se suponía debía estar haciendo. Sabía que el miedo se lo impedía.

Cuando Rachel salió de la nube, se encontraba en un enorme edificio que parecía un palacio. "Hay grandes columnas a ambos lados. Estoy mirando por encima del agua. El agua es preciosa, azul y turquesa, hay algunas ondas desiguales, formando capas blancas de agua, así que el viento debe estar soplando. Sin embargo, a mi derecha veo algo rocoso, ¿un promontorio? Y hay algunos árboles allí. Y puedo ver una cala, una playa si miro hacia abajo.

D: ¿Hay un palacio por encima del agua?
R: Ah, sí. Está arriba, y hay una bajada a la playa. El sol brilla y hace un día precioso.

D: *¿Hay algún otro edificio alrededor?*
R: No puedo ver nada más desde aquí, solo agua. Estoy en un balcón que tiene cortinas transparentes a un lado. Si me doy la vuelta sé que es mi dormitorio. Esta parte está abierta. Es un lugar muy agradable. La temperatura es muy buena la mayor parte del año.

Había mucha gente viviendo en este palacio, pero la mayoría eran sirvientes. Ella vestía ropa drapeada y ligera. "No es seda, pero suave como la seda." Tenía unos veinte años y su pelo era castaño oscuro, todo recogido, sujetado por horquillas. Llevaba joyería de oro: un brazalete ancho, anillos, un collar grande con una pieza triangular que colgaba, hecha con varias piezas, en lugar de una sola. Parece una bella, idílica existencia de una mujer rica que tenía todo lo que necesitaba. El tipo de vida pasada con la que fantasearía cualquiera. Pero según iba narrando su vida, iba haciéndose obvio que no era perfecta. "Nadie me molesta, a menos que yo se lo permita."

D: *¿Hay alguien que te moleste en algún otro lugar?*
R: Tengo cosas que hacer. Tengo obligaciones. Funciones de la realeza. Son aburridas. Tienes que ser amable con gente que ni conoces. Banquetes. Escuchar discursos formales. Proto colo. Sentados durante horas.

D: *¿Todo eso se hace en este palacio?*
R: Sí, y en el templo que está a una milla de aquí. Me llevan allí sobre una camilla.

D: *¿Por qué tienes que asistir a todos esos eventos?*
R: Formo parte de la familia Real. Tengo que ir. – Piensan que somos dioses, pero no es así. No lo entienden. Es la sangre alienígena.

D: *¿Qué quieres decir con eso?*
R: Es el linaje, es por eso que piensan que somos dioses. Sabemos más. Tenemos más tecnología. Es el linaje entre alienígenas y humanos.

D: *¿Puedes explicarme más? Me interesa mucho.*
R: No mucha gente sabe la verdad, pero hace mucho tiempo los alienígenas escogieron a algunos para gobernar en su ausencia. Y se cruzaron con mis antecesores.

D: *¿Ellos gobernaban al principio?*
R: Si, ellos controlaban a los humanos. Pero no han estado aquí con nosotros durante siglos.

D: ¿Y escogieron a ciertos humanos para gobernar en su ausencia?
R: Fue así porque llevaban sangre alienígena. Somos híbridos.
D: ¿Eran buenos regidores?
R: No. Usaban a los humanos como esclavos. Considera ban a los humanos sub-criaturas, casi como animales, pero un poco mejor.
D: *¿Sabes por qué vinieron aquí en primer lugar, o alguna vez te contaron alguna historia?*
R: Había algo en La Tierra, algunos minerales, algo que necesitaban. Los humanos no tenían poder. Eran como es clavos. Los usaban como ayuda para recoger minerales. Y después para cultivar alimentos y cuidar de ellos. Y se fueron.
D: *Y por eso seleccionaron a ciertas personas para – ¿cuál es la palabra? –cruzarse.*
R: Verás, no somos dioses. Ellos no eran humanos, pero tampoco dioses. Y se mezclaron con los humanos. Y entonces los descendientes eran elegidos para regir en su ausencia. Había conflictos en su planeta. Hubo guerras. Tuvieron que irse.
D: *¿Contra quién estaban en guerra?*
R: Luchaban contra ellos mismos, y con otros. Ellos no eran dioses, pero los humanos pensaban que lo eran por abando nar el plano de La Tierra.
D: *¿Los otros con los que luchaban, también querían cosas de La Tierra?*
R: Sí. Era tan frustrante. Y la verdad no puede ser contada o seríamos derrocados.
D: *Me pregunto, ¿Qué causó las guerras? ¿Qué es lo que querían los otros grupos o bandos?*
R: El control de las galaxias. Luchaban por las galaxias. La historia nos lleva tan lejos. Razas completas, mundos destruidos, pero siempre supervivientes que fueron a otros lugares y tomaron el control. Y después empezó todo otra vez – más guerras. Y la gente de este planeta piensa que somos dioses o descendientes de dioses.
D: *Sólo querían más tecnología.*
R: Sí. Es más, no somos tan avanzados espiritualmente.
D: *¿El motivo por el cual tus antecesores se marcharon fue por las guerras?*
R: Fueron forzados, perdieron. Los ganadores hicieron que se marcharan. Ahora somos un experimento. Nos observan. Nos protegen. No permiten que nada interfiera.

D: *Eso está bien. Pero dijiste que ahora el grupo es un experimento.*
R: Somos un experimento. Nuestro grupo. Somos híbridos.
D: *¿Por qué le llamas un experimento?*
R: Somos una mezcla de razas, pero principalmente la raza original. Los primeros que usaron a los humanos. Los que ganaron, pararon la continuación de experimentos. Vigilan lo que ocurre.
D: *Entonces, ellos desaprobaban cuando otras razas venían y hacían cosas negativas.*
R: Pararon eso. Pararon la guerra. Ellos permitían a las personas evolucionar, pero unos pocos saben la verdad.
D: *¿Y el resto de los nativos piensan que son dioses?*
R: Sí, porque sólo algunos de nosotros todavía somos capaces de usar la comunicación. Algunos poseemos poder mental. Y ellos - maquinaria no es la palabra adecuada – tienen cosas que ayudan a construir ciudades y templos. Ya no se usan. Nuestros antecesores si, con los extraterrestres.
D: *¿Cómo operan estas máquinas?*
R: Es un aparato que permite el enfoque de energía. Tenía una parte física, pero también de poderes mentales muy fuertes que hacían dirigirlo. Algunos podíamos comunicarnos telepáticamente, no todos.
D: *¿Es esa la razón por la que ya no se usan estas máquinas? ¿Porque vuestra gente no posee habilidades mentales?*
R: Si, nadie sabe realmente cómo usarlas, como arrancarlas. Enfocando la mente y colocando la mano en ciertas posiciones, los aparatos pueden ser activados. Y muy frecuentemente, uno funcionaria como punto de enfoque, y otros canalizarían sus energías a través de ese indi viduo.

Es similar tanto en la información de Bartholomew en el Universo Complejo - libro I, y la forma en que los Esenios dirigían la energía a través de un gran cristal en la biblioteca de Qumrán y en lo narrado en Jesús y los Esenios. Phil tam bién era un director de energía para toda una ciudad en - Los Guardianes del Jardín.

D: *Esto lo multiplicaba ¿verdad?*
R: Sí. Hay sólo unos pocos en el templo que conservan suficiente poder de pensamiento, y habilidad, para reactivar la comunicación

de los aparatos, pero no totalmen te. Hay otros aparatos que ya no tenemos poder para activar.

D: *Y después, el grupo que os vigila no quiere daros ese cono cimiento.*

R: No nos ayudarían. Y la consanguinidad está debilitada. Hay más cruces con los humanos. Y las habilidades se debilitan. Pero algo del poder, habilidad, se traspasa al descendiente también - ¿Cómo describirlo? Se diluye, pero a la vez, más gente tiene un poder diluido. Creo que es la forma de describirlo.

D: *Por lo tanto, no es un poder puro, sino parte de él.*

R: Si, se está esparciendo genéticamente, habilidades latentes, y... (Jadea) Los que vencieron, deliberadamente apagaron parte del poder que teníamos. Era demasiado peligroso permitirnos continuar teniendo ese poder y habilidad.

D: *¿Piensas que fue porque no sabíais cómo usarlo?*

R: Ah, sí sabíamos usarlo, pero no lo usábamos bien.

D: *Entonces, ¿pensaron que sería mejor desconectar parte de él? (Sí) ¿Cómo hicieron eso?*

R: Es energía. Intento pensar. (Pausa) Si tuvieras un punto con tremenda energía que interrumpiera campos magnéticos, seríacomo si un potente artefacto irradiara en La Tierra. Por supuesto, yo no había nacido en ese momento, pero por lo que he oído fue como si se escuchara un sonido que era demasiado insoportable de oír. Y cuando el sonido paró, uno estaba sordo. Algo así, pero quizá no demasiado preciso. Pero como si hubieran perdido un sentido. Así es como fue desconectado inicialmente.

En mis otros libros, se describe algo similar a un desconectar un fusible. Las habilidades fueron removidas. Ahora están siendo traídas gradualmente, según vayamos de mostrando la habilidad para usarlas correctamente. Aunque, si se emplean erróneamente, como hicimos en el pasado muchas veces, se desconectarán otra vez.

D: *Dijiste que en el tiempo en el que estás, algunas personas to davía saben comunicar.*

R: Era genético, la habilidad fue pasando, pero fue dañada. Casi similar a una irradiación causada por un daño genético. Aunque no radiación, fue diferente.

D: *¿Fue deliberado?*

R: Oh, sí. Los que ganaron procedían de un tiempo-espacio continuum porque la guerra estaba amenazando galaxias. Si no se hubiera parado, habría causado una catástrofe de mun dos impensable, soles, sistemas.

D: ¿Qué significa tiempo-espacio continuum?

R: Las diferentes dimensiones, trabajar con otros en este tiempo-espacio. Pero aquellos en otras dimensiones, trabajan para volver a ganar control y estabilizar universos y galaxias.

D: Entonces, trabajan en escala masiva.

R: Sí. Siempre siendo amenazados. Estuvo a punto de desbor darse y tener un efecto de ondulación. Si, ese es el término, efecto de ondulación.

D: Así pues, los otros fueron forzados a partir y no se les per mitió regresar.

R: Sí. Fue parte del tratado de paz.

La historia es narrada en Los Guardianes del jardín. El grupo original de extraterrestres que vinieron a la Tierra para comenzar la vida bajo la dirección de los arcaicos, porque este era su propósito; durante incontables milenios han viajado a través de galaxias en busca de planetas que han llegado a un punto que no pueden mantener vida. Su trabajo es comenzar el proceso de vida. Después, las especies en evolución fueron dejadas a sobrevivir por ellas mismas, debido a la directriz primaria de no-interferencia.

Pero hubo otros que vinieron con distintas agendas. Estos fueron los que buscaban minerales que en sus planetas necesitaban. Estos permanecieron y esclavizaron a los entonces habitantes primitivos, para que realizaran el trabajo para ellos. Esto fue cuando ocurrió el mestizaje. Llegó a oídos de los Consejos y entraron para alejar a los intrusos para que el experimento inicial no se echara a perder. Estos son hechos que se han dado a través de muchas sesiones y de los que informo en mis libros. El caso de Raquel enfatiza y valida esta información. Se permitió que los poderes psíquicos fueran siendo diluidos hasta nuestro tiempo, hasta casi no ser existentes. Pero nunca han desaparecido completamente, tan sólo permanecen adormecidos. Todavía están en nuestros genes y ADN. Ahora en nuestro tiempo se mueven hacia adelante y están siendo reactivados para que puedan ser usados en la Nueva Tierra.

D: *¿Dijiste que tú y tu familia aun poseéis algunos de estos poderes?*
R: Son habilidades latentes que llegan esporádicamente en varios individuos en cada generación. Soy una de ellos. Quedamos suficientes que podemos realizar cosas, que hace que la gente piense que somos dioses. Pero no lo somos. Solo algunos de nosotros tenemos estas habilidades. Y no son tan especiales. Tenemos emociones como todo el mundo.
D: *¿Qué habilidades tienes tú?*
R: Sé cuándo la gente dice la verdad. Lo noto. Me hacen ir al templo. Distintos tipos de juicios tienen lugar allí.
D: *¿Cómo juicios?*
R: Es distinto. Están las cortes comunes, pero éstas se realizan por gente sin habilidades. Esto es cuando ellos deciden si el reino está siendo amenazado de algún modo, o si un embajador está diciendo la verdad o no. Me llevan y me siento en el banco y observo. No me gusta. No está bien. Deberían saber lo que estoy haciendo. Ni siquiera todo el mundo de la familia es consciente de todo lo que ocurre.
D: *Es algo muy bueno poseer esa habilidad, ¿verdad?*
R: No. Es una maldición. La gente miente todo el tiempo y puedo darme cuenta. (Se emociona) Es por eso que me dejan ir a mi habitación y estar sola. (Llorando) La mayoría de las personas maquinan, estafan, mienten, luchan por el poder.
D: *¿Y tú sientes todo esto?*
R: Sí. Aquí puedo apartarme de ello. Mi habitación tiene un escudo. No recojo las vibraciones aquí. Y sólo es mirar al océano y ser sanada. Estoy sola entonces.
D: *¿Hay alguna manera en la que puedas desconectar esa habilidad para que no esté funcionando todo el tiempo?*
R: Es tan difícil. Es como ser bombardeada todo el tiempo. Puedo desconectarla, pero tengo que trabajar con ella. Si me encuentro cansada, me relajo de estar en guardia durante unos momentos, me sobrecoge. Por eso me dejan estar sola casi todo el tiempo. Temen que, si me presionan demasiado, ya no seré de uso para ellos.
D: *¿Tiene tu familia algunas de estas habilidades?*
R: Tengo una hermana, ella cura. Ella comprende. Nos usan a las dos.
D: *Entonces, no es un lugar feliz, aunque muy bello.*
R: No, pero tengo dos hijas.

D: *¿Estás casada?*
R: Sí, pero él está ausente en asuntos políticos, gracias a dios. Me alegra cuando no está aquí. Él quiere un hijo. Pero cuando nos conocimos, recogí todas las imágenes en su mente, y no quiero hacerlo. No quiero saber lo que pasa por su mente.
D: *¿Tus hijas tienen estas habilidades?*
R: No lo sé todavía, son demasiado jóvenes.
D: *¿Es ésta la única habilidad que has desarrollado?*
R: (Pausa) Sé cómo canalizar la energía a través del artefacto en el templo cuando tengo que hacerlo. Si lo vieras, no parece nada. Parece un bloque de roca. Pero hay un lugar para poner las manos, en la parte de arriba, y me quedo inmóvil. Y después visualizo luz entrando por la parte superior de mi cabeza y canalizo. También se va por mis pies. Y después coloco mis manos y la energía se enfoca desde mis manos al bloque. Y eso lo activa.
D: *¿Qué ocurre entonces?*
R: Después otros preguntan.
D: *¿Cómo recibes las respuestas?*
R: Lo sé. Están allí.
D: *¿Vienen a través del bloque o a través de ti?*
R: No estoy segura del mecanismo, pero es como que puedo ver imágenes y tengo la respuesta en mi mente. Siempre es precisa. (Pausa) Me preocupan mis niñas. Todavía no han sido testadas.
D: *Pero como dijiste, según la consanguinidad se ve aumentada, ésta se debilita.*
R: Eso espero.
D: *¿Alguna vez viajas al igual que tu esposo?*
R: Yo no quiero. (Se emociona) No quiero estar rodeada de personas. Quiero estar sola. Sólo mis niñas. Me asusta que pronto estén en mi contra.
D: *¿Por qué crees que se pondrán en tu contra?*
R: Porque sé lo que ocurrirá. No me dejan estar a su lado muy a menudo. En un principio fue mi padre, y ahora mi hermano. Y los sirvientes, y la gran personalidad y quien quiera que piense que es un modo de controlarme. Ellos saben que no quiero seguir haciéndolo más y me controlan con mis niñas. Eso es una manera. Incluso me amenazan con llevarme a otro lugar donde no podré estar más en mi santuario. Me han amenazado con enviarme lejos del palacio y hacerme trabajar con la gente de un pueblo lejano,

donde saben que solo habrá humanos y ni belleza en mi vida. Y nunca podría escapar de las emociones de todo el mundo. O me amenazan con encerrarme en una mazmorra, donde emanan las emociones de todos los recluidos allí. Me llevaron allí una vez. (Sollozando) ¡Fue horrible! ¡Fue horrible! Siguen amenazándome si no hago lo que dicen.

D: *Es bueno que hables de ello. Es bueno dejarlo salir, porque yo te comprendo. ¿Y así es como te controlan?*

R: Sí, y no dejándome ver a las niñas. Pero ellas están creciendo y pronto se apartarán de mí. Solo mi hermana me comprende. No sé qué hacer.

D: *¿Hay alguna forma de que puedas usar esas habilidades contra ellos?*

R: No funciona de esa manera. Yo absorbo de todo el mundo. Y ellos me usan para canalizar mi energía con ese aparato del templo y así puedo darles información. Sólo me utilizan, me quieren para obtener información.

D: *Pero sabes que si te llevan lejos no tendrían esa comunicación. Entonces eres importante para ellos.*

R: Sí - pero, ¿Por qué siguen con esas amenazas?

D: *Porque realmente te necesitan. No creo que te hicieran esas cosas.*

R: Pero ellos saben que no quiero hacer esto. Me llevaron a ese horrible lugar cuando me negué a cooperar. No quiero volver allí. Ahora mi hermana, ella es sanadora. Es distinto, ella no tiene que absorber las emociones de la manera que yo lo hago. Ella puede tocar a alguien y sa ber qué le ocurre físicamente. Y ella sabe si tiene que usar hierbas o algo así. Ella no puede dar información a los oficiales con propósito de poder. Puede curar y es importante para impresionar a los humanos. Pero ella es feliz con lo que está haciendo porque está curando. Por lo tanto, no se siente utilizada como yo.

Parecía tan triste que decidí hacer que abandonara esa escena y la lleve adelante de esa escena, a un día importante, esperando que fuera un día mejor. Pero fue un error, parecía no tener escapatoria de la tormenta por la que pasaba.

R: (Suspirando profundamente) Estoy de vuelta en mi habita ción. (Pausa) He visto a mis niñas. Las llevé a la playa y an damos por la playa. Fue precioso y el agua estaba calentita. Nos divertimos. Teníamos comida, comimos y reímos. Y les dije cuánto las quiero. Y que no importa lo que ocurra en el futuro, ni la manera, ni la figura o la forma. Siempre estaría con ellas protegiéndolas. Sólo me dejaron estar con ellas por la mañana, porque creen que tengo un banquete esta tarde.

D ¿Y hacer lo que siempre haces?
R: Pero no voy a ir. (Pausa) Porque me despedí de las niñas, y voy a cometer suicidio saltando del balcón.
D: (Fue una sorpresa) Piensas que no hay otro camino.
R: Nunca más seré controlada. Y no voy a ir a ese lugar al que me están amenazando. En su lugar, voy a regresar al lado espiritual.
D: ¿Piensas que ese es el único camino?
R: (Suspiro profundamente) Sí. Nunca más seré usada y no harán que pierda la cabeza pensando dónde me podrían llevar. No lo sabrán hasta que sea demasiado tarde.

En estos casos sólo puedo dejar al sujeto contar su propia historia. Nunca puedo interferir o intentar influenciar.

D: ¿Ya has tomado la decisión de que no hay otra salida?
R: Sí, por eso hice lo que hice con las niñas.
D: Más o menos como decir adiós.
R: Sí. Debo hacerlo. Nunca más dejaré que me utilicen.
D: De acuerdo. Lo entiendo. Dime que ocurre. Y no tienes que experimentar nada. Puedes hablar de ello. ¿Qué haces?
R: Tiré un taburete encima de la barandilla para agarrarme por la columna y escalar. Tengo una mano a un lado de la columna. Estoy de pie en la barandilla. Contemplo toda una vez más y después cierro mis ojos y me dejo caer. Caigo sobre las rocas de abajo. Me veo sobre las rocas y miro hacia abajo, mi cuerpo.
D: Te encuentras fuera de tu cuerpo ahora.
R: Ah, sí. No podía permitir que me utilizaran por más tiempo.
D: Lo entiendo. Mientras contemplas la escena, ¿Alguien encuentra tu cuerpo?
R: Transcurre algún tiempo, quizá unas pocas horas, y finalmente las sirvientas llamaron a la puerta. Normalmente no entraban sin mi permiso, pero necesitaban prepararme para el banquete. Y como no contestaba una y otra vez, se asustaron y fueron a buscar a

alguien con más autoridad. Entonces uno de los oficiales finalmente entró en la habitación, no estaba allí, pero ve el taburete por encima de la barandilla. Y entonces se dio cuenta y vio mi cuerpo abajo. Ya me había ido.

D: *¿Cómo reaccionaron?*

R: (Sonríe) Creó un gran disturbio a todo el mundo. Se llevó todos sus planes. El oficial está asustado porque tendrá que decir a mi hermano, lo que ocurrió.

D: *Por fin estás fuera de todo eso ahora. No tienes que estar involucrada en todo eso nunca más.*

Después hice que fluyera de todo eso e hice que su alma fuera donde pudiera tener paz y tranquilidad. Entonces evoqué al SC de Raquel, para que pudiéramos responder a sus preguntas. Por supuesto, la primera pregunta es por qué el subconsciente escogió esa vida a analizar.

R: Para explicar su miedo a ser controlada, su miedo a abrirse psíquicamente. Miedo a usar energía.

D: *Pero sabe que el uso de energía no es siempre negativo.*

R: Si, ella lo sabe. Pero la memoria de su subconsciente recuerda que hay un mal uso. Su clarividencia, su habilidad para sentir emociones, estaba siendo usada para propósitos negativos. No para ayudar a la gente, sino para el poder y control.

D: *Tiene sentido. ¿Qué intentas decir a Rachel hoy en su vida actual?*

R: Eso ocurrió y ha aprendido mucho desde entonces. Nunca será usada de esa manera.

D: *No, ella no lo permitiría. Y en el tiempo en que vivimos es muy poco probable que ocurriera.*

R: Correcto. Pero siempre ha existido el miedo a abrirnos a los demás, a ayudar al prójimo. Y a no ser capaces de controlarlo cuando nos damos a los demás. Esta vez no debe tener miedo a que sea utilizada con males fines, debe permitir que la habilidad se abra completamente, ya no podría desconectar otra vez. Pero ella ya ha aprendido. Hay una mezcla genética diferente, y también ha adquirido distintos poderes. Habilidades que han sido aprendidas en el interín. Ella necesita empezar a usarlas para reconectar con otros y ayudarles a curarse por ellos mismos. La habilidad de tocar y comprender el miedo de otra persona. Ayudarles a verbalizar el miedo, para superar ese miedo.

D: *¿Crees que el miedo es lo que enferma a las personas?*

R: Sí. Y les mantiene en relaciones que ya no son saludables o apartan crecimiento para el alma. El miedo es negativo si le permites prevenir una acción positiva. El miedo es bueno cuando advierte de un peligro real al cuerpo físico. Es bueno cuando nos avisa de que un cambio emocional debe ser hecho, y su habilidad para sentir desequilibrios emocionales. El miedo es la raíz de todas las emociones negativas. Se manifiesta de muchas maneras. Rachel tiene la habilidad de ayudar a encontrar la primera capa del miedo y entonces trabajar a fondo en lo que es la raíz del miedo. Necesitará abrir su clarividencia de forma controlada para conectar con las vibraciones de otros. Que ya no lo sienta como un problema y trabajar a fondo. En otras palabras, conectar las vibraciones suficientemente el tiempo necesario para obtener la información que se necesita para ayudar a ese individuo en el proceso de curación, y no dejarse abatir por el miedo y las emociones de otros. Podrá hacerlo con tan sólo un breve toque de su mano, después tocará su tercer ojo. Pero sólo será un toque breve, durante unos segundos, y después fuera. Ella sabrá cómo. Es la clarividencia. Ella sentirá las emociones. El miedo, el miedo subyacente. Una vez lo sepa, podrá empezar a hacer preguntas a la persona. Los sacará hacia fuera. Ella lo sabrá, pero a la misma vez, hará que ellos sepan también, según vayan contestando a sus preguntas.

D: *Entonces, esencialmente se curan ellos mismos.*

R: La mejor manera de curar. El Reiki está usando la energía para reequilibrar temporalmente la energía que fluye a través de todos sus chacras. Y ella también puede hacerlo. Pero tra bajará con el consciente para sacar los miedos del subcons ciente a la superficie. Sabrá qué preguntas hacer. Cuando to que y conecte, lo sentirá y comenzará a saber qué preguntas hacer. Hasta el punto donde lleguen a la misma comprensión.

D: *¿Comenzará a percibir los pensamientos y energías de otras personas?*

R: Sólo cuando ella lo elija.

D: Es especialmente importante que ella pueda conectar y desconectar cuando ella así lo quiera. No queremos que sea como la última vez.

R: Muy importante, sí. Ella mostrará el camino. En otras palabras, permitirá a otras personas ver sus senderos y que puedan elegir por ellas mismas.

Una pregunta física: Un tobillo roto. Ella mencionó que necesitaba un descanso. "Era el izquierdo, porque se aferraba al pasado. Tenía miedo a ir hacia delante, por eso que el izquierdo versus derecho, estaba ocurriendo. Tan sólo sigue hacia delante. No te aferres al pasado.

* * *

En mi trabajo, el SC siempre nos aporta las mismas respuestas para problemas físicos. Se ha dicho muchas veces que cualquier cosa que nos ocurre en la parte derecha del cuerpo se refiere a cosas del presente. Algo que nos sucede en la parte izquierda representan cosas del pasado, tanto en la niñez, como del pasado de una vida anterior. Cualquier cosa que nos afecte en extremidades (caderas, piernas, rodillas, pies) significa que tenemos miedo a movernos hacia delante. Normalmente ocurren en cruces de caminos e intentar tomar una decisión. Y el lado del cuerpo en el que el problema esté ocurriendo, me habla de dónde viene esa dolencia física del paciente: presente o pasado. Me dice mucho acerca de lo que está ocurriendo en sus vidas. (Para más claridad sobre cómo nos habla el cuerpo, pueden consultar el libro Soul Speak de Julia Cannon)

* * *

Antes de cerrar la sesión, el SC siempre da al cliente un consejo final. Lo llamo "el mensaje de partida."

Mensaje de partida: Sólo un recordatorio, en el que ella ahora sabe cómo conectar y desconectar. No necesita temer el abrirse. Si empieza a hacerlo y siente algo que es demasiado para que ella pueda controlar, lo sentirá rápidamente y podrá desconectar. Puede hacerlo. Nadie la controlará, ella lo controlará. Únicamente cuando escoja o permita a otros usar esa energía, algo que a veces ya hace, ocurrirá. Pero es su elección. Ella ya no es manipulada.

Capítulo 3

NO COMETAS LOS MISMOS FALLOS

Sheila era otra cliente que se encontraba en un cruce de caminos. Ella era profesora, pero sentía que este no era su verdadero propósito. Sentía que buscaba algo que estaba fuera de su alcance. Parte de su dilema era si debería irse a vivir a otro lugar para encontrar lo que estaba buscando. Había una gran incertidumbre y esperaba encontrar respuestas en esta sesión.

Cuando Sheila entró en la vida, vio una muralla rodeando una gran ciudad asentada cerca del agua. "No parece una fortaleza, pero es grande. Parece que alberga a mucha gente. Cientos viven allí. Algunos de los edificios altos como torres. Distintos tamaños, pero altos con ventanas pequeñas, estrechas. Pero no hay soldados, sólo por la luz. No hay soldados. Es antigua, como del tiempo de los Sumerios." El clima siempre es igual, calor. Vio que era una joven de pelo largo dorado, que llevaba una túnica vaporosa marrón y sandalias. También llevaba brazaletes. "Metal, sin gemas, solo metal con grabados de símbolos en la mitad. Son excepcionales. Sólo los llevo en mi brazo izquierdo. La izquierda es más importante.

D: ¿Por qué es más importante?
S: Para crear de ese modo, así es como fluye. Creamos en la izquierda.
D: ¿Qué quieres decir?
S: Ese es mi trabajo. Sacas tu mano y entonces la energía fluye. Y de ese modo, se quiere que el metal dibuje esa energía creativa. Se dibuja a través de la izquierda. Es como curar, pero no es para el cuerpo. Cuando usas la mano, sale y el metal es un conducto de energía.
D: ¿Cómo si se magnificara la energía?
S: Si. Por eso es excepcional.

D: *¿De dónde procede esa energía?*
S: Procede del interior, pero entonces aprendes a canalizarla y darle forma.
D: *¿Cómo usas la energía?*
S: Comunicas, no siempre con palabras. Hay otras formas de comunicar. Usamos símbolos. Y no tienes que preocuparte en que idioma si usas símbolos, porque la gente comprende los símbolos universales. Siempre significan lo mismo. Y se pueden compartir los mensajes y la sabiduría, si dejas que la energía fluya. Es como la alquimia porque cambia de forma, así que no es solo una forma humana. Es como la voz de los otros...los otros seres de luz de arriba, que pueden dejarla pasar a través de ti, porque es pura y no cambia en términos del lenguaje.
D: *¿Entonces los símbolos sostienen mucha información?*
S: Sí.
D: *Y ¿tú sabes cómo leer los símbolos y comprenderlos?*
S: Sí.
D: *¿Son como símbolos en sueños, o geométricos?*
S: Ambos. Un símbolo puede significar más que una palabra, porque quien la recibe, le da su significado, por lo tanto, no soy yo quien les dice el significado. Es lo que reciben. Si vieras una estrella, no significaría que pienso en una estrella. Significa que estoy diciendo que veas una estrella, y tú sabes lo que una estrella significa, sin hablar mi idioma.
D: *Así que, ¿todo el mundo tiene su propia interpretación personal?*
S: Por eso vinieron, sí.
D: *Entonces, ¿atraes esa energía y después la diriges hacia fuera de algún cierto modo?*
S: Puede ser atraída y retenida. Puedes grabarla. A menudo la grabo para más tarde.
D: *Entonces, ¿No tienes que enviarla?*
S: No, puedes contener la energía. Puedes darle forma. Puede ser puesta en metal, en una tabla de piedra, en un lugar sagrado que esté protegido, que no permita que sea llevada o mal usada. Es muy pura y es un mensaje protegido.
D: *Así es como trabajan los que sanan.*
S: No soy sanadora. La gente va a otro lugar para eso. Soy sacerdotisa.
D: *Dijiste que se puede grabar o guardar esa energía, (Si) ¿Cómo lo haces?*

S: Puedes pintar los símbolos. Pueden ser pintados sobre las paredes, en templos y sobre columnas blancas. La gente piensa que las columnas son blancas, pero no lo son. Están pintadas, y no todo el mundo sabe leerlas. Pero las que de berían leerlas, pueden hacerlo. Otros piensan que son columnas pintadas. Solo obtienen la información si están pre paradas.

Ella estaba en un templo, decía que vivía y también trabajaba allí. Me pregunté si el templo estaba dedicado a algo en particular, como los templos romanos y egipcios que estaban dedicados a varios dioses y diosas.

S: No. Cuando hay más gente allí, se hace más fuerte. El mensaje puede ser más fuerte y podemos trabajar juntos. Yo puedo tener una habilidad y el siguiente puede tener otra, y si las combinamos tiene más poder. Llega a más personas. No puedes guiar a personas que la usen mal. Pero si están preparados, entonces lo comprenden muy bien.

D: *Pensaba que algunos templos están dedicados a dioses y diosas.*
S: No los necesitamos... La fuente de Dios...La fuente de Dios.
D: *¿Qué clase de sacerdotisa eres?*
S: Soy solo una mensajera. Solo escucho e interpreto, y puedo hablar en lenguas, sin tener que estudiarlas. Es encontrar una manera para no tener que aprender toda una nueva lengua. Sólo lo suficiente para dar lo importante del mensaje. No es solo para la élite. No es de Dios ocultarse a la gente. Vienen a peregrinar. Vienen. Siempre son bienvenidos. Traen comida y ofrendas. Siempre son bienvenidos. Truecan, no hay dinero, solo comercio justo. Pero su regalo es recibir la bendición de un mensaje o sabiduría, como una perla.

D: *¿Dijiste que vivías en el templo?*
S: Muchos de nosotros, cientos. Muchos, de todas las edades. Algunos están para trabajar, otros para aprender y enseñar, todo el mundo aprende. Algunos curan. Curan huesos rotos. Curan corazones. Curan daños en el cuerpo. Curan daños en los pensamientos. A veces no pueden curar, pero otras veces curan.

D: *¿Enseñas a otros lo que haces?*
S: Ah, algunas veces no lo hago bien. (Emocionada)
D: *¿Qué te está molestando?*

S: Pienso que matamos a las personas haciéndolo. (Disgustada) Es un poder. Ellos piensan, "ahora tengo poder" entonces asesinan. Odio eso. Muy oscuro. ¿Qué puedo hacer? ¿No enseñar?

D: *Una vez que lo has enseñado, ¿ya no hay control sobre él?*

S: No, ¿Y si asesinan? ¿Si hicieran eso? ¿Se lo quitas? ¿Les sacas a patadas? Desterrar... ¿Enseñar de todas formas? Desistir... ¿Esperar? No me gusta seleccionar.

D: *¿Solo hay unos pocos que lo usan negativamente?*

S: Tan solo unos pocos, pero solo basta unos pocos para crear un daño. Pueden destruirse unos a otros. Solo quieren destruir cosas. Quieren robar. Quieren acumular y atesorar y... No sé qué hacer. Podemos parar. Aunque no creo que sea correcto. Creo que no deberíamos abandonar, pero si se leccionamos a unos cuantos, entonces estará igual de mal. ¿Y si los sanadores sólo curan a los que quieren? ¿Y si los jardi neros sólo alimentaran a los que ellos quieren? ¿Eso qué es? No está bien.

D: *Pero esa no es tu responsabilidad, lo que la gente hace con ella, ¿verdad?*

S: No lo sé, ¿es mi trabajo? No lo sé. Nadie me lo ha enseñado. Se supone que alguien debe saber. No coges un regalo y lo das a todo el mundo, si lo usan para matar.

D: *¿No hay forma de saberlo de antemano?*

S: Quisiera saberlo. Vienen a clases. Si pudiera leerlos, quizá si tuviera más edad. Quizá no soy suficientemente mayor.

D: *¿Conoces algún ejemplo donde las personas han recogido lo enseñado y lo han usado de modo equivocado?*

S: Si. Ellos crean armas. Les enseño poder, pero se supone que es poder para crear. Les enseño el poder para crear cualquier cosa, crean cosas malas. Se supone que no han de crear cosas malas.

D: *¿Qué tipo de armas crean?*

S: Un tipo de espada, pero de un material que puede destruir con un solo toque. Puede destruir cualquier cosa. Como una espada, como un cristal, como un filo afilado que corta. Es como un cuchillo, filo afilado. Como si pones la mano y la energía que fluye de tu mano, pero puedes verla como un cuchillo de luz.

D: *¿Entonces no es un objeto físico? ¿Crearon un arma de energía?*

S: Sí, como si fuera energía que puedes canalizar para sanar. Pero ellos la canalizan para matar. Es la misma energía. Es lo que hagas con ella.

D: Pero todavía no sigue siendo tu responsabilidad, cuando la gente hace esas cosas. La alternativa es de no enseñar a todo el mundo.
S: ¿Qué se puede hacer?

Le pedí una descripción del templo donde ella vivía. "Es muy grande, tiene muchas columnas, porque las pintamos y pintamos las paredes. Hay aposentos y miramos desde allí. Hay zonas descubiertas, dónde podemos ver las estrellas y un símbolo también. Miras hacia arriba. Contemplas las estrellas. Vemos los reflejos. Usamos el tiempo. Usamos la luz. Todas las cosas son un mensajero. Como estar en la biblioteca. Como si estuvieras en una biblioteca, que no tiene libros. Si estuvieras en una biblioteca, en la que las personas son mensajeros, en vez de libros. Es lo que parecería, una biblioteca de gente.

D: ¿Sabes leer las estrellas?
S: Si. Se mueven y te cuentan como una profecía. Te advierten del cambio. Te advierten sobre la oportunidad, cuando hay una ola de energía. Las estrellas son energía, como el tiempo es energía, como el agua es energía, como la marea es energía... No solo las estrellas, hay lunas. Hay muchas cosas y son energía. Y cuando ves que algo va a venir... si ves un tornado aproximarse, sabrás que necesitas un refugio. Si ves al sol hacerse más brillante, sabrás que hay que cosechar. Si ves nubes oscuras, entonces sabrás que podrían acabar con tus cosechas. Y por las estrellas sabemos lo mismo, porque ellas tienen mensajes y son proféticas y pueden decirte cosas así.

D: ¿Te enseñaron otros como hacer estas cosas?
S: El oráculo. Esa era la palabra que no recordaba. Las estrellas son un oráculo. Me enseñó un lector del oráculo. Lees los oráculos y ellos te dicen, advierten de que habrá una muerte, te dicen cuándo habrá cambios. Cuando mover a la gente. Y cuando buscar refugio y cuando tener niños.

D: Entonces, es muy importante saber estas cosas.
S: Bien, no hay obligación. Solo se puede esperar, pero si lo sabes con antelación, puedes sacar ventaja a lo advertido.

Sheila se emocionó y empezó a llorar cuando le pregunté si tenía familia. "No, creo que no. Creo que están muertos. Así es como terminó todo. Me llevaron dentro. Era un hogar. Llevo aquí toda mi vida. No recuerdo estar en ningún otro lugar. Dijo su nombre, era una serie de vocales. Mai-a-yah. (Fonética)

D: *¿Hay otros que hacen el trabajo de curación y tienen el mismo problema con la enseñanza?*
S: Parece que sí. Reúnen a la gente después de ser heridos, así que les ayudo con conocimiento y crean armas. Hacen daño. Les traen de nuevo para ser curados. Después les envío de nuevo a hacer daño. Es como un círculo. (Disgustada) ¿Y qué haces? ¿Parar de enseñar? ¿Estoy dando el mensaje equivocado? ¿Estoy perdiendo algo? ¿Selecciono? ¿Y si selecciono equivocadamente? Hay muchas decisiones.

La llevé adelante a un día importante y ella empezó a llorar. Se había casado, y su bebé había muerto. "Dando a luz. Algo ocurrió. Estaba bien. Lo sostuve y después murió. No sé lo que fue mal. Los curanderos hicieron todo lo posible. Solo ocurrió. Tenía todas las herramientas. No sé por qué." El niño había nacido en el templo. Le pregunté sobre su marido, y si estaba involucrado en las mismas cosas que ella. "Él es muy sabio. Trabaja en otro lugar, pero es muy sabio. Construye cosas"

D: *¿No usa la energía como tú?*
S: No, crea edificios preciosos.

Este fue un día triste, y la trasladé adelante otra vez a otro día importante, y había una celebración. "Es un día de fiesta, y la gente viene y traen lo que tienen para compartir. Se celebra y baila y canta, hay alegría. Es el solsticio de verano, las estrellas te dicen cuándo. Es tiempo de nacer. Muchos niños nacen entonces, y muchas cosechas son buenas. Y los barcos vienen, y los viajeros llegan, y es el tiempo de la abundancia y celebración." Ella es más mayor ahora y tiene cuatro hijos.

D: *¿Les enseñabas?*
S: Hacían otras cosas. No eran mías para enseñarles. Estaban en el templo y aprendían cosas. Ellos elegían.
D: *¿Qué otras cosas se pueden aprender allí?*

S: Ellos construyen jardines. Construyen templos. Sanan. Escriben los registros. Son los planificadores. Les gusta organizar y encuentran donde encajar a cada uno, donde tus dones destacan. Puedes hacer cualquier cosa. Puedes crear joyas. Puedes viajar en los barcos que llegan en verano. Puedes irte con ellos. Traen especias y telas y traen gente negra. Y puedes viajar y traer cosas bellas y conocimiento y gente que no son como nosotros, y puedes ser un viajero. Puedes usar tu don libremente.

D: *¿Todavía hay gente negativa alrededor?*

S: Hay menos. Nos protege nuestra propia energía. Es triste porque tenemos que expulsar a personas, no pueden entrar porque lo hacen inseguro. Y así aprendes a usar la energía como un foso. Es líquido. No es como un muro. Si intentan atravesarlo, se enferman y mueren. No pueden atravesarlo ahora. Si eligen usarlo mal intencionadamente. No pueden regresar. No sabíamos cómo hacer esto antes.

D: *¿Cuándo desarrollasteis esta energía protectora?*

S: Mi esposo lo hizo. Él es guerrero. Puedes ser guerrero sin matar. (Definitivamente) Puedes ser guerrero y proteger. Es como un foso. Es como líquido. Si estuvieras a distancia y miraras, pensarías que estarías viendo un espejismo. Ves cómo se contonea, como una energía ondulante, pero no sólida. Ves a través de ella, pero piensas que la imaginas. Piensas que ves una ciudad, pero no vas a ella porque si la cruzas te enfermarás y pensarás "estoy loco." Entonces se mantienen alejados. Lo evitan, y si están destinados a venir, la atravesaran. Pero si son oscuros, es como un repelente. Ven la ciudad, pero piensan que la imaginan. No quieren ir allí.

D: *Eso es maravilloso porque es algo que te preocupaba.*

S: Cuando era joven. Ahora no. Soy mayor ahora. Tengo cuarenta años. He aprendido mucho sobre esto. No he acabado aún, pero ha sido bueno. Estamos más seguros.

La moví hacia delante hasta el último día de su vida para ver lo que ocurría. "Escogimos marchar. Escogimos que hemos terminado, y hay una ceremonia de despedida – no una fiesta – como una reunión, y tan solo nos vamos."

D: *¿Hay algo mal en el cuerpo?*

S: No, no enfermedad. Hemos conquistado eso.
D: *¿Solo decides que es la hora?*
S: Te sientes preparada. Escoges. Quizá necesites regresar para revisar, pero no estás triste. No, no triste. La familia está bien. Ellos saben que harán lo mismo, todo el mundo lo hace de esta manera. No es como si te mataran o destruyeran. Más bien te disuelves dentro del otro lado y te vas. Tenemos gente que ayudan a soltar y dejar ir. Tu es- tas preparado y ellos te ayudan a cambiar tus vínculos y entonces tan solo se disuelven esos vínculos, y sales de ese cuerpo. Te dicen cómo. Te enseñan. Tenemos algunos en el templo que te ayudan a cruzar. Son guardianes para atravesar la puerta. Es como nacer al revés.

En lugar de hacerla pasar por la muerte, la conduje a cuando todo había acabado y estaba en el otro lado y fuera de su cuerpo. La persona puede ver y comprender mucho más desde esa perspectiva. Le pregunté qué ocurrió después.

S: Es como que no te has ido, tan solo disuelto de tu cuerpo. No se disuelve el resto. Puedes quedarte y contemplar, si quieres. No es muy interesante.
D: *¿Te refieres a tu ser real, tu espíritu, puede quedarse?*
S: No es tu espíritu. Es la esencia de quien fuiste siempre. Tu cuerpo es un vehículo. Es temporal y se disuelve para que puedas ser. Hay cosas que aprender cuando no estás en el cuerpo, por eso nos vamos. Queman los cuerpos.
D: *Cada vida tiene una lección. ¿Crees que aprendiste algo acerca de esta vida? (Sheila se emociona) ¿Qué te entristece?*
S: (Susurrando) Me siento tan pequeña. No sé nada de este mundo. Es como tener que contener en el templo, y no puedes. Tienes que mantener a otros fuera y eso es triste, porque no sé. ¿Los guías? ¿Te rindes? Creo que sería mejor ocultar el conocimiento hasta que sean más inteligentes. No son muy inteligentes.
D: *¿Y no compartir esto con nadie?*
S: No, durante un tiempo. Son tan bárbaros. Porqué son tan bárbaros.
D: *Pero no todo el mundo es igual.*
S: No, pero no podemos vivir en nuestro pequeño templo por siempre. No es el propósito. Aprendí en el templo. Nunca salí del templo, nunca. Fue a la orilla. Al templo. Al jardín. A las afueras. A la

ciudad habitual. Nunca emprendí viajes, porque odiaba eso. Me sentía aislada. Pensaba que podía traer a todo el mundo, pero eso es insignificante. Si esperas, las ayudaré, pero eso es insignificante, no me gusta lo insignificante. Pienso que debería ser grande y así quizá aprender mucho de lo pequeño. Aprendí poco. Creo que es un buen sitio para empezar. Es una buena lección para aprender, porque aprendí todas las cualidades del cielo. Y conocía la energía, y la biblioteca, pero no cómo llegar más allá de eso. No sé cómo cruzar la barrera porque está oscuro y creo que no era mi propósito cruzar. Mi propósito era permanecer en la biblioteca, pero era tan pequeña. Los niños cruzaron. Eran vagabundos. Me dejaron. Está bien. No importa.

Hice que se alejara y que el consciente de Sheila regresara para traer el SC. Le pregunté por qué había elegido mostrarla esa vida.

S: No le gustó su elección. Decidió quedarse. Pudo haber seguido a los niños como vagabundo. Pudo haber subido en el barco. Pudo haber viajado. Pudo haber marchado y regresar. Pudo haber sido más grande. Era tímida. Escogió un lugar seguro y después se arrepintió del lugar seguro.

D: *Ella ayudaba, ¿verdad?*

S: Sí, pero no tiene que hacerlo dos veces.

D: *¿Crees que eso es lo que está ocurriendo es su vida ahora?*

S: Si. Ella ya ha estado en esa encrucijada. No está prestando atención.

D: *¿Es por eso que estás tratando de hacer una comparación?*

S: Lo intento. La última vez tuvo miedo de partir. La última vez, pensó que, si iba en un barco, moriría. La última vez pensó que perdería a sus hijos. La última vez pensó que solo estaría a salvo en la biblioteca. La última vez, pensó que necesitaba un foso para protegerla. Pensó que la matarían. Pensó que no sería de buena utilidad por causar muerte, así que ni siquiera lo intentó. Y ahora dice que no puede abandonar, pero ya ha elegido. Ella sabe lo que ocurrirá. Lo sabe. Puedo decir. - Ella morirá. Ya ha cruzado y llora porque no partió, una vez más. Vamos a continuar hasta que parta. Depende de cuánto le guste repetir las cosas.

D: *Si, tienes que repetirlo si no aprendes lecciones, ¿verdad?*

S: Eso es y ella puede oír eso. Es testaruda.

D: *Se siente atraída por Seattle. ¿Qué piensas? Es salir del lugar seguro.*
S: La energía es buena allí. La energía encaja con ella. La gente de la biblioteca está allí. La energía de aquellas personas de los jardines, del constructor, de los sanadores está allí. Y lo sabe. Tan sólo está acostumbrada a permanecer y piensa que morirá si se va.
D: *Dice que su familia no quiere que se marche.*
S: A la familia de la biblioteca no le importó. Ella sólo asume cosas. No pregunta. Nunca pregunta. Debería preguntar y no asumir.
D: *Ella mencionó que su padre no quiere que se vaya.*
S: Su padre entró en las fuerzas navales cuando tenía dieciocho años. Se fue a Guam. Eso sí es partir. Su padre se marchó cuando ella nació, siendo su primera hija. Se fue. Ni siquiera está allí. Estaba a 4,000 millas cuando su primer hijo nació y murió.

Esto es algo que he descubierto durante mi trabajo. A menudo, si un niño muere en el nacimiento, y otro nace al poco tiempo después (normalmente antes de un año), es la misma alma o espíritu. Ha elegido entrar en la familia, y si en el primer intento no tiene éxito, lo intentará otra vez.

S: Creo que si no se va a Seattle tendrá que hacer esto otra vez. Ni siquiera lo intenta. Creo que, si no lo intenta, nunca descansará. Porque va a repetirlo una y otra vez hasta que lo intente. Está en el contrato.
D: *Sheila dijo que hacía unos meses, tuvo un accidente donde se golpeó la cabeza. ¿Qué pasó en ese momento?*
S: Necesitaba venir a casa.
D: *¿Esa era la posibilidad?*
S: Podía ser. Ella había acabado con la parte triste.
D: *Dijo que sintió como si se hubiera marchado en ese momento.*
S: No fue Sheila. Fui yo. Era solo su cuerpo en el accidente. Ella no estaba en el accidente. El cuerpo era todo lo que estaba allí. Solo es un cuerpo en el vehículo. Nunca me marché. Había una forma de acabar con ese cuerpo, como anteriormente fue disuelto.
D: *Queremos que ella entienda. ¿No estaba decidido dejar que eso ocurriera en ese momento?*
S: Ella regresó para aprender a partir. Ella no tiene que empezar siendo un bebé. Puede aprender esa lección en su cuerpo.

D: *¿Por lo tanto se decidió que no iba a irse? Se quedaría y estaría durante un tiempo.*
S: Estaba en las estrellas. Todo alineado. El momento era el adecuado para intentar una lección más. Si no funciona…. Ir a casa.
D: *Es importante para ella tomar la decisión correcta, ¿verdad?*
S: Es por eso que volvió. En este cuerpo.
D: *Entonces, ¿Este cuerpo tiene más cosas importantes que hacer?*
S: Si. No solo en Seattle. Seattle será su hogar e irá a muchos sitios. Trabajará para su trabajo. Ella es maestra. Tendrá que enseñar. Ella es tan solo un mensajero. Los maestros son mensajeros. Hay muchas maneras de enseñar. Viajará, pero regresará a Seattle. Hacer ambas cosas, o hacerlo todo otra vez. Depende de cuantas veces quiera hacerlo de nuevo.
D: *Me imagino entonces, que si no toma una decisión no tendrá ningún motivo para continuar en este cuerpo.*
S: No, hay razón.

Sheila hace tiempo que tiene problemas con sus ojos. Se estaban formando cataratas y progresando rápidamente, lo que era poco normal para su edad. Esto obviamente lo explica. Ella no quiere ver lo que supuestamente tiene que hacer.

S: Ella creó el camino. El camino se mueve hacia atrás, no solo hacia delante. No es un cruce de caminos. Es el mismo camino, pero los caminos tienen un sentido hacia delante y hacia atrás. Cuando estás en el camino, no estás al principio del camino. Estás en el camino. Te diriges en un sentido y te mueves hacia delante. Te mueves en otro sentido, no estás en otro camino. Es avanzar por el viejo camino. Solo hay un camino. El camino ya está elegido. Se cambia hacia delante o atrás. No está viendo claro porque está mirando hacia atrás del camino. Es la niebla. No se supone que debas ir hacia atrás. Si estuviera viendo claro, vería el camino, pero cuando gira hacia atrás, solo ve niebla. No es claro, porque ella ya lo ha hecho. No es lo que hay que hacer, por eso es borroso.
D: *Si toma la decisión de ir por el camino correcto, ¿sus ojos verán claros? (Si) ¿No debe preocuparse por tener que ser intervenida?*
S: No, no ocurrirá si escoge el camino hacia delante.
D: *Dijeron que vendría rápidamente.*

S: Es porque tomó el camino equivocado. Ella frenó su camino hacia delante, y cuando lo hizo su visión empeoró. Hay siempre un mensaje.

Ella también desarrolló diabetes. El SC dijo que fue porque no tenía alegría. "La diabetes es un mensaje. Ella es mensajera. Todo su cuerpo es un mensaje. Todos los cuerpos son mensajeros. Sé cuál es su problema. No deja que entre el mensaje. Si escuchara el mensaje, la alegría entraría. Pero cuando eres mensajero y tienes miedo de dar el mensaje; si has sido castigado por hablar del mensaje y has parado de darlo, entonces no hay alegría. Solo hay tristeza. Ella está escuchando el mensaje. La diabetes también aclarará si escucha el mensaje. "La ayudaría si me lo pidiera. Podría. No lo haré si no escucha. Solo podría tener que encontrar otro mensaje. Le dejé los más fáciles.

D: *Entonces esta decisión es muy importante; todo en su vida gira en torno a eso.*
S: Lo está haciendo más difícil de lo que ha de ser. Es solo su opción.
D: *A ella le preocupa su familia.*
S: Hay más que una familia. Está su familia de almas. Es más alta. Más grande. No tiene que ser biología. Puede ser dónde está tu corazón. Uno lo sabe cuando los ve. Como puede verlos sino va.

Le pregunté sobre su interés por la astrología en esta vida y si viene de otra vida. "Las estrellas son un oráculo. Es tan fácil leer. Tan fácil. No hay que aprender ningún idioma. Las estrellas son lo igual. En cada vida, las estrellas son las mismas, no tenemos que reaprender un lenguaje. Solo aprendes el mensaje de símbolos en sueños y estrellas y no hay que reaprender nada.

* * *

Mensaje de partida: Ella tiene que encontrar un lugar tranquilo donde llegar a mí, porque no puedo entrar en su caos. No escucha. Tiene que tener tranquila su mente y tiene que elegir ese lugar. Es el único modo de acceder. Tiene que confiar cuando está tranquila y allí estoy yo. Lo sentirá en su cuerpo. Es una sensación muy apacible. Le mostraré los símbolos. Ella comprende los sentidos y símbolos e imágenes. No entiende las palabras en absoluto. Se lo mostraré en símbolos. Tienes que tener más de una manera para ser mensajero. A veces, cierras una puerta y después tienes que abrir otra. Es como una arteria. Es como una desviación.

Capítulo 4

RECORDANDO LA CURACIÓN ANCESTRAL

Trina era una enfermera retirada que principalmente quería encontrar su propósito. Ésta es la que llamo la "eterna" pregunta. Cada uno de los clientes tiene ésta en su lista. "¿Cuál es mi pro- pósito? ¿Por qué estoy aquí? ¿Estoy en el camino correcto?" Rara vez encuentro a alguien que no pregunte esto. Si ocurre, quizá digo "Hay una pregunta que no tienes en tu lista" Cuando les digo cuál es, normalmente dicen "Es porque sé cuál es y lo estoy haciendo." Pero es raro que ocurra este ejemplo. La mayoría están atravesando por algún tropiezo, intentando comprender por qué están aquí, y preocupados sobre si les queda poco tiempo. Aunque Trina estaba en una profesión donde ayudaba a la gente, ella no estaba satisfecha y sentía que había algo más.

Ni siquiera había completado la inducción cuando Trina comenzó a describir dónde estaba. Tuve que encender la grabadora rápidamente e intentar recapitular lo que había dicho. Estaba en un escenario bonito, casi sagrado, un gran bosque con bellos caminos y piscinas de agua. Decía que había magia en el agua del océano, que estaba lleno de peces y conchas; era agua sanadora. "Todos sabemos cómo usar la magia. Cogemos comida del agua. Tenemos un gran respeto hacia ella" Había mucha gente viviendo en un pueblo. Se veía a ella misma como una mujer joven, de piel oscura y con un pelo largo, grueso y oscuro, con atuendos bonitos. "El agua nos da regalos. Hacemos joyería y tiene propiedades curativas. Molemos ciertas conchas hasta obtener un polvo, y lo ponemos en la comida. Esto equilibra nuestro sistema. Nunca enfermamos porque escuchamos a nuestros cuerpos y escuchamos a la Tierra." Le pregunté si era un cierto tipo de concha. "Veo que es brillante por fuera. No es realmente grande, más pequeño que una palma. Es como un nautilo, pero no es. Es un poco más abierto, con colores de un pavo real en el centro. También molemos los pequeños de éstos. Su polvo puede curar heridas." También sabía lo que debía coger del bosque para usar como alimento o curar. No era la única en el pueblo que podía hacer esas cosas; otros tenían el conocimiento. "Somos guiados. Escuchamos a nuestro corazón. No sólo pasamos ese conocimiento de boca en boca. Escuchamos. Sabemos lo que significa, cuando nuestro cuerpo nos da molestias. Sabemos cómo cuidar de él. Parecemos estar conectados a la Tierra. Solíamos recordar cómo sanar a la Tierra. Creo ser el principal instrumento, pero comparto el conocimiento."

Las cabañas del pueblo tenían un sentido de espacio, de paredes rectas y tejados tapados con frondas. Cada familia tenía una propia, pero también se reunían para compartir. "Compartir nuestras historias, compartir conocimiento, como una comunidad." Su cabaña individual era de este tipo. "Huele bien, incienso quemándose, hay cazos con hierbas curativas contra la pared. Están en recipientes donde crecen y se secan. Todo lo que necesitamos para lo que nos afligen." Vive sola sin familia propia. "Nunca nos sentimos solos. Todos son mi familia de corazón." Hay otros pueblos, aunque están muy lejos. "Recogemos en la costa y luego cambiamos."

D: Dijiste que también escuchabas a la Tierra. ¿Qué quieres decir con eso?

T: Entrar en meditación y hacer las preguntas correctas, y las respuestas siempre están ahí. Confiamos en esa fuente. (Parece estar hablando con alguien) Tenemos una respuesta, ¿verdad? (Ríe) Te ríes de mi... "niña boba"

D: ¿Quién es "niña boba"?

T: La guapa con el pelo grande, gordo. Si, puedo verla. Está justo allí y me está echando esa mirada como... Tú ya sabes las respuestas. Por eso está diciendo. "Si, y Trina necesita saber eso." Puedo verla ahora. Me está recordando que soy yo y tengo todas estas respuestas.

D: Según ves a esta mujer llamada "Trina", ¿conoces la relación entre las dos?

T: (Ríe). Ella soy yo.

D: ¿Cómo comprendes esto?

T: No lo sé, pero siento que ella es parte de mí. Ella me está recordando que necesito hacer esto, así encontraré las respuestas, y es sencillo. ¡Tan sólo hazlo! Me está dando esa mirada tímida y sacudiendo su dedo "recuerdas, así que hazlo" (Ríe)

Quise desviar su atención hacia Trina y volver a la mujer del pueblo. La pregunté si otros en el pueblo sabían cómo meditar y escuchar las respuestas también.

T: Este es un conocimiento que he compartido con todos, porque hubo un tiempo donde poníamos a una persona en peligro, la que tenía esas capacidades. Los anteriores. Este conocimiento ha sido pasado, pero había uno que lo tenía y no era compartido, pero ahora se comparte con todo el mundo. Es necesario.

D: ¿Crees que mejor de esa manera, no sólo uno?

T: Sí. Así no pueden controlarlo para ellos mismos. Ahora se puede compartir con otros. Tienen que hacerlo. Hay mucha armonía aquí. Éste es un sitio perfecto. Se ha creado mucha armonía con la meditación para que la gente se dé cuenta de que todos estamos conectados.

D: ¿Hay alguna clase de meditación que practicas? ¿Hay algunas directrices que podrías dar?

T: Es bastante similar a este lugar, ir a un lugar tranquilo y concentrarse en la respiración. Y al principio entrar con esa intención y las preguntas correctas, si hay preguntas que necesiten respuestas.

D: ¿Vuestra gente vive mucho tiempo?

T: Sí, mucho, con muy buena salud. Parecen hacerse más fuertes según van envejeciendo.

Ciertamente sonaba a un lugar perfecto, y todos parecen felices. Decidí moverla adelante a un día importante y ver qué ocurría. Alguien se acercó a ella con un niño recién nacido y querían una bendición. Había muchos reunidos para ver esto. Ella realizó la bendición con aceites estratégicamente en su frente. También hubo un canto que era una conexión con su fuente. "Son muchas vocales. Amana (?) Es lo que oigo o algo como tres pequeños conjuntos de vocales, algo así. A-ma-nah So-fal-ah. Todos estamos conectados y es una bendición recordar de dónde venimos"

Cuando llevamos la historia más adelante, había preparado al bebé (cuando creció) para ser su reemplazo en el pueblo. Supo de inmediato que sería él a quien tenía que preparar para que el conocimiento no se perdiera. Después la llevé al último día de su vida. Una vez hubo preparado a su reemplazo, no había razón para que permaneciera; conscientemente decidió morir. Describió una escena llena de amor y no tristeza. "Fue maravilloso. Tanto júbilo y estoy mirándoles desde arriba, transmitiéndoles ese júbilo. Mi cuerpo está allí. Tan sólo falleció, sin enfermedad, sólo la edad. Tenía noventa años, creo. Era la edad. Fue bonito. ¡Sin aflicción! Todos lo entendemos. La niña ocupó mi cabaña. Es una joven mujer ahora. Está preciosa. Estoy allí en lo alto observando y sonriendo y sintiendo mucha felicidad. Todos están felices"

D: *Ahora que estás fuera del cuerpo, ¿sientes que debes ir a algún sitio? - Estás sonriendo, ¿Qué es?*

T: Es tan bonito, y estoy preguntando, "¿Puedo ir? ¿Puedo seguir para ver cómo es?" Les pregunto, "¿Puedo ir a ver a todos? ¿Para ver su apariencia?

D: *¿A quién estás preguntando?*

T: A los más entendidos del conocimiento que yo en este punto, para que dejen vislumbrar de donde procedo. Me gustaría ver de dónde procedo. "Tú también puedes si estás dispuesto." Ah, eso es lo que quiero. - Me cogen de cada brazo, pero se ríen, porque realmente no son brazos. Necesito ayuda, les digo. Les hablo con antelación. Digo, "Si podemos, me gustaría ir a donde esté mi hogar"

D: *¿Qué te están mostrando?*

T: Todo es resplandeciente. Hay un gran edificio a la izquierda y todo es blanco y brillante, pero no creo que sea mi hogar.

D: *¿Cómo es el edificio?*

T: Es enorme, pilares de luz blancos, grandes, altos, de largos pasos, y todos me saludan con la mano. Es como mi imaginación siempre pensaba que el Salón de los Registros sería. Y cualquier libro que quieras. Pero no son realmente libros.

D: *¿Dónde están los libros?*

T: Por todos sitios. De arriba a abajo, y con sólo pensarlo ya tienes la información.

D: *¿Qué libro quieres mirar? (Pausa) ¿Cuáles te atraen?*

T: Ver con el que aprendería más. Me gustaría ver de dónde vengo.

D: *¿Pregúntales cuál de ellos tiene esa información?*

T: El que está en un extremo y está bajando…está en la mesa. Pido que se abra en la página perfecta.

D: *¿Qué ves según se abre?*

T: No sé lo que veo realmente. Siento paz y amor. Creo que es un lugar donde no tenemos forma, oímos sin poder ver nada. Estoy sintiendo energía. Sigo oyendo que lo que he visto es lo que se supone que debo experimentar. Esto otro no es tan importante. Es sólo curiosidad. - Pero todavía me gustaría poder verlo, estando aquí. Sería glorioso si pudiéramos ver. (Estaba casi comenzando) Conseguir verlo… yo quiero (con voz de niña) ¿Puedo verlo en lugar de sentirlo? Me dicen que puedo hacer lo que quiera hacer. ¿Estoy preparada? Sólo están jugando conmigo. "Si quieres, estar preparada." Si, deseo verlo. "Es mucho más grande de lo que puedes percibir" oh, ¿es por eso que no puedo verlo? ¿Mucho más grande de lo que puedo percibir? Pero me gustaría percibirlo.

D: *¿Quizá es todo lo que puedes percibir por ahora?*

T: Está aquí. En ese enorme y precioso edificio. Allí estoy viendo que me pasan las páginas de este libro. Y si voy a otra página, va a ocurrir. Lo estoy viendo. Voy a subir hacia él. (Susurrando). Veo una gran forma de vida blanca pulsando y entrando, saliendo y entrando… como un organismo colectivo. Quizá somos todos nosotros, cada uno, colectivamente en este enorme, gran corpúsculo. Es enorme.

D: *Probablemente, por eso es tan difícil de comprender.*

T: Puede ser.

D: *¿Te ayuda eso a comprender?*

T: Sí, quizá la próxima vez.

D: *Son muy afectuosos, y no te dan más de lo que puedes manejar.*

T: Ahora sólo veo montones de brillantes espirales moradas. No sé lo que significa.

D: *Está bien. Esto será algo que a Trina le hará pensar. (Si) Muy bien. Pregúntales, "¿Debemos llamar al subconsciente para encontrar respuestas o pueden contestar tus preguntas?*

T: ¿Podéis contestarnos? Dicen, "claro"

D: *Tienen respuestas. Pero, ¿quieren que llamemos a la otra parte?*

T: Dicen que, cuantos más mejor. - Son los guardianes.

D: *¿Qué son los guardianes?*

T: Son los guardianes del conocimiento.

Después les agradecí la ayuda dada. Pero sabía que están limitados a contestar las preguntas. Podíamos obtener más del SC. Después propuse su presencia. Le pregunté por qué eligió mostrar esa vida a Trina.

T: Ella ya ha contestado las preguntas. Era recordar dónde conseguir las respuestas. Cuando piensa que la vida es tan desafiante, tomarse el tiempo y espacio para conectar con ellas. Tan sólo como hizo en otra vida.

Cualquier cosa que se aprende, nunca se pierde. Se almacena en la parte subconsciente como un ordenador, y puede ser llamado si es apropiado en la vida actual. En el caso de Trina, podría recordar cómo usaba las hierbas y la curación en aquella vida, y usar el conocimiento en la presente. "Ella probablemente aprenda más sobre la medicina energética y el consumo de hierbas, al haber ya encontrado las verdaderas fuentes viables."

Conoce su propósito: ser un instrumento de paz y alegría. Es un agente informal de cambio. Que enseñe por el ejemplo en cualquier forma de congregación. Hacer meditación, antes de la mañana. Asegurarse de que conecta y estar equilibrada por la mañana. Cuando pregunte, la primera respuesta seremos nosotros contestando. "Apenas tenga la pregunta, ya estará oyendo la respuesta."

Tenía una pregunta sobre un suceso físico que ocurrió hace pocos meses. Pensaba que estaba sufriendo un ictus, y el resto de personas que estaban presentes también. El SC dijo que no. Fue un ajuste debido al cambio de frecuencias y vibraciones de la energía que está ocurriendo en estos momentos.

El SC también dijo (hablando de problemas físicos), que sería bueno que tomara calcio. Esto relaciona el uso de conchas que ponía en la comida en otra vida, lo que era calcium lactate. Sería bueno para ella que tomara eso otra vez, en la forma de calcio.

Capítulo 5

OCULTANDO LA INFORMACIÓN

Joanne era otra mujer que no estaba satisfecha con su profesión. Trabajaba en una inmobiliaria y tenía éxito, pero se sentía vacía. Escribía canciones por otro lado, y estaba interesada en la sanación. He tenido muchos, muchos casos donde el cliente regresa a una vida pasada donde vive entre gente ignorante y supersticiosa. Había gente que poseía habilidades psíquicas que ahora se consideran normales, pero en aquellos días eran contemplados con gran sospecha. En todos los pueblos o aldeas existían "las abuelitas." Alguien que tenía conocimiento de hierbas y ungüentos y mezclas de pociones curativas. Tenían conocimiento que fue pasado a ellas, y aunque normalmente lo usaban para el bien, se las consideraban diferentes, y esto presentaba una amenaza. Por tanto, era perseguida o asesinada.

No puedo contar los numerosos casos que he tenido donde el cliente fue quemado en la hoguera, colgado o dado muerte de forma terrible. Quizá es algo que todos debemos sufrir, según crece nuestra alma y se desarrolla. Esta memoria oculta, a menudo es traída a nuestra vida actual como un miedo inconsciente para desarrollar estas habilidades otra vez, porque podría ocurrir lo mismo. Esto les causa desarrollar síntomas o enfermedades, aunque no reconozcan el motivo consciente. Sabemos que es altamente improbable en nuestro presente que nos hagan daño o maten por nuestras creencias. Sin embargo, en un caso el SC dijo, "sí, pero pueden dañarme con sus palabras."

En el caso de Joanne puede haber habido de que temer porque era diferente. Definitivamente no encajaba en el molde de lo aceptable en aquellos tiempos. Ella pertenecía a un grupo, que he descubierto, llamados los "coleccionistas." Ellos viajaban por las galaxias, buscando y recogiendo información. A menudo creaban cuerpos que parecían ser humanos y así encajar. Aunque eran amables, solidarios y no dañarían a nadie durante su búsqueda, eran y son vistos con miedo y suspicacia.

* * *

Cuando Joanne salió de la nube, se encontró en un pequeño pueblo, que por su descripción sonaba como el 1700 o antes. Oyó una campana sonar. Había mucha gente reunida alrededor de un campanario, en lo que parecía el centro de un pueblo. Cuando hicieron sonar la campana, significaba que todo el mundo debía acudir y ver qué pasaba. Un cura leía algo de un pergamino. Ella no podía oír lo que leía, pero sabía que era una proclamación. "Creo que está hablando acerca del pecado, gente que peca. Para que la gente sea conocedora de ese pecado contra la iglesia."

D: *Se hará más claro. ¿Cómo te sientes con relación a la proclamación?*
J: Me asusta.
D: *¿Por qué te asusta?*
J: Porque no es verdad. No hay nadie pecando contra la iglesia.

Hice que se mirara. Era una preciosa adolescente, con pelo largo, vestida de gris. Vio que llevaba grilletes en sus tobillos. Se asustó más cuando vio que sus manos estaban atadas por detrás.

D: *Entiendo porque estás asustada. ¿Por qué estás atada y los grilletes?*
J: Para que se rían de mí. Para que se burlen.

Entonces la proclamación era por ella. "He pecado contra la iglesia. Pero no comprendo lo que dicen. Sólo he contado la verdad. Que cada uno de nosotros somos Dios."

D: *¿A quién se lo decías?*
J: A todo el que me escuche.
D: *¿Pensaron que ésto es malo? (sí) ¿Qué ocurre después?*
J: En realidad no lo sé. Fue muy confuso. Eran personas en las que confiaba. Y me traicionaron.

Estaba intentando averiguar qué ocurrió. Dijo que no tenía familia en ese pueblo. De hecho, no vivía en ese pueblo. Le pedí que regresara al momento que la lleva a esa situación. Vio que vivía en una cabaña apartada de ese pueblo, en un área de preciosas montañas y valles. Estos grupos eran muy cerrados, y consideraban seguro vivir en este lugar aislado. Le pregunté lo que este grupo hacía. "Estudiamos. Ciencia. Es una ciencia que no puedes ver, pero la documentamos. Escribimos y escondemos."

Sé que algunas personas sabían escribir o leer en ese tiempo, especialmente las mujeres, a quienes normalmente no se les permitía aprender. "¿Sabes tú leer y escribir?

J: Pintamos dibujos.

D: *¿Dijiste que es una ciencia que no se puede ver? (sí) Cuéntame sobre eso. ¿Cómo obtenéis información?*

J: En nuestras mentes. Vemos más allá de las estrellas y pintamos dibujos de ello.

D: *¿Todo el grupo hace esto a la vez?*

J: No, hay un maestro. Todos estamos separados, pero juntos, y un maestro da comienzo. Y después todos podemos hacerlo. Quien llegue más lejos que ningún otro puede ver. Obtenemos imágenes, y después las dibujamos.

D: *¿Cómo haces esto?*

J: Es como un haz de luz en medio de tu cabeza. Exploramos. Procede del medio de la frente del maestro. (Indicando el tercer ojo) Y se dispara. Y después, todos nosotros podemos hacerlo. También podemos enviar un haz de luz, pero él lo hace primero. No somos tan fuertes como él. Él tiene un haz mucho más brillante que nosotros.

D: *¿Después la proyecta?*

J: Quizá es lo que hace. El comienza, pero lo proyecta hacia nosotros mientras enseña. Y después llegamos más lejos, alcanzando a sobrepasarlo. Muy, muy poderoso. Obtenemos información y dibujamos imágenes de ello.

D: *¿De dónde crees que procede esa información?*

J: Más allá de las estrellas. Pienso que es una cierta galaxia.

D: *Recoges información del mismo sitio, después dibujas las imágenes y recoges la información.*

J: Eso es lo que hacemos. Y después la escondemos.

D: *¿Por qué sentís que tenéis que esconderla?*

J: Por ser tan inusual. La gente no comprendería.

D: *¿Qué tipo de información contiene? (Pausa) Puedes contarme, estás a salvo conmigo.*
J: Me están mostrando planetas. Seguimos la trayectoria de cosas. Más como una estación, en realidad. Y recogemos información para esta estación que necesitamos. Y por eso tenemos que esconderla porque sólo es para la estación.
D: *¿Qué quieres decir con "estación"?*
J: Es como una estación de paso. Es información para una persona en particular, alguien que la necesita, pero tenemos que esconderla. Tenemos que guardarla para otras personas.
D: *¿Lleva tu grupo haciendo esto durante mucho tiempo? (Sí) ¿Después viene alguien a quien dais esta información?*
J: Para eso lo hacemos.
D: *¿Han venido antes?*
J: Nos dijeron que así sería, pero no lo hemos visto todavía.
D: *¿Sabes lo que harán con ella?*
J: Es para ayudar. Ese es nuestro propósito.
D: *Y el resto del grupo trabaja conjuntamente en esto.*
J: Si. No hay diferencias entre las familias. Pero estamos en las colinas donde nos mantenemos aislados.
D: *¿Crees que sabes de dónde procede el grupo?*
J: Fuimos especialmente plantados, y contentos de estar aquí.
D: *¿Qué quieres decir con "plantados"?*
J: Tenemos que adoptar una cierta apariencia. Y no es realmente la forma que tenemos, aunque fuimos especialmente plantados para trabajar en estas colinas.
D: *¿Quieres decir que no parecéis humanos?*
J: Tenemos que aparentar de la forma en la que somos. Quiero decir, es la forma que parecemos, pero no es nuestra forma. Tenemos que coger esta forma.
D: *¿Entonces, os disolvéis en esta forma?*
J: Sí, pero sabemos que somos diferentes.
D: *¿Cuál es vuestra apariencia en realidad?*
J: Tan sólo somos luz, realmente. Pero tenemos que adoptar esta forma.
D: *¿Os pidieron que permanecierais aquí?*
J: Sí, para un trabajo. Llevar la información a la estación.
D: *Y recogerla, y después alguien vendría y...*

J: Absorberla. Sólo la absorben. Dibujamos imágenes y así pueden... se pueden dibujar las imágenes. La información procede de una galaxia en concreto.

D: *¿Qué tipo de información debéis de guardar?*

J: Está codificada. En imágenes.

D: *¿Entiendes lo que significan?*

J: Si, es simple, pero nadie más la entendería. Nos enseñan tan temprano. Es raro. Se trata de una fuerza vital y su energía. Sigo viéndonos conjuntamente, pero lo que hacemos es tan increíble. Aunque parecemos tan normales. Por eso tenemos que permanecer aislados. Pero estamos muy ocupados cada 24 horas. Hacemos esto todo el tiempo.

D: *¿Tenéis que comer o dormir?*

J: No veo que comamos. No veo que durmamos. No necesitamos comida.

D: *¿Qué os mantiene con vida?*

J: Energía. La fuerza vital. Es sorprendente. Estamos en esa forma, pero no somos esa forma.

D: *Estáis constantemente acumulando información.*

J: Estoy viendo una pirámide invertida, una pirámide en punta, pero hacia dentro de la Tierra. Me están mostrando cómo señala hacia abajo en la Tierra. Es muy afilada. Me muestran que es donde la almacenan. Archivos y archivos de almacenamiento, pero dentro de la Tierra. Y escribimos con nuestros dedos.

D: *¿Es ese el sitio en donde estás?* (Sí) *¿Es esa pirámide física, sólida?*

J: Muy física. Está construida dentro de la Tierra. La siento en mi cuerpo, ahora mismo. Puedo ver dentro de ella, y puedo sentirla al mismo tiempo. A través de mi estómago, a través de mi pecho. Como una pirámide invertida. Almacena información. Quieren que la sienta, así sé que es allí. Es un poco incómodo, pero está bien.

D: *¿Por qué está dentro de ti?*

J: Pienso que es la manera de mostrármelo. Realmente dentro de la Tierra, pero en realidad, quizá todos la tenemos dentro de nosotros.

D: *¿Te refieres a la información?* (Sí) *¿No solamente fue colocada en la Tierra, sino dentro de ti?*

J: Sí. Extraño.

D: *¿Tu grupo colocó la pirámide dentro de la Tierra?*
J: Si, la construimos. Es un objeto muy, muy, muy físico. Es donde ocultamos la información. ¡GUAU! Es una estación, es muy grande.
D: *¿Así puede guardar mucha información?*
J: Mucha información. Es una estación. Oh, - Ahora están llegando.
D: *¿Qué ves?*
J: Es donde aterrizan. Es una estación. Quizá es una estación dentro de la Tierra, y estamos encima, parece que no hay nada allí.
D: *Intentando disimular, ¿sí?*
J: Si, sí. Parecemos tan primitivos y pobres, y estúpidos. Pero es donde está la estación. La estación es esta pirámide. Pueden entrar y podemos verlos, pero nadie más puede.
D: *¿Cómo es cuando aterrizan?*
J: Como haces de luz, planos, horizontales, haces de luz. Es extraño que aterricen a pesar de nuestra apariencia.
D: *¿Vienen en una nave?*
J: Si, definitivamente es una nave. Los veo, y después se van. Oh, ¡vaya!
D: *Dijiste que cualquier persona no puede verlo.*
J: No. Sólo nosotros, colectivamente. Es una estación donde llegan, recogen información que tenemos para ellos. Entonces entran e intercambian información.
D: *¿Cuándo llegan, entran en esta pirámide?*
J: Si, entran, pero no sé cómo hacen esto. Les esperamos. Vienen cuando lo necesitan, y recogen la información.
D: *¿Cómo lleváis la información dentro de la pirámide?*
J: Con nuestra mente. Él nos da esa luz, después llegamos muy lejos, y recogemos la información. Y no sé cómo la ponemos dentro. Creo que tan sólo ocurre. Sólo ocurre.
D: *Pero estos que vienen en la nave....*
J: No estoy segura de quienes son. Tenemos que adoptar esta forma para vivir aquí, y nos confunde quienes somos. De hecho, es muy confuso.
D: *¿Puedes ver cómo son esos seres de la nave?*
J: No lo sé. Son buena energía. Sabemos quiénes son, pero no nos preocupa su apariencia.
D: *¿Os dijeron que vinierais y vivierais adoptando esta forma?*
J: Sí, tuvimos que hacerlo.

D: *¿Quién os dijo eso?*
J: Tan sólo accedimos. Es raro estar aquí. Es absolutamente nuestro trabajo, y sabemos cómo hacerlo, y estamos contentos de hacerlo. Sabíamos que la estación probablemente necesitaba nuestra energía. Es tan distinto. Así que no sabemos por qué tenemos estos cuerpos. (Ríe) Parecemos estúpidos.
D: *De otra manera, ¿la gente se asustaría de vosotros?*
J: Si, ya ocurrió.
D: *Bien. Vamos a movernos adelante y ver qué ocurrió. ¿Cómo acabaron las cosas en ese pueblo?*
J: Era demasiado curiosa. No podía parar de observar a la gente. Cuando bajé por primera vez yo era muy diferente, pero la misma. No actuaba como ellos, pero intenté hablarles.
D: *¿Algún otro del grupo intentó venir contigo?*
J: No, sabían más que yo. Era muy curiosa. Pero tenía esa manera de decir la verdad, y no tenía sentido para ellos. Era tan fácil para mí decir la verdad.
D: *Pero esa no es su verdad, me imagino.*
J: Absolutamente. Y es tan sencillo. No les iba a contar acerca de la estación. En absoluto. Tan sólo curiosidad. Eran tan graciosos. Sólo quise investigar más sobre ellos. Creo que el chico joven y yo éramos amigos y se lo contó a sus padres. Me caía muy bien, tan guapo y gracioso. Entonces, se asustó porque pensaba que se estaba metiendo en problemas. Yo era muy pobre, aunque no necesitaba nada. El no entendía por qué no necesitaba nada. Y lo contó.
D: *Y dijiste antes que lo único que les mencionaste fue acerca de Dios, ¿verdad?*
J: Sí, que todos éramos Dios. Y dijeron "¡Nooooo!" Y después todo el mundo se reunió. Iban a determinar abolirme – o lo que quiera que esa palabra sea. (Ríe) Me arrestaron y metieron en la cárcel. No había nada que mi grupo pudiera hacer. Sabían que sucedería lo que fuera a suceder. Piensan que estoy loca. No sé lo que este chico contó a sus padres. Era más fácil librarse de mí, porque lo que dijera asustaría a la gente. Y es mejor no tener ese tipo de personas. Y es mejor no tener ese tipo de información. Por tanto, es lo que hacen. Pueden hacerme pasar por una persona pobre y loca. Nunca vieron a una persona que no necesitaba comida, ¿sabes? Estaban muy asustados. Tenía más luz que el resto del

grupo y era difícil esconderse. ¿Entiendes lo que quiero decir? Pero tampoco quise ocultarme.

En algunas historias de mis otros libros, un gran número de personas tenían luz o brillo que emanaba de ellos y era difícil ocultarse. Quizá a esto es a lo que se refiere.

D: *Y ¿eso era a lo que se debía el toque de campana, y la proclamación? (sí) ¿Y qué van a hacer?*
J: No lo sé, pero puedo ver a todo mi grupo observando. ¡Ah! Ya sé lo que están pensando. "No escuchas"
D: *¿Y entonces qué ocurre? Puedes seguir adelante y ver lo que ocurre.*
J: Bueno, no queda mucho de mí. Estoy sólo un minuto, no queda mucho del cuerpo después de eso. Me quemaron muy rápido.
D: *¿Por eso te ataron y pusieron grilletes?*
J: Si. Me quemaron muy, muy rápidamente. Había gente muy triste que no querían que me mataran, entonces se aseguraron de que fuera muy rápido. Fue la campana. Querían deshacerse de mí porque tenían miedo de mí. Yo nunca tengo sentido. Nunca. Pero mi grupo dijo "pues nada" (Ríe)
D: *¿No podían hacer nada para frenarlo, o ni siquiera lo intentaron?*
J: No, era demasiado desproporcionado y no pudieron hacer nada. No tenían el derecho a cambiar el plan, sabes. No queda mucho del cuerpo. Triste (haciendo muecas). Abandoné el cuerpo antes de ser quemada. Me quedé allí con el cura, observándolo todo. Él no lo sabía. Me quedé allí con él, diciéndole que lo sentía por él. Era triste. Lo sentía por él.
D: *Hizo lo que creía ser correcto, supongo.*
J: Bueno, quizá. Lo siento mucho por él. Pienso que sólo era una marioneta. Creo que mi mente le tocó un poco. Creo que él lo entendió, y que él lo sentía. Es algo mental, de mente a mente. Algunas mentes lo sienten, otras no.
D: *Algunos están preparados para eso.*
J: Eso es. Es diferente. Y cuando lo mencionas, siento la pirámide invertida en mi estómago. Es extraño.
D: *¿Cómo que llevas la información contigo?*
J: Si, sí, sí. ¡Es como un código! ¡Pero está aquí en la Tierra también!

D: *Sí, es un lugar físico. (Sí) ¿Pero tú puedes llevarla contigo incluso después de haber muerto y dejado tu cuerpo?*
J: No se va.
D: *Así que lo llevas contigo en tu ¿espíritu, alma?*
J: No lo sé.
D: *Está bien. Después de dejar tu cuerpo...*
J: ¿Dónde fui? (Ríe) Déjame pensar. No regresé al grupo. No podía regresar con el grupo. Tuve que seguir adelante. Me vi a mi misma disparada como un haz de luz. Pienso que tenía que regresar a la galaxia. Realmente debía hacerlo, ese fue el final de mi trabajo allí.
D: *Bien, intentaste marcar la diferencia.*
J: Correcto. Y lo hice. Y no importa si morí, ese era el plan. Debería haberlo sabido. Pero no fue divertido. Y ver al muchacho que me traicionó. Él es muy guapo. Aunque asustado. Nunca soñó que ocurriría.
D: *¿Qué tipo de forma tienes según te mueves a la galaxia?*
J: No mucha, es sólo luz. Me muevo a otro lugar. Otro tiempo. Solo me dan misiones. Hay un lugar donde puedes descansar. Es tan increíble. Y las misiones son divertidas porque son cortas. Vas a descansar, y después a otra misión. Son cortas, puedes reír sobre ellas. Haces una y regresas. Y puede ser a cualquier lugar. No sé por qué esta fue de esa manera, pero fue así.
D: *Y entonces, ellos te dicen que tienes que ir a otro lugar.*
J: Sí, sólo puedes ir tan lejos. Es lo que hay que hacer. Ir de un lugar a otro. Intentar aprender más cosas, y ayudar.
D: *Esta bien. Dejemos esa escena. Dejemos a ese ser allí, para poder continuar con lo que sea que ella esté haciendo.*
J: No es un cuadro muy bonito. Dejar a esa pobre niña atada así.
D: *Bien, no tenemos que dejarla atada. Tú eres la parte que ha dejado el cuerpo porque el cuerpo ya no está. ¿Verdad?*
J: De acuerdo, de acuerdo. No es una bonita escena.
D: *No tienes que ver esa escena. Dejemos a esa parte de ti que se fue al otro lado que continúe su camino, porque esa fue una experiencia agradable.*

Después orienté a Joanne a regresar a su cuerpo, y llamé al SC, para descubrir por qué escogió esa vida tan inusual.

J: Necesitaba saber la información que tenía pero que olvidó. Ella la sabe, pero la olvidó. Y siempre quiere escribir, pero nunca se toma el tiempo para hacerlo.

D: *¿La información que estaba en la pirámide?*

J: Sí. Está codificada, encriptada. Necesita escribirla.

D: *Pero, ¿la entendería si la escribiera?*

J: Sin duda. Cuando entre esta forma aquí a la Tierra, es muy bonita. Puede que no sepa cuándo la escriba, después de que la escriba, la sabrá. Comprenderá, pero tiene miedo. La información, sabes, la coloca en un marco difícil.

D: *¿Está recibiendo información?*

J: Oh, sí. Desde pequeña. Ella no lo sabe conscientemente, pero cuando era pequeña la estaba recibiendo.

D: *¿Qué ocurrió después?*

J: Intentó hablar acerca de ello, se lo decía a todo el mundo. Los demás no lo soportaban. Hicieron todo lo que pudieron para hacerla sentir estúpida. Intentó decirles todo lo que veía, para que ellos también lo vieran.

D: *¿Qué veía a una temprana edad?*

J: Lo mágico, el misterio, las luces. Les mostró, pero ellos no lo soportaban.

D: *¿Qué les mostró?*

J: En concreto, una nave espacial que apareció en la parte de atrás de su casa.

D: *¿Pudieron los demás verla?*

J: Quizá, yo sólo pensaba que podrían, pero no pudieron. No lo entendían. Me hizo muy… no sé. Era mucha presión.

D: *¿Los demás querían que Joanne parara?*

J: Eso es, sí. Tuve que parar. Pero se esforzaron para que me callara. Ni si quiera sé dónde fui. Ni siquiera estaba allí. Tan sólo me fui porque… dejaría a Joanne, porque era muy difícil.

Sonaba como una parte de Joanne, como los psiquiatras denominan, de doble personalidad. Cuando una parte está haciendo algo de lo que la otra no es consciente. Si lo es, aparentemente ocasionó un daño a la personalidad de Joanne. (Referencias sobre el tema en mis libros "El Universo Complejo," para más información sobre cómo nuestra alma se compone de muchas piezas o fragmentos, todas teniendo sus propias experiencias o vida).

D: Entonces, Joanne se dio cuenta de que no tenía sentido seguir hablando de esto. ¿Pero tú todavía quieres que Joanne traiga esta información de nuevo?
J: ¡Ya lo ha hecho! Y lo sabe. Siempre tan ocupada que no escribe.
D: Dijo antes que podía sentir esta pirámide invertida en su cuerpo. (Sí) ¿Qué significa esto?
J: Ahora en lugar de la pirámide es como un cono que se mueve muy rápido.
D: ¿Procede de la otra vida que estábamos contemplando?
J: Hasta donde ella sabe, siempre ha estado allí. Contiene realmente una información bella.
D: ¿Cuándo fue esto implantado en ella?
J: Es extraño, ahora puedo sentirlo. Supongo que vino con ella.
D: ¿Crees que nació con ella?
J: Creo que sí.
D: Pero es difícil en esta vida....
J: Muy, muy imposible. Nadie realmente quiere oírlo. Es demasiado bueno. ¿Sabes? Es demasiado bonito. A la gente le gusta lo malo.
D: Quizá llegue el tiempo en el que escucharán lo bueno.
J: Debía ser hora. Estoy esperando (ríe)
D: En aquella vida, ¿De dónde procedía la gente de su grupo?
J: Sí, definitivamente llegaron como un grupo. Todos acordamos venir. No podíamos venir tal como éramos; tenías que venir así. Y tenías que adaptarte. Pero, realmente no encajábamos. No sé lo que hacíamos. Por qué escogieron ese punto. Pero era importante en aquel lugar de la Tierra, hacer esa construcción, y después poner el conocimiento allí. Ese era el lugar que tenía que ser, y tuvimos que parecer como otras personas, en el caso de que nos encontraran. Con el tiempo ocurrió.
D: ¿A todo el grupo?
J: Oh, sí. No es una historia agradable. No importa ya, porque todos se fueron. Después que quemaron a la niña en el pueblo, la gente quería saber de dónde procedía. Y afortunadamente habían enterrado todo. Sabían que eso sucedería. Era un riesgo. Sólo era un trabajo que hacer, y ese era el riesgo. Así es como es, ¿sabes? Creo que quemaron a todos.
D: ¿Sigue esa información aún enterrada?

J: Oh, sí, lo está. ¿Por qué siguen diciendo Francia? Francia. ¿Hay colinas en Francia? No sé. Hay algo allí quizá. Sí, allí es donde siento que estaba.

D: ¿Sigue esa información aún enterrada? *(Sí, sí)* ¿Pero podría la gente realmente encontrar esta información?

J: Si tiene que ocurrir, supongo.

D: Me pregunto si era física...

J: O etérica.

D: Como para poder encontrarla y leerla.

J: No sé lo que la gente de esta Tierra podría, a menos que algo diferente ocurra aquí. (Recuerda) Es una estación.

D: Quizá no estaba destinada para los humanos, de todas formas.

J: No lo fue, no lo fue. Es y no es. Es un lugar de energía, que tenía que estar allí. Es un lugar donde alcanzamos para traer energía. Tenía que estar en la Tierra, en ese lugar. Si lo encuentran o no, no importa. Es sólo energía que está allí como un estabilizador. Y por algún otro motivo la Tierra era muy importante. Y lo sigue siendo.

D: ¿Joanne está dedicando mucho trabajo con la energía, verdad?

J: Si. Algunas veces ni siquiera sabe lo que está haciendo. ¡Son códigos! ¡Ella sabe! Pero olvidó. Trabaja con códigos, números y códigos, y secuencias. Y es lo que hace. La impulsa a otras galaxias. Por eso tantas personas deprimidas se acercan a ella buscando ayuda.

D: ¿Ella no sabe realmente de dónde procede la energía, ¿verdad? *(no)* ¿Pero está tirando de esta secuencia de números y códigos de otros lugares?

J: Si, y de ella misma. Ella tiene los códigos. Quiero que ella sea consciente de ello, y después le mostraremos qué hacer con ello. Necesita saber que está ahí. Cuando sepa esto, sabrá lo que hacer con ello. Pero hasta ahora no lo ha sabido. Sensibilizarse con esto. Honrarlo, y no tener miedo.

D: ¿Querías volver a traer esto a su memoria consciente? *(si)* ¿La ayudaras con esto?

J: Si. Lleva tiempo haciéndolo. Pero el tiempo ha llegado. (Ríe) Es como leer Braille, ¿sabes? Si tan solo permite que lo dejes pasar a través de sus ojos a sus manos. Le mostraremos cómo el Braille entra a los ojos, a través de su cerebro y desde su boca y sus manos. Ella no lo comprenderá, pero comenzará a hacerlo. Viene a través de sus canciones también. Le asusta sacarlo. Quiero decir, ya murió por eso antes, así que... (Ríe). Es un poco duro. Ha escogido muchas veces morir por él. Eso ha sido su aventura.

D: Pero en la vida presente no morirá por esa causa.

J: No, está es donde no sucede. Si tan sólo va más despacio, y sabe que está ahí. Tiene que verlo. Necesita saber que no acordó pagar con su vida esta vez. Aunque no tenga miedo a morir, no es una grata experiencia. Ya lo ha hecho muchas veces. A veces se hace que alguien haga lo mismo demasiadas veces. Y pienso que es lo que hicimos. Entran en un patrón. Necesita sentir esa pirámide invertida dentro de ella. Recuerda de dónde vienes. Recuerda por qué estás aquí. Haz tu trabajo. Es como tocar un pequeño botón, como un interruptor. Cómo encenderlo, lo olvidas. ¿Por qué está esto aquí? Le das la vuelta en tu cabeza. No olvides lo que hay dentro, no olvides por qué viniste, sino disfrútalo. Ésta es la mejor encarnación en la que puedes hacerlo. No tienes que pagar el precio. Ya pagaste el precio. Disfrútalo, compártelo. No hay nada por lo que haya que morir.

Capítulo 6

MANÁ DESDE EL CIELO

Nicole había sido enfermera en un gran hospital durante muchos años. Sentía gran satisfacción en ayudar a la gente que estaba enferma. Sin embargo, estaba descontenta; aunque había algo más que se suponía estar haciendo con su vida.

Cuando Nicole salió de la nube, todo lo que pudo ver era agua tranquila alrededor de ella. Esto normalmente puede significar cosas diferentes. La persona podría estar en un barco sobre el agua o en algunos casos ser una criatura marina. Siempre permito que narren su propia historia. Sé que no puedo influirlos de todas formas. Siempre informan de lo que ven o están experimentando. En este caso ella no estaba dentro de nada, sólo algo parecido a flotar sobre el agua. Le pregunte cómo percibía su cuerpo. "Es como no tener cuerpo. Soy sólo un pensamiento. No un cuerpo, sólo un pensamiento"

D: *¿Crees que formas parte del agua, o sólo sobre el agua?*
N: Sólo en el agua. Como flotando porque es donde decidí estar. Sin ninguna razón, sólo quería estar más cerca del agua. Hay mucha calma y suavidad. No hay olas, sólo pequeñas ondas.
D: *Mucha paz. De esta manera no tienes nada que hacer ¿verdad?*
N: No, no tengo que hacer nada. Nunca tuve que hacer nada de todas maneras. Sólo ser. Sólo experimentar. Sólo sentir. No tengo ninguna meta.
D: *¿Qué experimentas?*
N: La calidez. Cómo se siente. Un poco de balanceo del agua si quiero sentarme en el agua. Puedo bajar un poco más en el agua. Estoy como flotando. Ahora mismo no tengo que hacer nada más. Es tan agradable. No hay nada que hacer. Eso es todo lo que soy, sólo un pensamiento.
D: *¿Crees que debes ir a algún sitio?*

N: No, no se me ocurre que tengo que ir a ningún lugar. Sólo disfrutar. Es lo que se supone que tengo que hacer ahora. El sol brilla y hace calor. No hay nada más. Es sólo agua. Puedo ver un pez o dos. Algunas veces el sol refleja en el agua, es difícil ver. Sólo descansar y disfrutar.

Esto podría estar ocurriendo durante algún tiempo. Y aunque Nicole estaba disfrutando, decidí moverla, condensando el tiempo a cuando algo estaba ocurriendo. No sabía si continuaría siendo un pensamiento, pero de repente anuncio "Soy un hombre. Llevo ropa, pero es inusual, áspera y curtida." Es lo que se supone que he de llevar, pero no es cómodo." Sus zapatos eran "de piel que apretaban", pero no aportaban confort. "Me protegen de las rocas pero a veces me amoratan los pies. Prefiero ir descalzo, pero puedo hacerme daño." Estaba en un bosque denso, subiendo una colina de terreno tosco. "Hay árboles por todas partes. Amo los árboles. Siento que soy cazador, pero estoy cazando algo que no es de comer. Voy a algún sitio." Llevaba una bolsa de piel marrón sobre su hombro. Llevaba fruta seca en su bolso, pero también otras pequeñas cosas. "Rocas. Algunas brillan, y después hay una muy negra. Las uso para mi salud y así no enfermo. Para protegerme contra otras cosas que puedan ocurrirme."

D: *¿Alguien te preparó para usar estas cosas?*
N: Si, un hombre mayor. Me dijo cómo usar diferentes cosas para mi protección, para proteger a otras personas. Es lo que hago. Voy a enseñar a alguien en algún lugar. Voy a enseñarles cómo usar las piedras también. De ese modo, paso la información. Me fue transmitido, y lo transmito a otros. También trabajo con cristales. Brillantes, de diferentes ángulos. No traigo ninguno conmigo esta vez. Y los sentimientos de la noche, de alguna manera entran en él, pero no sé cómo. Cómo es la oscuridad. Lo que hay en la oscuridad de alguna manera entra en las piedras. No entiendo eso.
D: *Recordarás más según hablas. Pero, imagino que estás acostumbrado a los bosques. ¿No te molesta caminar por ahí fuera?*
N: No, es muy amigable. Amo los bosques. Sé todo lo que hay en ellos. No hay nada que temer.
D: *¿Tienes armas contigo?*

N: (Indignado) ¡no!
D: Oh, sólo pensaba en animales.
N: No, son mis amigos. No me hacen daño. De hecho, ayudo a curarles también. Sí lo hago. Por alguna razón no me tienen miedo. Pongo una energía a su alrededor para ayudar a sanarlos y no me tienen miedo. A veces se lastiman.
D: ¿Así que transfieres energía? ¿Sería la forma de decirlo?
N: Si, eso es. Uso también las piedras. La salud es muy importante para los animales. Vivía solo. No vivía rodeado de otras personas. "Contamina. Estoy mejor solo. Es mucho mejor"
D: Pensaba en el hombre que te enseñó.
N: No, le visito a menudo, en lo alto de una montaña.
D: ¿Tienes familia?
N: No. Mi madre vive con la gente, pero yo no. Viven en el pueblo, pero yo les dejé para poder aprender. Hay gente que trae malas energías algunas veces. "Es mejor para mi estar solo."

Siempre intento determinar la época o ubicación, les pregunto sobre el tipo de casas en las que viven. "Está hecha con palos de madera. Palos en el tejado y palos en las paredes. Pequeña, marrón, sin luz. Oscura. Son húmedas. Yo vivo afuera donde sea que encuentre un lugar. Es mejor estar afuera en el bosque. Te da energía. En las casas se esfuma. En el exterior es donde aprendemos. De alguna manera es mejor así."

D: ¿Y cuando el tiempo es malo?
N: No es un problema. El tiempo es nuestro amigo. No me molesta. No me importa mojarme.
D: ¿Hace frio?
N: No, no donde estoy.
D: Parece un lugar perfecto. ¿Qué haces para comer?
N: Cuando necesito comida, ahí está. Puedo encontrarla o aparece en cualquier sitio.
D: Eso es milagroso.
N: No, sólo ocurre.
D: ¿Qué tipo de comida comes?
N: Lo que vaya viniendo. No sé cómo, pero aparece.
D: Pensé que quizás era algo que crece en el bosque.

N: No, puedo comerlo. Pero normalmente este otro alimento aparece. Si lo quieres, aparece. Es blanco, no tiene forma, es sólo un grumo, pero está muy bueno. Es todo lo que necesito. Si tengo mucha hambre, más aparece. Si no tengo hambre, si sólo quiero un poco, sólo un poco viene. Y está siempre ahí. Sólo tengo que desearlo.

Suena bastante al maná misterioso que nutrió a Moisés y su gente durante andadura errante en el desierto. Éxodo 16:13: *Y venida la tarde, subieron codornices que cubrieron el campamento; y por la mañana descendió rocío en derredor del campamento. Y cuando el rocío cesó de descender, he aquí sobre la faz del desierto una cosa menuda, redonda, menuda como una escarcha sobre la Tierra. Y viéndolo los hijos de Israel, se dijeron unos a otros: ¿Qué es esto? Porque no sabían que era. Y Moisés les dijo: Es el pan que Jehová ha mandado.* – 16:31: *Y la casa de Israel le puso el nombre de maná, y era como la semilla de cilantro, blanco, y su sabor era como de hojuelas de miel.*

Cuando Nicole se despertó, tenía una memoria parcial. Dijo que la comida que vio, era creada por el pensamiento y parecía como un plato de arroz. Podía saber de muchas maneras, pero era muy rico.

D: *¿Y el resto de la gente del pueblo?*
N: Ellos tienen que trabajar para la suya. Tienen que cultivar. Ponen cosas en el lodo, y hacen comida con eso. O alguien sale y mata a algún animal. Yo no he de hacerlo. Todo lo que tengo que hacer es querer algo y ahí está. Es alimento que sabe tan rico.
D: *¿Siempre ha sido así?*
N: Sí, pero no se suponía que debía de ser. De alguna manera, se suponía que yo no tenía saber qué hacer con eso, porque nadie más podía. Excepto por el hombre. Él podía hacerlo. Pero a mi madre no le gustaba. Mi madre decía que la comida no estaba bien, porque no era de la misma forma en la que se hacía. Era diferente, y nadie más quería lo que yo tenía.
D: *Querían trabajar para ganársela.*
N: No querían trabajar para ello, pero pensaron que la mía no era la correcta. ¡Estaban tan delgados! Tenían que trabajar mucho para ganarla, pero yo no.
D: *¿Siempre tuviste ese alimento, desde niño?*

N: Si, todo lo que tenía que hacer era desearlo. Eso me hacía diferente. Nadie excepto el hombre. Él vivía arriba en la montaña. Iba a verle. ¡Creo que era mi padre! No sé por qué no vivía en el pueblo.

D: *¿Se parecía al resto de ellos?*

N: No. Todos los del pueblo eran muy morenos. Pelo oscuro. Él era rubio. Pelo fino. Y su piel era más clara. No sé por qué parecía diferente. Yo me parezco más a mi madre.

D: *¿Vivía él sólo en las colinas?*

N: Sí, había un agujero donde hacía fuego, se estaba bien allí. Era un sitio cálido, tenía cuanto necesitaba. Iba a verle, los demás le tenían miedo.

D: *¿Todos sabían que él estaba allí?*

N: Si. Lo sabían, pero se suponía que no debían ir a verle. Él era el que tenía toda la información, todo el mundo le tenía miedo, excepto yo. Él podría haberles ayudado, pero tenían miedo. Me enseñó muchas cosas, pero no todo lo que sabía. Me enseñó que yo podía hacer cosas. Siempre supe cómo encontrar comida. Eso era fácil para mí. Me enseñó a cómo mantenerme sano. Me enseñó a verme como sería más tarde, más allá… más allá del tiempo.

D: *¿Qué quieres decir?*

N: Más allá del tiempo en el que estoy aquí. Me contó cómo sería.

D: *¿Qué te contó?*

N: Que nunca habría nadie que pudiera hacer las mismas cosas que yo. Nunca habría comida de esa forma porque el resto tendrían miedo, y la gente sería mala con su prójimo. No mientras él o yo estuviéramos. No quiero estar allí para entonces. La gente es mala. No cuidan de los demás, como mi madre o los del pueblo. Ellos no hacen eso. Es más allá en el tiempo. Después que me haya ido para siempre.

D: *¿Qué te enseñó acerca de mantenerte sano?*

N: Había piedras que alejaban el daño. Y algunas piedras que curaban en sitios con dolor, o hacerlo desaparecer, cuando te caes contra una roca y te lastimas. O podía, si alguien te golpea y te hace una marca, desaparecer. O si te golpean con una piedra afilada y te hace una brecha, que te deja sin piel. Haría que desapareciera, y curaría.

D: *¡Es maravilloso!*

N: Oh, sí. Lo era. Pero a todo el mundo le asustaba esto.

D: *¿Procedía este hombre de la ciudad?*

N: No, no procedía de allí. Procedía de otro lugar.
D: *¿Alguna vez te lo dijo?*
N: Sí, pero era un secreto.
D: *¿Puedes contármelo?*
N: Siento que puedo. Procedía de más lejos de lo que nunca se podría hacer andando. Venía de una estrella. Me mostró cuál era. Intente decírselo a mi madre una vez, pero no me creyó.
D: *(Reí) Naturalmente.*
N: Era su misión. Esa fue la palabra que usó. Era su misión de vida. Tenía que hacerlo para ayudar a la gente. Es de donde obtuve mi deseo de ayudar yo también.
D: *¿Te dijo cómo llegó aquí desde la estrella?*
N: Un pensamiento. Llegó como un pensamiento. No tenía nada, sólo un pensamiento. Eso es todo lo que tuvo que hacer. Yo no sé hacer eso todavía.
D: *Pero él está en un cuerpo que tú puedes ver, ¿verdad?*
N: Si y parece estar muy bien. Me gusta cómo está.
D: *¿Cómo entró en un cuerpo si sólo era un pensamiento?*
N: Él podía hacer eso también. Puede hacerlo. Puede hacer lo que quiere. Como yo puedo pensar en comida y lo sé hacer. Pero a la gente no le gusta eso.
D: *Dijiste que pensabas que era tu padre.*
N: Si. Pienso que él sólo pensó en mí dentro de mi madre. No sabía que la gente podía hacer eso. ¡Tan sólo pensó en mí! Y sólo en mí. Pensó que sería como él. Alguien más tenía que estar allí y cuidar de los demás.
D: *¿Y él te dejó ese trabajo?*
N: Si, soy especial.
D: *¿Siempre podrás contar con él para ayudarte?*
N: No, después de un tiempo se marchará.
D: *¿Después que hayas aprendido todo?*
N: Por algún motivo tuvo que partir antes. Tuvo que irse antes de que pudiera aprender todo. Aunque fue inesperado. No sé cuál fue la razón. No me lo dijo. Me dijo que tenía que irse. Y estoy triste porque le quería allí.
D: *Debió pensar que ya habías aprendido suficiente.*
N: Tanto como pudo enseñarme en ese momento. Yo no era tan mayor. Pude haber aprendido mucho más. Quise aprender más, pero él tuvo que irse. Sólo pensó, y ya no estaba aquí. Esa es la

manera. Todo el mundo puede hacerlo, puede pensarlo y ya está hecho.

D: *Pero tú sabes cómo son las personas, la mayoría piensan que no pueden hacerlo.*

N: Es porque no saben hacer estas cosas. No son de ese lugar.

D: *Y tú eras diferente. No eras como los otros.*

N: Exacto, por eso pensó en mí. Me gusta hacer estas cosas. Debe de haber más como yo en algún otro lugar. Creo que debería haber... Viven en otro lugar tranquilo muy lejos de aquí. No sé dónde están, quizá más allá del bosque. Los conoceré cuando los vea. Sí. Siempre me estoy moviendo. Siempre tengo que ir a otro lugar. No tengo que permanecer mucho en el mismo sitio. Tengo que acudir a ayudar a alguien.

D: *¿Aceptan que les ayudes?*

N: Sí, pero la gente todavía siente miedo de mí porque no saben cómo les ayudo. Y no tengo que permanecer mucho tiempo en un lugar. Siempre me estoy moviendo. Siempre tengo que ir a algún otro sitio.

D: *¿Cómo sabes cuando alguien te necesita? ¿Contactan contigo?*

N: Tan sólo lo sé. Sé cuándo es hora de irme, e ir a otra parte. Y siempre hay alguien allí que me necesita. Nunca hay un lugar donde tenga que permanecer. Pero está bien porque me gusta el bosque. Todo se me proporciona, y es tan fácil de esa forma. No tengo que hacer nada. Sólo cuidar de otras personas. Me siento bien sabiendo eso.

D: *¿Tienes tú ahora que enseñar a alguien?*

N: Cuando llegue el tiempo, creo que sí. Cuando sea suficientemente mayor y haya habido suficientes lugares, entonces conseguiré pensar en alguien. Encontraré a alguien que me escuchará. Después pensaré en alguien dentro de ellos. Y entonces les enseñaré.

D: *Y si no eres el único, no quieres que el conocimiento se pierda.*

N: No será así. Tendré un hijo. Pero sólo uno, sólo uno. Hay demasiado conocimiento a transmitir.

D: *¿No podrías tener una clase?*

N: No. Tiene que ser sólo uno. Demasiado para aprender. No hay suficiente tiempo para tanto como hay que dar.

Pensé que teníamos conseguido tanto como pudimos, y la moví adelante a un día importante.

N: Me hice daño en la pierna. Y no era el día de mi muerte, pero sólo unos días antes. ¡Demasiado pronto!

D: *¿Qué ocurrió?*

N: Algo se me cayó en la pierna y me hirió. Y no puedo moverme. Creo que podría ser un árbol. Algo grande y pesado. No puedo empujarlo. Duele. Tiene mi pierna atrapada. No puedo salir. Podría curarla, pero no puedo. No tengo mis cosas y estoy atrapado. Debería haber sabido que esto iba a pasar.

D: *¿Por qué deberías haberlo sabido?*

N: Porque debería saberlo todo, pero esto no lo sabía.

D: *Bueno, no pienso que todos debemos saberlo todo.*

N: No, pero yo sabía todo. Sabía tanto. ¡Sin embargo, no sabía que esto iba a pasar!

D: *No puedes estar preparado para todo.*

N: No. Y no tengo mi bolsa. No tengo mis piedras. Podría haber ayudado tener mis piedras. Las dejé allí.

D: *¿Podrías haber levantado ese árbol si hubieras tenido las piedras? ¿También te hacen más fuerte?*

N: Lo hubiera arreglado, y podría haberla sacado. No la tenía. Se supone que siempre he de llevarlas. Fue una estupidez haberlas dejado.

D: *¿Encontraste a alguien a quien poder enseñar estas cosas?*

N: Lo estaba haciendo. Es donde deje las piedras. Yo estaba buscando más piedras.

D: *¿Entonces, pudiste encontrar a alguien a quien poder enseñar?*

N: Si, a mi hijo. Es muy joven. No le he enseñado todo aún. No hubo suficiente tiempo.

D: *¿Encontraste a una mujer?*

N: Sí, era muy dulce.

D: *¿Ella comprendía lo que hacías?*

N: No, porque no había de ser así. Pero entendió suficiente como para poder tener un hijo. Y me permitió llevármelo. ¡Es muy inusual! La mayoría de las madres se quedan con sus hijos. Pero ella sabía que yo hacía cosas especiales. Y quería eso para su hijo. Le estuve preparando. Pero él no está conmigo. Él tiene mis piedras. Las necesita.

D: *¿Entiende lo suficiente como para poder usarlas?*
N: Probablemente no. Pero quizá aprenderá. Quizá lo que le enseñé será suficiente para poder hacerlo.
D: *¿Le enseñaste a cómo hacer aparecer la comida?*
N: Él sabe cómo hacerlo. No tuve que enseñarle eso. Ya sabía.
D: *Quizá hay otras cosas que sabrá cómo hacerlas. Quizá aprenderá a aprender por sentimientos, intuiciones e instintos. Y pueda imaginar el resto.*
N: Correcto, correcto. Es un niño muy inteligente. Le he dado suficiente. Espero que sepa el resto. Así que, me imagino que es mi hora. No iba a serlo, pero lo es. Se suponía que estaría más tiempo. Se suponía que estaría hasta ser un anciano, muy anciano. Me debilité más y más. Nadie me encuentra.

Le moví hasta después que la muerte había ocurrido, e hice que mirara su cuerpo desde el lado del espíritu.

N: Es un cuerpo triste, todo arrugado. No era tan mayor. Pude haber sido más mayor, pero no fue así. Todo estropeado debajo de ese árbol. No sé cómo cayó sobre mí.
D: *Algunas veces las cosas tienen que ocurrir.*
N: Debió de ser eso.

Después le pregunte cuál fue la lección a aprender en esa vida, según la observaba desde esa perspectiva.

N: Viajando, aprendí a no tener miedo a permanecer en ningún lugar. No se suponía que debía hacerlo. Viajar era lo que tenía que hacer. Y aprender cosas nuevas según lo hacía. Aprendí a no permanecer en ningún pueblo como los demás. Algunas personas tienen miedo a lo desconocido. Sólo desean permanecer en lo que conocen es seguro. Ya hice eso mucho tiempo atrás. Sé más que eso. Se suponía que haría algo nuevo.

Después deje al hombre allí e hice que Nicole se alejara, y llame al SC. Le pregunte porque escogió ver esa vida.

N: Necesita saber que es importante para ella seguir sanando. Necesita ser consciente de las habilidades que tiene, y que ha tenido muchas más que ni siquiera sabe.

D: *Usa algunas ya siendo enfermera.*

N: Hay más que debe ser aprendido. Más que hacer.

D: *En esa otra vida usaba piedras, ¿verdad?*

N: Claro. Tenemos que progresar durante las vidas. Tenemos que usar los materiales oportunos que tenemos, hasta que lleguemos a donde no hay materiales, sino que puedes hacerlo instintivamente.

D: *Entonces, no necesita instrumentos ahora.*

N: No. Piensa que sí, pero no. Estas son muletas con las que aprendemos. Usamos estas piedras y cristales. Pero se llega a un punto donde no se necesita nada. Usas el pensamiento. El pensamiento es poderoso. El pensamiento es todo lo que necesitas. Es ese momento de vida, todavía aquí en la Tierra, y está tan fundada en la Tierra, que la gente no se da cuenta. Piensan que deben usar objetos materiales, pero no es así. Y de este modo es como progresamos.

D: *La gente siempre me pide rituales que puedan ver.*

N: Los rituales son como pasos de bebé. Los usamos para llegar hasta donde puedes necesitar hacer. Ya no son necesarios los rituales.

D: *¿Quieres decir que Nicole ha progresado más allá?*

N: Sí, aunque no lo sabe. No sabe cómo llegar allí todavía. Se supone que debe sanar y enseñar. Pero no sé la manera de mostrárselo. Tendrá que profundizar.

D: *Pero trabaja como enfermera en un entorno de terapia.*

N: No es suficiente. Hay algo más que va a tener que hacer.

D: *¿Se supone que ha de usar estas habilidades en el hospital?*

N: No, eso ya pasó. Se supone que ha de avanzar, pero no podemos decirle cómo ha de hacerlo. Desea saber, pero no es el momento aún. Ocurrirá. Trabaja con niños y bebés, eso era importante. Pero son pequeños pasos a donde vamos, donde debemos estar. Necesita hacer más, pensar más, abrirse más. Y estas cosas ocurrirán. No hay escuela. El conocimiento vendrá de arriba, de más allá, si ella lo permite. Ella quiere una escuela, y esto es algo que no puede ser enseñado. Es algo que entra en tu vida desde el más allá.

D: *¿Qué quieres decir con más allá?*

N: De lugares que no están aquí.

D: ¿No en la Tierra?
N: Exacto. Otras realidades. ¿Realidades? ¿Es correcto? Otros lugares que no están aquí. No son físicos. No son densos. Es otro lugar, pero no es denso.
D: ¿No es un lugar de física sólida?
N: Sí, pero mucho más ligera. Es mucho, mucho más de pensamiento que física. Esto vendrá, pero a su tiempo. Ella quiere apresurarlo.
D: Todo debe ocurrir a su tiempo. Pero, puedes decirle si debería dedicarse a la imposición de manos, ¿o algún otro tipo?
N: Ayuda si tocas a la persona. Pero es más un pensamiento, como cuando ese hombre pensaba en la comida. El mismo tipo de energía. El pensamiento ayudará. El pensamiento infundirá la energía. No parece tener sentido, pero es como ocurre. Los pensamientos infunden y las habilidades ocurren.

De acuerdo con el diccionario, infundir significa inculcar lentamente o preparar ciertas habilidades.

D: Pero sabes que a nosotros los humanos nos gusta que nos enseñen y muestren las cosas.
N: Algunas cosas, no hay duda, son aprendidas por el pensamiento, lo que es bueno porque se ayuda en ese proceso, permitiendo la expansión de ideas para abrir la mente. Cuanto más abierta esté la mente, más fácil es infundir en la persona. Sabe que estas cosas se le acercan. Tomará un tiempo. Ella tiene prisa. Le asusta que algo ocurra y pare esto antes de que haya aprendido la lección. No debe preocuparse. Estará aquí. Va a tardar un tiempo. El único camino es creer en sus intuiciones. No hay libro, ni escuela. Nada que nadie sepa ahora mismo es verdad, exactamente. Sólo tendrá que venir. Sabrá estas cosas. Es más fuerte que la intuición. Será un saber. Tendrá que permitirlo y no asustarse porque la condición humana lo haga. Tocar a la gente les curará. Hay muchos que dicen poder hacerlo, pero no es verdad. Muchos no pueden. Los … aparatos de comunicación…ummm…
D: ¿Te refieres a la televisión?
N: Eso es, eso es. Dicen poder hacerlo, pero no es correcto. No pueden hacer eso aún. Hay gente ahí afuera que pueden hacerlo, pero estos otros no. Hieren a la gente, mintiéndoles. Vendrá un día en el que

habrá más gente que lo pueda hacer. Tocando y pensando, pueden curar a las personas.

D: *Dijiste que hay algunos que lo están haciendo. Probablemente están en segundo plano.*

N: Tienes más explicación que esa.

D: *Quiero decir, no lo difunden.*

N: Tan sólo unas pocas, como tú, que no les asusta hablar de ello, explican todo. Pero has de escuchar para saber quién puede hacerlo, y darles fuerza porque se sienten asustados, también. Pero estamos intentando enviar el lenguaje de sanación y se infundirían de las habilidades. Pero todos se sienten solos, y no van a estar solos. No comprenden esta habilidad. Estas personas se hallan perdidas porque no conocen a alguien con quien hablar. Si están asustadas, no comprenderán, ni aceptarán.

D: *¿Pero esto será natural en la época en la que Nicole pueda hacerlo?*

N: Sí. Habrá más gente haciéndolo. Ocurrirá antes de que abandone esta vida.

D: *¿Debería seguir trabajando en el hospital?*

N: Puede, no importa en qué sentido lo haga. Se infundirá cuando sea la hora. Todo el que se supone que tenga que hacer, lo recibirá relativamente a la misma vez.

D: *¿Puedes decirnos cuánto tiempo tardará en ocurrir?*

N: Oh, un tiempo. Será mientras estéis aquí. Nicole todavía estará aquí. Pero aún quedan unas cuantas unidades.

D: *Entonces ocurrirá durante nuestras vidas, pero no de inmediato.*

N: Exacto. De alguna manera el miedo tiene que abandonar a las personas, y habrá una apertura al conocimiento. Esta ola de conocimiento provocará que el conocimiento se infunda. Y con ello llegará la sanación.

D: *Así que se supone que estamos involucrados en todo esto.*

N: Todo el mundo se involucrará, pero aquellos a quien realmente le importe, serán los verdaderos sanadores. Todo el mundo en la Tierra se verá envuelto en esta ola, pero la gente estará tan asustada que no se abrirá. Y los sanadores y las personas como tú estarán en la parte frontal. Serán los que aprovecharán más esto, los temerosos no. Se necesitarán habilidades especiales. Pero habrá suficientes personas que ayudarán a los otros a progresar.

D: *Tengo mucha gente que dicen ser sanadores.*

N: Lo son, cada uno. Sí. Cuantos más posibles haya, porque los necesitamos. Habrá tanta enfermedad en este planeta.
D: ¿Qué quieres decir?
N: Una terrible... terrible enfermedad. Puede dañar tanto que no será posible la recuperación. La enfermedad ocupará a muchos sanadores de pensamiento positivo para contrarrestar lo que pudiera ocurrir.
D: ¿Es una enfermedad que afectará a las personas?
N: Sí, oh, oh, ¡todo el mundo enfermará! No es bueno.
D: ¿Qué tipo de enfermedad?
N: Contaminación medioambiental.
D: ¿Algo en el aire?
N: De la tierra, y la tierra ha de estar sana. Pero no lo está desde hace tiempo, y no lo estará. Llevará a tantos sanadores a ayudar a la gente a recuperarse, si pueden. Hemos tenido tantos avisos, y nadie escucha. Ocurrirá.
D: ¿Ocurrirá a través de la comida que comemos?
N: La comida, el agua. El agua es lo peor. Pero la comida procede de la tierra. Y no hay forma de salvar a todo el mundo.
D: ¿Quieres decir que está contaminada?
N: Si, y va a necesitar el pensamiento positivo de todo el mundo, y actuar positivamente para equilibrar todo esto. Es tan masivo. Está en todo. (Impactada por lo que está viendo) ¡Dios mío!
D: Me pregunto lo que iba a suceder para requerir que tantas personas fueran sanadores.
N: ¡Y aun así se van a necesitar más de lo que va a ser! ¡Oh, Dios mío qué triste! ¡Tantas personas morirán!
D: ¿Está ocurriendo gradualmente u ocurrirá todo a la vez?
N: Está ocurriendo ahora, pero los efectos se verán en diez años. Dentro de diez años los efectos se sabrán completamente.
D: ¿Y lo que origina al cuerpo?
N: Si. He de decir "diez años." (Esta sesión fue realizada en 2.005)
D: ¿Afectará más a la gente de las ciudades que aquellos que vivan fuera en el campo?
N: Es la parte triste. Afecta a todos por igual. Es lo que ponen en la tierra, se filtra en el agua. No habrá ningún sitio seguro. Los sanadores van a tener que venir y limpiar a la gente y la tierra.
D: ¿Entonces, los sanadores estarán protegidos de esta enfermedad?
N: No necesariamente. Algunos morirán, también.

D: *¿Es por eso que debe haber tantos? (Si) Pensaba que como deben ayudar a tantos, estarían protegidos.*
N: No hay protección para esto. Está en todos partes. La única protección vendrá de otro lugar.
D: *¿Crees que ocurrirá?*
N: Si tenemos suerte vendrá. Les daremos lástima. Si realmente demostramos que queremos hacer las cosas bien, entonces nos ayudarán. Si continuamos haciendo lo mismo, no. Hay tantos ahí fuera que lo harán si tan sólo comenzamos a limpiar lo que tenemos ahora. De otra manera, tan sólo dejarán que sigamos nuestro propio camino. No pueden interferir. Si ya estamos en pro de hacerlo, nos ayudarán.

Capítulo 7

CÓMO LLEVAR UN ABRIGO

Pamela había estado trabajando en una compañía de medio ambiente. Había sido despedida por algunos asuntos y conflictos con su jefe. Había descubierto deshonestidad en la compañía y se sintió obligada a informarlo. Ahora se pregunta si debería haber tomado otra dirección, en lugar de regresar al mundo corporativo. Este era el propósito de la sesión. Siempre confío en que el SC lleva al cliente al tiempo y lugar más apropiado para explicar los problemas de su vida, aun cuando para mí no tenga sentido en un principio. Sé que todo será resuelto antes de acabar porque "ellos" pueden verlo en pantalla grande.

Pamela se vio de pie en lo alto de una montaña, mirando una pequeña ciudad. Vio que era un hombre anciano con una gran barba gris, vestido con un sencillo atuendo largo que envolvía su cuerpo. Llevaba un bastón, así que pensé que era un pastor. Pero ella dijo que no, que era una persona sabia, un anciano, sanador. Vivía en una pequeña cabaña, colindante al bosque, en la parte superior de la ciudad. En la cabaña no había mucho, el foco principal era una olla encima del fuego, donde preparaba hierbas y medicinas. Cultivaba alguna de ellas, y recogía otras del bosque. Afirmaba no haber sido formado para este trabajo, pero instintivamente sabía qué hierbas usar para curar a la gente que venía. Vivía solo, pero parecía disfrutar de su trabajo porque sentía que ayudaba a la gente. No sólo usaba hierbas, también sus manos. Podía sanar tocando ciertas partes del cuerpo.

He tenido muchas sesiones donde la persona era un sanador que usaba sustancias naturales. Muchos de ellos lo eran por su propio conocimiento y otros enseñados por alguna persona sabia. Y a pesar de hacer bien a muchas personas, eran vistos con suspicacia y miedo. Normalmente vivían aislados porque la gente no pensaba que eran seres humanos normales, como el resto de la comunidad. Estas vidas pasadas son un buen ejemplo del factor de miedo en el desarrollo de la humanidad. La gente siempre ha sentido miedo de lo que no entiende, y no confían en lo desconocido, lo extraño y no familiar. Hemos recorrido mucho camino desde entonces. Al menos no matamos a nadie por sus creencias. Pero todavía puedo encontrar remanentes de ese miedo, incluso en la era moderna.

D: *Dijiste que nadie te enseño a hacer esto. ¿Cómo es que tan sólo, lo sabes?*
P: Sí, siempre fue así. Aprendí de los animales del bosque.
D: *¿Hay alguna otra manera de curar a la gente, además de las hierbas y tocándolos?*
P: Les hablo. Algunas veces eso es sólo lo que necesitan. Otras necesitan llevarse a casa medicinas para recordarles que han de curarse. Realmente no hace nada. En ocasiones, puede. No lo necesitan realmente, pero necesitan recordar. Les asusta sanar sin ello.
D: *Saben que pueden sanarse ellos mismos. ¿Es eso lo que quieres decir?*
P: Sí, pero a veces tienen miedo. Quieren que sea alguien más, está bien. Algunas veces tienen miedo de mí, pero vienen de todas formas. A veces incluso cuando les ayudo, de alguna manera, me temen aún más. Porque no piensan que se pueden curar, cuando les digo "ellos pueden." Es más fácil asustarse.
D: *No hay razón para tener miedo, pero así es como son algunas personas, supongo.*

Él había descubierto la base de lo que enseño en mis clases. Que todo el mundo tiene el poder interior para curarse ellos mismos. Debido a eso, no creen que podrían posiblemente tener este poder natural, y necesitan a alguien del exterior que realice la sanación.

Decidí moverla hacia delante, a un día importante, y él dijo, "Puedo verles subir la montaña. Llevan antorchas. Sabía que lo harían. Venían a quemar mi casa."

D: *¿Por qué harían eso?*
P: Sano a la gente. Nadie se supone que hace eso. Solo Dios debe sanar. No soy Dios, dicen ellos.
D: *¿Pero ellos vienen a ti?*

P: Sí, por supuesto. Alguien les convenció que era el diablo. No tiene sentido. No tienen sentido. Yo no soy de su grupo.

D: ¿No eres originario de ese pueblo?

P: No, parezco distinto. Muy diferente. Ellos son muy simples. Yo no. Soy de otro lugar. Llegué para ayudarlos. Y ellos me quemarán y pensarán que me mataron, pero no es así. Simplemente, me iré.

D: ¿Procedes de otro lugar? Estás sonriendo.

P: Parece que vine de las estrellas porque no morí. Intento explicarlo cuando vienen, pero no escuchan y piensan que si me matan, me iré.

D: ¿Pero dijiste que viniste a ayudarles?

P: Sí, pero solo se puede ayudar hasta un punto.

D: ¿Alguien te dijo que fueras a ese lugar?

P: Pude escoger. Escogí. La posibilidad de ayudar y crecer. Pensé que la gente aprendería. Pensé que podría enseñarles y algunos aprendieron. Muchos de ellos fueron enseñados, pero también les hizo asustadizos. No podrán hacer como deberían, pero lo recordarán durante un tiempo.

D: No perderán todo el conocimiento. (No) Pero dijiste que procedías de las estrellas.

P: Si, un lugar diferente.

D: Cuéntame acerca de él. Sonreías así que debe ser un buen lugar.

P: Somos muchos los que venimos y hacemos eso.

D: ¿Decidisteis venir como grupo?

P: A diferentes lugares, normalmente solos en cada lugar.

D: Entonces, estás lejos del resto del grupo.

P: Sí, pero durante un breve tiempo. Sólo venir e intentar ayudar, dejar un poco de conocimiento.

D: Cuéntame acerca del lugar de dónde vienes.

P: Es una nave.

D: ¿Tenías el mismo cuerpo cuando estabas en la nave?

P: No, somos diferentes. No tenemos el mismo cuerpo, pero nos adaptamos para bajar. Tenemos que hacerlo. El cuerpo ha de adaptarse al lugar y lo visual para realizarlo. No pasa nada por ser diferentes. Es importante ser diferentes, pero no tan distintos.

D: De otra manera, la gente se asustaría. (Sí) ¿Por lo tanto vuestro cuerpo normal parece distinto?

P: Sí, su forma es de alguna manera diferente.

D: ¿Alguien te pidió que vinieras e hicieras esto?

P: Eso es lo que hacemos. La misión del grupo se basa en hacer que se evolucione. O traerles bits de información, bits de tecnología. No se tarda mucho. Algunos grupos lo hacen mejor que otros. Algunos grupos no son tan temerosos. Depende del sistema de creencias del grupo. Si el grupo ya es temeroso, es más difícil tener éxito. Pero si han avanzado, entonces se puede progresar sin tener que trabajar con los miedos.

D: *¿Llevas trabajando mucho tiempo en este pueblo?*

P: No. Una vida humana, quizá.

D: *¿Desarrollaste este cuerpo como un adulto? (Sí) ¿No tuviste que empezar como un niño? (No) Decidiste tomar ese tipo de cuerpo para poder encajar.*

P: Sí, pero diferente. La gente, su tono de piel, es diferente. El tono de piel que escogí es diferente, más clara, para llamar la atención. Porque son simples en su evolución, puede tomar dos caminos. Puede detonar como un dios y entonces entrar en conflicto con lo que consideran ser sus dioses, y nunca sabes cómo va a ir.

D: *Nunca se sabe cómo van a aceptarte.*

P: No, pero suficientes aprendieron sobre las hierbas que funcionan, y a usar sus mentes. Otros no quieren creer que pueden hacerlo ellos mismos; quieren un dios.

D: *Por lo tanto, algunos podrán tomar ese conocimiento y usarlo. (Sí) ¿Pero en este caso, pensaron que no trabajabas con sus dioses? (Sí) Entonces, pensaron que eras un demonio.*

P: Se trata del poder y la medicina, y el pueblo sintió que estaban perdiendo su poder. Es todo a lo que ascendió.

D: *Y te veían como una amenaza.*

P: Intenté trabajar con ellos. Uno en concreto aprendió y después pensó que podía hacerlo él mismo y se hubiera progresado. Era muy especial para él al principio porque trabajé con él primero. Pero entonces, los otros vinieron, y no era tan especial. Y quería todo el conocimiento sólo para él, y puso a los otros en mi contra.

D: *Entonces, ¿él es el responsable de enviar a la gente arriba en la montaña con las antorchas? (Sí) ¿Cómo te sientes porque hiciera eso?*

P: Oh, está bien. Es su forma de ser.

Es bueno que hiciera eso, que no cargara con ese resentimiento hacia ellos porque crea karma y puede ser traído hasta la vida presente.

D: *Bien, dijiste que subieron y pensabas que iban a quemar la casa. ¿Qué ocurrió?*
P: Quemaron la casa y se fueron.
D: *¿Qué te ocurre a ti?*
P: Supongo que el cuerpo se quema.
D: *¿Qué ves?*
P: Estoy sentado allí, en la casa, quemándome.
D: *¿No intentaste escapar?*
P: No. No tenía sentido.
D: *¿Pero estás fuera del cuerpo mirándolo ahora? (Sí) ¿Qué vas a hacer ahora?*
P: Regresar y escoger otro cuerpo y hacerlo otra vez. Seguiré ayudando.
D: *¿Regresarás a la nave?*
P: Sí... no importa cual. Es donde consigo otro cuerpo. Puedo escoger.
D: *Dijiste, "no importa cual." ¿No parece una nave?*
P: Parecía. Veo un tipo de objeto metálico, pero no sé.
D: *Dijiste que es donde vas a conseguir otro cuerpo. (Sí) ¿Cómo ocurre esto?*
P: Es casi como una capa.
D: *Ahora regresas allí y me imagino que te preparas para la próxima. ¿Dijiste que querías salir y hacerlo de nuevo?*
P: Es lo que hacemos. Es nuestro trabajo.
D: *¿No te frustra cuando algo así ocurre?*
P: No siento emoción en absoluto.
D: *¿Cómo consigues otro cuerpo? ¿Cuál es el procedimiento?*
P: Sólo escoger el lugar, y coger lo que fue aprendido de la última experiencia y darle forma como corresponde. Quizá fue dada una forma muy diferente, entonces se intenta que la próxima vez...es como que la mente puede crear el cuerpo. Es fácil. Por lo tanto, tomar las lecciones aprendidas y quizá hacerlas más similares; quizá más diferentes, pero se prueba... Es como una capa. Tan sólo la cambias. Tan sólo entras. Tan sólo apareces. No es una vida plena. No es como si nacieras. Tan sólo te pones la capa y entras.
D: *¿Creáis las capas en la nave, o se ponen donde vais?*
P: Tan sólo ocurre cuando apareces.
D: *¿Cuándo decidís dónde ir?*

P: Sí. Sólo entramos dentro.

D: *Siempre entras como adulto.*

P: Sí. Puedes no escogerlo, pero funciona mejor.

D: *No quieres gastar tiempo siendo un niño. (Correcto) Y así no olvidas tu plan tampoco.*

P: No. Esto es algo diferente a la reencarnación. En una reencarnación hay un plan. Tienes un cometido.

D: *¿Hay algo que decidiste hacer para ayudar?*

P: Enseñar.

D: *Por lo tanto, la próxima vez escogerás otro lugar y les sanaras y enseñaras.*

P: Oh, sí. Y algunas veces se tarda más que otras. Y aprendo a tratar con ellos mejor. Somos un pequeño grupo que hace esto.

D: *¿Alguna vez te has encarnado?*

P: Si, esta es una, y la tarea es ir y servir este propósito a muchos lugares.

D: *¿Tuviste alguna vez una vida física en la Tierra anteriormente?*

P: Muchas, sólo era una misión. Una opción para pasar ese periodo de tiempo enseñando, ayudando. Yo enseño. Aprendo, pero es diferente que en mis otras encarnaciones en las que aprenderé. Pero los cuerpos y las misiones son partes sencillas de ese plan de vida. Entonces, voy a una vida diferente. Durante esta vida, el trabajo era bajar a un grupo en particular y ayudarles durante un tiempo. Y ponerme una capa humana otra vez. Sólo quise ir e intentarlo. Aunque siempre parece acabar igual. Hay un punto donde el miedo golpea y no confían en mí, y tengo que partir.

D: *¿Ese no es tu trabajo, intentar cambiar a la gente?*

P: Pero lo hago, y algunos aprenden. Pero es después cuando me he ido y no van en la misma dirección o se desvanece al paso del tiempo. Es diferente con todo el mundo, pero hay muchos que lo harán. Pero a pesar de todo, hay progreso incluso cuando el miedo aparece. El progreso aun así ocurre. Está bien. No siento emoción en ningún sentido. No importa.

D: *Porque realmente no eres esa persona. (No) Solo estas teniendo la experiencia. (Sí) ¿Pero te constan los acontecimientos que ocurren y llevas contigo?*

P: Sí, pero al no ser humano, no hay emociones humanas.

D: *De acuerdo. Pero ahora estás fuera de ese, y dijiste que volverías a escoger otro cuerpo.*

P: Pero no humana. Eso fue en esa vida.
D: *¿Eres consciente de que estás hablado a través de un cuerpo humano que llamamos Pamela? (Sí) ¿Es un caso distinto? (oh, sí) ¿Qué ocurrió?*
P: Quise probar desde el lado humano. Es muy diferente.
D: *¿Decidiste vivir una vida plena?*
P: Sí, muchas. Hemos tenido muchas, muchas vidas. Aún cuando era muy difícil ser humano.
D: *Pero cuando decidiste entrar en la vida de Pamela, ¿tenías un plan?*
P: Por supuesto.
D: *¿Cuál era el plan cuando viniste? ¿Qué esperabas lograr?*
P: Todo...todo. Atar cabos sueltos y entendimientos. Resolver lecciones humanas que se han ido acumulando a través de otras vidas. Para aclarar esto y eso, aprender lo que era necesario aprender.
D: *¿Cuándo preparabas tu plan, estableciste que habría obstáculos?*
P: Tiene que haberlos
D: *¿Por qué ha de haber obstáculos?*
P: ¿Cómo pruebas que has aprendido algo?
D: *Pienso que sería agradable entrar en una vida sin problemas.*
P: Podemos escoger eso, pero no es tan divertido como parece. No tenemos que tener grandes problemas. Si no hay oscuridad, no reconocemos la luz. Si no lo haces por ti mismo; si todo está trazado y todo es fácil, puedes elegir eso y tan solo experimentar la experiencia humana, pero no hay crecimiento en eso. Son los retos los que hacen crecer. Es bastante fácil comprender en espíritu. Y otra muy distinta hacerlo como humano.
D: *¿Por lo tanto la idea principal es crecer? (Claro) ¿Aprender más?*
P: Dominar las emociones humanas. Sería muy difícil como humano ver cómo vienen con antorchas. Por eso no quise hacerlo más.
D: *Pero sabes que cuando entras en el cuerpo, olvidas el plan.*
P: Sí, pero cuando has pasado por ello y escoges otro plan, sigues escogiendo hacer el trabajo, pero no tener emociones. Esa era la elección. Después de eso, probar algunos puntos de las experiencias humanas otra vez, y poder entender incluso las emociones humanas.
D: *¿Combinar las dos?*

P: Sí. En la otra vida con la posibilidad de escoger los cuerpos e ir a enseñar, no hay miedo ni emoción de satisfacción, tampoco. Por lo tanto, pierdes las dos. Puedes experimentar y ganar conocimiento además de compartirlo, pero no tienes satisfacción o miedo de que la gente te mate, porque no tienes ninguna de ellas. Y, por tanto, no tienes la alegría de compartirlo con lo humano, pero tampoco tienes miedo. Por lo tanto, el próximo reto es intentar tenerlo en la forma humana, experimentar la alegría y limitar el miedo, de todas formas. Es importante aprender a superar el miedo. Es muy difícil cuando la gente viene a ti con antorchas en la forma humana. Por otro lado, era sólo un abrigo. No significaba nada. La misión es aprender en la forma humana. Es tan sólo diferente.

D: *Parece que tienes que ser muy avanzado cuando intentas hacer estas cosas (Sí) Alguien, en una vida humana, que está atrapado en la rueda del karma, yendo en círculo, no avanzaría tanto al hacer esa separación, ¿verdad? (No) Parece que llevas mucho tiempo.*

P: Sí. Esta iba a ser la última vez. Puedo escoger diferentemente, si quiero. Podemos cambiar de opinión.

D: *¿Crees que ésta es la última vez que experimentarás ser humano?*

P: Era el plan, pero el plan puede cambiar. Y entonces, libre elección y opciones entran en esta vida, y quizá una que sea muy suave, sería muy agradable de experimentar.

D: *¿Crees que ya has experimentado todo lo que puedes?*

P: Mucho ha sido hecho, sí.

D: *¿No habría ninguna razón para regresar otra vez?*

P: Sólo por diversión.

* * *

En varios de mis libros, incluso los que he escrito hace veinte años, hago mención a los desplazadores de forma. Sin embargo, nunca se hace en un contexto negativo, como los escritores actuales dicen. Son del tipo mencionado en este capítulo y otros del libro. Son seres que siempre fueron enviados para ayudar a las especies en dificultad en la Tierra. Llevan viniendo durante un número incontable de años. No vienen con el procedimiento normal de nacer y vivir una vida física. Forman un cuerpo que encaja dentro de la cultura en la que habitan. Hacen esto con el fin de no asustar a aquellos entre los que viven. Siempre están ahí para ayudar, para enseñar, intentan trabajar en esa capacidad. Muchos de ellos, incluso hoy, trabajan en profesiones médicas, la enseñanza, para poder así dar su conocimiento. No influencian, sino simplemente comparten y enseñan. Tienen prohibido tomar parte activa en la gobernación de una sociedad. Iría en contra de su primera regla: no interferencia. Y permanecen en segundo plano. Mucha gente, incluso hoy en día, ha estado en contacto con una de estas personas y ni lo sabía.

* * *

Pensé que era hora de llegar a la terapia y hacer las preguntas de Pamela. Pregunté si podía responder o si necesitaba ir a alguien superior. Contestaron que pensaban que podrían intentar contestar alguna pregunta. "Parece que sabes mucho acerca de Pamela", dije.

P: Hay muchos aquí que sabemos.
D: *Bien, en la vida actual no lo ha pasado muy bien. La vida que estableció no fue muy agradable, una niñez difícil y todo lo demás. ¿Por qué hizo un plan tan difícil?*
P: Para poder limpiar todos los problemas en sólo una vida. Fue muy complicado. Todas las lecciones que quedaban y karma de todas las otras vidas, fueron a converger para ser limpiadas.
D: *¿Todos los restos? (Sí) ¿Y sólo podía hacer eso teniendo una niñez tan terrible?*
P: Todo no fue malo, pero se creó un daño. Se equilibró el karma por elección, porque los conflictos que tuvo eran los que necesitaba afrontar otra vez y superarlos.

Pamela había experimentado abuso sexual, y no eran muy buenos con ella. "Ella escogió ser mujer, esa energía y ser atacada de esa manera." Parecía cruel, hay veces que tengo dificultad para creer que un alma puede escoger tales circunstancias. Por supuesto, en el lado del espíritu parece claro y fácil de resolver. Pregunté si guardaba karma de otras vidas con estas personas de su vida. Dijeron que había habido, pero que todo estaba limpiado ahora. Su matrimonio había sido también una mala experiencia, y dijeron que ella podía haber pasado por eso con más rapidez. No necesitaba permanecer en él tanto tiempo como hizo. Acordaron que toda la "basura", los restos, habían sido limpiados, y no necesitaba volver otra vez, a menos que así lo eligiera.

La mayor parte de las preguntas de Pamela fueron cubiertas, se dieron respuestas valiosas. Después llegamos a un obstáculo y dijeron no tener información. Así pues, pregunté si estaría bien que llamara a alguien más que pudiera contestar las preguntas. Estaban de acuerdo, les di las gracias y llamé al SC. La primera pregunta siempre es el motivo por el cual escogió mostrar esa vida a Pamela.

P: Para que pueda ver que es igual.
D: ¿Igual?
P: Sí. Ahora sólo lleva un abrigo, también. Es un abrigo humano.
D: Sí, solo un caparazón humano. Siempre lo llamo "traje" (Sí) ¿Por qué quieres que sepa eso?
P: Se olvida. (Riendo) Todo parece muy real, porque lo es. Los humanos tienen sentimientos y es muy real, pero al final es igual. Es todo espíritu. Es sólo uno.
D: Por supuesto, en esa otra existencia no hubo emociones involucradas.
P: Sí, así es fácil.
D: Él ayudaba a la gente, pero no tenía que sentir nada.
P: No, pero perdemos lo bueno cuando perdemos el dolor. Es una lección. Las emociones son importantes. No se puede prescindir de ellas.
D: Pamela eligió una vida difícil esta vez.
P: Si, y fue más difícil de lo que necesitaba ser. Tenía que haber asignaciones, pero se convirtieron en muy complicadas. Eran las mismas, pero ella se vio obstaculizada.
D: Pero aprendió mucho, ¿verdad? (oh, sí)

Después realicé la pregunta que la otra parte no sabía responder. Pamela había tenido una sesión hipnótica con una amiga que había tomado mis clases, y salió algo que ninguna de ellas pudo entender. Les dijeron que cuando ella era un bebé o muy joven algo ocurrió, y causó que una parte de su alma se eliminara. Esto no me suena correcto.

P: La confianza. Fue la confianza.

D: *Vamos a explicárselo a ella. ¿Qué quieres decir? ¿Cómo puede eliminarse una parte del alma? ¿Recogieron esa información correctamente?*
P: "Eliminada" no es la palabra correcta. No se suponía que ocurriría así. La confianza, el vínculo, fue roto; el vínculo con el cuidador. La madre no podía, no unió. No había unión. Esa parte de su alma no se desarrolló. Mientras la madre no podía mostrar afección física, seguía habiendo una sofocante necesidad por su madre.
D: *Eso es lo que significa. No fue eliminada. Tan sólo no se desarrolló. Eso tiene más sentido para mí, porque en mi trabajo he descubierto que no es posible eliminar una parte del alma.*
P: No se desarrolló, y fue puesta a un lado. Lo que ha traído complicaciones. Fue difícil tener relaciones con afecto y amor, porque ella no consiguió ninguna de ellas cuando era niña. Es lo que debería haber tenido pero su madre no pudo dárselo. Una historia muy similar. La atención primordial de la madre, era hacia el padre y su propio dolor era muy grande. No pudo mostrar amor hacia Pamela. Y como resultado, esa porción del alma de Pamela no se desarrolló y eso afectó a toda su vida. La falta de atención de la madre fue llevada a todas las relaciones de pareja de Pamela.

Esto afectó al matrimonio de Pamela y nunca se sintió segura, por lo tanto, no podía mostrar sus sentimientos. Ahora tiene un hombre en su vida que la estaba influenciando de forma positiva. Le aportaba un entorno seguro para que ella aprendiera a expresarse y sentir emociones. La mayor parte de su karma ha sido resuelto, excepto alguno hacia su hija. "No hay nada que ella pueda hacer y lo sabe. Debe perdonarse a sí misma. Sus fallos son muy similares a los de su madre. El proceso no se realizó. No pudo dar lo que no tuvo. Ha aprendido mucho a pesar de ello. Pudo haber tomado otras opciones, pero fue debido a esa parte que no tenía, por decirlo de alguna manera, que no desarrolló y no fue capaz. Porque incluso en una mala situación, cuando esa conexión se establece, el alma puede sobreponerse a muchas cosas. Pero sin ese desarrollo, se ve muy obstaculizada. Lo ha hecho bien."

D: *Eso muestra la importancia de la infancia, ¿verdad?*
P: Sí. Recuerda muy poco de ella y es mejor así. Literalmente, hubiera querido morir. Muchas veces. No quería estar aquí sin amor. ¿Qué

sentido tenía sentir emociones humanas sin amor? Ella entró en esta vida para sentir emociones. Eso fue lo que no estaba de acuerdo con el plan. Se suponía que debía sentir amor. Y no le fue devuelto de la misma manera que lo necesitaba, deseaba, daba y se cerró. Y resurgieron comportamientos y técnicas que aparentaban o lo hacían ver algo parecido al amor.

D: *¿Alguna vez intentó suicidarse?*
P: No, pero muchas veces no hubiera querido estar allí.

Esta era la razón de los problemas físicos de Pamela, especialmente apnea, el corte de la respiración. "Era un apagado."

D: *No quería estar aquí si no tenía amor.*
P: No, y fue muy triste. En su niñez, la gente de alrededor la mostraba amor de alguna manera, pero a causa del abuso era una bolsa mezclada. Estaba en la superficie, por un lado, pero detrás de la escena había otro. Y era esa falta de afecto de la madre. La madre no sabía cómo. Era muy distante. Su madre tenía muchos, muchos problemas.

D: *Ella tampoco sabía lo que era el amor.*
P: No, y cuando se acordó, el potencial estaba ahí, pero para cuando ocurrió, no pudo llevarlo a cabo. De esa manera, Pamela sabía que el dolor estaba equiparado con el amor porque no tenía nada más con lo que equivaler. Y de esa manera, ¡su matrimonio fue mucho peor! El dolor fue más grande.

D: *¿Le conocía de otra vida?*
P: Oh, muchas. Tenía el potencial en esta para hacerlo diferente, y escogió no hacerlo. No pudo hacerlo.

Ella parecía finalmente haber doblado la esquina con la asociación de un nuevo hombre en su vida. Era totalmente diferente y una buena influencia con ella. Así aparentemente, su vida podía girar de negativo a positivo.

* * *

El tema sobre sanación surgió. He tenido algunas personas que pedían ser sanadas, y lo fueron, pero no lo aceptaban y como consecuencia, se enfadaban conmigo. Dirían, "Deberías haberme curado."

P: Quieren sus enfermedades. Les sirven. Tienen que prepararse. Sólo hay algunos a los que puedes curar, depende de ellos. Y algunos pueden relacionar a Jesús diciéndoles en la Biblia, librarte de los demonios primero. No es un demonio real. Son sus creencias dentro de ellos. No pueden sanar. No tiene sentido en molestarse en sanar, hasta que los demonios no son arrojados fuera de su creación. Pregúntales antes si realmente están dispuestos y preparados para curarse. No llegues allí si no lo están. Hay muchos que te necesitan. No pierdas tu tiempo.

D: *Hubo una mujer que me gritaba y gritaba en el teléfono, porque decía que no la había curado.*

P: Tú no eres la sanadora. Es ella.

D: *Sé que lo estaba cuando salió de mi oficina.*

P: Estaba bien. Si alguien desea permanecer en bajas energías, se debe honrar. Has hecho tu labor. La sanación se realizó en muchos niveles. Incluso si no avanzan a energías más altas durante esta vida, será reconocida, por otra parte. El crecimiento tuvo lugar. Aun así, mereció la pena. La energía es tan importante. Malgastarla con...dijiste antes no echar perlas a los cerdos...Es cierto. Tu trabajo es valioso. (Comenzaron a reír) ¡Nos encanta trabajar contigo! Ha marcado una diferencia, porque a todos a los que enseñas, trae un efecto exponencial al planeta. Todos no lo harán, pero son conscientes. Todos a los que has tocado aún guardan el efecto, porque todo el mundo habla y cada semilla se planta en todos sitios. Has marcado una gran diferencia.

Capítulo 8

LA TRIPULACIÓN DE EMERGENCIA

Shanxi era de África originalmente. Ahora viviendo en América, tenía su propio negocio. Primordialmente quería saber acerca de sus problemas de relación, más que de propósito.

Shanxi volvió a vivir una vida extraña en otro planeta, intentando ayudar a aquellos sin esperanza o en situaciones desesperadas. Crearía un cuerpo semejante a aquellos con los que se encontraba, para no crear suspicacia o atención. Era un trabajo difícil, debido a las emociones que percibía de otras personas. "Quiero ayudarles. No me agrada. Es muy incómodo estar aquí."

D: ¿Alguien te dijo que vinieras y ayudaras a estas personas?
S: Sí. Vine de otro lugar para ayudarlos. Fui asignada para hacer esto.
D: ¿Cómo es el lugar de dónde vienes?
S: ¡Oh, es muy bonito! La gente es feliz. Son muy, muy agradables. Tenemos mucha energía.
D: ¿Qué haces en ese lugar?
S: Mi trabajo es ayudar a otros en otros planetas. Nos envían a ese lugar. Tan sólo sabes dónde ir.
D: ¿Entonces, dónde empezaste, viviste una vida allí?
S: Sí. Viví una vida allí en otro planeta. Me enviaron para una misión para ayudar. Este es un momento muy, muy malo. Nos dicen dónde ir y cómo avanzar.
D: ¿Tienes poder de elección?
S: No, no mucho. No puedes decir no porque es lo que haces. Tan sólo has de ir y hacerlo. Es mi trabajo. No pueden verme, pero he de ser como ellos. No puedo ser yo mismo y bajar. He de parecerme a ellos.
D: ¿Eres enviado muy a menudo?

S: Sí. A distintos lugares. De donde procedo todo el mundo trabaja yendo a diferentes lugares, a galaxias, planetas. Y yo he de ir y trabajar.
D: *¿Nunca saben dónde hay que ir hasta que no consiguen su misión?*
S: No. Sólo esperamos. Algo que necesita ayuda urgente. Somos la tripulación de emergencia, así nos llamamos a nosotros mismos. (Ríe) Es muy divertido.
D: *¿No sois como los Ángeles de la Guarda? (No) Ellos acuden a las emergencias a veces, ¿verdad?*
S: Sí, lo hacen. Pero nosotros somos como energía, y vivimos en este espacio. No es un planeta, sólo un espacio. Nuestra energía es muy alta, vamos y ayudamos a otras personas en otros planetas.
D: *¿Hay alguien más que sepa cuándo surgen estas emergencias?*
S: Sí. Tenemos una estación que recoge toda la información. La información acude a esa estación, y después nos dan esa información y nos es asignada.
D: *¿Hay alguien que la dirija, como un director?*
S: No, no hay tal concepto como director. Es como alguien que es asignado para hacer eso, pero no es un director. Solo alguien que es asignado para recoger esa información para nosotros.
D: *¿Pero saben lo que está ocurriendo en todas las diferentes galaxias y planetas? (Sí) Es un gran trabajo.*
S: Grandioso, y ahora es un tiempo importante también.
D: *¿Por qué es importante?*
S: Porque están ocurriendo muchos cambios.
D: *¿Dónde están ocurriendo estos cambios?*
S: En todos sitios, en todo el universo, en todas las galaxias.
D: *¿Qué tipos de cambios están ocurriendo?*
S: Creo que va a ser un desastre. Van a ser cambios drásticos para evolucionar, crecer. Para ir al siguiente nivel, en todos los planetas.
D: *¿Entonces, es la hora del universo completo para progresar?*
S: Sí. Creo que sí. Algunos lo están haciendo muy deprisa. Otros muy lentamente, pero todo el mundo está en movimiento.
D: *¿Esto afecta a todo el mundo y a todos los planetas?*
S: Si.
D: *¿Afecta de distintas formas?*
S: Todo depende. Es tan diferente. Es tanto y tan grande y otras muchas cosas. Es difícil explicar esto ahora mismo.

D: *Suena como algo grande. ¿Debe haber muchos como tú entonces?*
S: Sí. Tenemos diferentes cristales. Algunos tenemos este cristal azul, otros tienen el cristal blanco, unos los amarillos, otros los morados y algunos los verdes. Todos tienen distintos cristales, pero el cristal no es lo que hace el trabajo. Es la energía en el cristal, y yo tengo uno realmente brillante de luz roja.
D: *¿Los colores tienen diferentes significados?*
S: Todos significan algo distinto. Si tienes el cristal rojo, vas a diferentes lugares, donde el cristal rojo es importante. Todos tienen energía, pero si tienes el cristal rojo, como yo, será un cristal sanador. Sana todo a lo que llega. Sana el cuerpo de un ser humano, o incluso a un planeta. Es poderoso. No ha de ser muy grande. Sólo lo suficientemente grande para poder transportarlo. Puedes llevarlo en el cuello como un collar.
D: *¿Los otros colores tienen otros propósitos?*
S: Sí, distintos propósitos. El azul lleva conocimiento. Si hay un lugar donde necesiten conocimiento, quien tenga un cristal azul va a llevar conocimiento. Y si quieres construir un gran edificio, llevas cristales blancos. Ayuda con la construcción y ayuda a los arquitectos a planificarlo. Si vas con cristales amarillos, lleva el florecimiento de flores o árboles. Toda la naturaleza. Y el cristal púrpura es el más poderoso, lo usamos para llevar a la gente a un nivel de espiritualidad más alto o para evolucionar a una velocidad más alta. El cristal verde se usa para viajar, cuando vas de un lugar a otro, para el poder, el habla y cosas así. Y por supuesto, mi cristal rojo se usa para sanar.
D: *¿Y así cada individuo tiene asignaciones o misiones? (Sí) ¿Tiene que ver con su evolución, con los cristales a usar?*
S: Sí, y también con sus intereses. Tienen que estar interesados en realizar esas cosas. Todas son importantes.
D: *¿Cómo vas a este lugar a realizar la misión?*
S: Tan sólo voy. Tan sólo voy allí. No sé cómo llego allí. Sólo a través de un pensamiento. Supongo. (Ríe)
D: *Y cuando vas a tu misión, creas un cuerpo en el que encajes.*
S: Sí, hay que encajar en el entorno. Tenemos que ser esa persona, de otra manera, la gente no te acepta. Has de tener el cuerpo o lo necesario a dónde vas.
D: *Si no se asustarían. Han de tener algo que ellos acepten. (Sí) ¿Llevas haciendo esto mucho tiempo?*

S: Sí, mucho tiempo. Me encanta. Es bello, pero también hago otras cosas. También voy a lugares donde vivo en ese cuerpo o ese lugar.

D: *¿Quieres decir que permaneces durante periodos más largos de tiempo? (Sí) Por lo tanto, ¿no sólo acudes a lugares de misión y te marchas?*

S: Hacemos ambas asignaciones y después partimos. Algunas breves. Para enviarles la luz y la energía, después regresar. Algunos lugares necesitan que permanezcamos más tiempo. Por ejemplo, si vamos a sanar un lugar. Sanamos los planetas. Podemos sanar algo que fue destruido. Podemos restaurarlo. Cuando eso ocurre, vamos en grupo. Necesita mucha energía. Trabajamos mucho en este planeta, el planeta Tierra, para que pudiera evolucionar y crecer, y los otros grupos están llegando también.

D: *¿Alguna vez vas para algo como vivir una vida? (Sí)*

Intentaba conducirla hasta el punto donde podríamos referirnos a su actual cuerpo físico.

D: *¿Te quedarás mucho tiempo?*
S: No, no me gusta permanecer mucho tiempo. No me gusta estar allí, porque vivo en esta energía. Y esta luz es tan alta que cuando vives en otro lugar, pierdes ese poder y eres como ellos. No me gusta permanecer allí. Pierdes tu poder y eres ineficaz. No estoy acostumbrado a esto. Y cuando eres humano, es como que el poder no está allí. Me confunde tanto.

D: *¿Pero a veces te piden que hagas esto?*
S: Sí, por una razón, por supuesto, por un motivo.
D: *Si no fuera así, ¿podrías permanecer en ese bonito lugar e ir a cumplir misiones?*
S: Sí, eso es.
D: *¿Sabes que ahora hablas a través de un cuerpo humano?*
S: Sí, lo sé. (Ríe)
D: *¿Es este el cuerpo donde te dijeron que vivieras durante algún tiempo? (Sí) Háblame sobre esto. ¿Te dieron esta asignación?*
S: Bien, hay muchos motivos. Número uno, nací en ese lugar de África para sanarlo. Sólo estar allí ayudaría a causa de mi energía, esa porción de mi energía para ayudar a ese lugar, y mi familia

también. Tenían asuntos pasados los unos con los otros. Y llegué para ayudar.

D: *¿Para solucionarlos?*

S: Si, no tanto la manera de solucionarlos. Era tan sólo darles mi energía, se sanaron. No sé cómo explicarlo en palabras, pero está allí.

D: *Sí, pero cuando entraste en este cuerpo, olvidaste todo esto, ¿verdad?*

S: Sí, y es la experiencia más desagradable. Venimos aquí y olvidamos todo y tenemos que empezar de nuevo. Pero el poder sigue ahí. Está muy minimizado. No traemos todo ese poder. No podemos hacer eso, pero traes algo por algún motivo. Esta es mi asignación ahora, vivir en este cuerpo.

D: *¿Ayudar? Pero ya no estás en África.*

S: Sí, pero vine aquí porque había muchos humanos necesitados en esa área también, en ese lugar.

D: *Ahora vives en Washington DC.*

S: Sí, ese era el propósito. Tengo que estar allí porque están tomando todo tipo de decisiones para destruir el mundo, destruir la Tierra.

D: *(Esto fue una sorpresa) ¿El gobierno allí? ¿Están tomando decisiones que podrían dañar al mundo?*

S: Sí, y tengo que enviar energía allí para cambiar eso. No soy sólo yo, hay muchos otros.

D: *Pero como humano, no sabes esas cosas ¿verdad?*

S: Oh, no. Cada uno es como un recipiente...sólo estás allí y haces el trabajo interior.

D: *¿Cómo sabes sobre estas decisiones y las cosas que están ocurriendo?*

S: Como te dije, tengo información. Tenemos un depósito de información, de donde vengo. Me dieron la información cuando llegué por mis asignaciones. Me implantaron esa información y sé exactamente lo que he de hacer. Tengo que enviar información al gobierno, a la Casa Blanca, al Capitolio. A todos aquellos lugares en Washington. Todo el tiempo, todo el tiempo, envío energía y luz.

D: *¿Pero Shani no sabe que estás haciendo esto?*

S: No tiene ni idea. No sabe qué hace esto. Lo hago por la tarde y noche normalmente. Hay muchos otros ayudando, porque es el trabajo que hay que realizar rápidamente, y necesitamos mucha ayuda.

D: *¿Por qué ha de hacerse rápidamente?*

S: Porque de otra manera, muchas cosas malas van a ocurrir. La gente está tomando malas decisiones, todo el tiempo. Sólo queremos ayudar con eso.

D: *¿Evitar que ocurran esas cosas? (Sí) El nuevo presidente (Obama) no es tan malo como el anterior (Bush), ¿verdad?*

Esta sesión fue conducida en mayo 2.009, a pocos meses después de las elecciones.

S: *No, el nuevo presidente es un portador de luz. Él es un elegido.*

D: *El anterior trajo mucha negatividad, ¿verdad?*

S: Sí, él no era luz. Trajo malas energías, y cree en la guerra y cree en destruir vida innecesariamente.

D: *Pero ahora ya no está en la posición de hacer estas cosas. (Sí) ¿Crees que ahora cambiarán las cosas con el nuevo presidente?*

S: No es tanto que el nuevo presidente haga el cambio. Es más, de que la conciencia tiene que elevarse a todo el mundo del gobierno. Hay todavía gente que realmente está intentando hacer cosas dañinas en el gobierno. Él es sólo una persona, pero es muy importante que él esté allí. Mucha gente no lo sabe, pero él es una de las personas de luz. Él no lo sabe, pero él es muy poderoso también.

D: *Así pues, personas como Shani que están ocupando cuerpos, pueden influenciar...enviar energía a otras personas que son negativas.*

S: Sí. Cuando envías energía, no es sólo cambiar su mente. Es enviar la energía que flota alrededor del entorno. Tan sólo cambias esa energía a una energía más alta, y la gente comienza a pensar de un modo distinto.

D: *¿Eso no interfiere con su libre albedrío?*

S: Es por eso que no podemos ir e influenciar individualmente. No puedes ir en contra. Y sacamos esa energía fuera para que ellos la obtengan por voluntad propia.

D: *¿intentas extender la energía para elevar su subconsciente?*

S: Sí, ya está creada. La mala energía ya está creada por los malos pensamientos, malas ideas. Intentamos cambiarla con nuevas ideas, nuevas energías, para que la gente pueda empezar a obtener esa información.

D: ¿Entonces, hay muchos de vosotros que habéis venido a vivir en cuerpos físicos?

S: Sí, pero es más que eso, muchos de nosotros estamos en forma espiritual aquí. Todos trabajan por la misma causa. Yo tengo ambas, espíritu y vivo en un cuerpo físico. Hay otros que vinieron como espíritu, como energía. No tenían cuerpo. Trabajan en ese nivel. Es más difícil trabajar en un cuerpo físico. Tu poder está limitado.

D: Ella no tiene idea. No sabe lo que está ocurriendo. (Ríe)

S: No.

D: ¿Significa esto que no ha tenido vidas pasadas?

S: Las ha tenido, pero la mayoría de ellas han sido mías en las misiones asignadas para trabajar. No es para evolucionar, nacer aquí y evolucionar aquí. No es ese tipo de vida anterior. Las vidas pasadas normales son muy diferentes.

D: Acostumbro a explorar vidas donde una persona pasa por una vida y tiene conexión con otras personas. (Sí) Esto significaría que no habría ningún karma acumulado, ¿verdad?

S: No. No hay karma para ella. No ha de regresar. Sólo volver a nuevas misiones.

D: Entonces, si ella recordara vidas pasadas, serían similares a una impresión. ¿Sabes lo que es una impresión?

S: Sí, por supuesto, sé lo que es. Algunas veces también hacemos impresiones, sí. Pero sus recuerdos proceden de las misiones. Con ella hay una diferencia.

Para más información acerca de las impresiones, vean mi libro "Los guardianes del jardín."

D: Muy bien. Siempre descubro cosas nuevas que no sabía. (Ríe) Aunque ella está aquí en esta vida por una razón, no sabe que está influenciando al gobierno.

S: No, (Ríe) Ni idea, ni idea. Pero es tremendamente importante en Washington. Estar en ese lugar y esa posición. Tuvimos suerte en conseguir ese lugar para ella, la casa donde vive. Todo está dispuesto para que la energía pueda entrar de una cierta manera.

Es una ubicación donde puede enviar su energía en distintas direcciones y toda llega allí a la misma vez.
D: Y no lo sabía. Por eso escogisteis esa casa y la profesión, ¿para que pudiera estar allí?
S: Sí, todo. Fue divertido escoger la casa. Se la hizo ir allí y comprar esa casa. Para que fuera como un faro. A ella le encanta. Es la casa perfecta para ella, la energía y todo lo demás.

Entre los problemas que Shani quería encontrar respuesta, era que tenía miedo de perder su casa. Estaba asustada de perderlo todo. "Ella no va a perder nada." Aunque ya había perdido su negocio con lo que pagaba su casa. "El negocio tenía que irse. Es hora de un cambio y lo sabe. Tendrá una asignación. En nuestro mundo lo llamamos asignación, ¿pero es un trabajo?

D: Sí, así lo llamamos.
S: Su actual trabajo se fue. No queremos que haga eso ya. Es una asignación, y vamos a enviarla por todo el mundo esta vez. Irá a distintos lugares. Conservará su casa, pero aun así viajará por todo el mundo. Hablará con personas. Irá a muchos sitios pensando que debe hablar con personas, pero en realidad, irá para enviar energía, especialmente al gobierno. Su energía va a estar en lugares donde esté un gobierno importante, en ese momento. Por ejemplo, si Rusia está haciendo algo y una decisión ha de ser tomada, la llevaremos y usará la energía allí. A los gobiernos y también a las personas. Hay mucha gente sufriendo en este mundo y lo sentimos. Sentimos que la gente está pidiendo ayuda todo el tiempo y ella es una de las que se dieron voluntarias para hacer esto, así que la usamos para enviar energía a todos esos lugares a sanar.

También aseguraron que tendría dinero de sobra para hacer estas cosas. Era algo que le preocupaba porque debía una gran suma para pagar sus deudas, y lo necesitaba pronto. Ellos no parecían preocupados. "Prepararé algo para ella. Tendrá dinero. Proveeremos una forma de conseguir el dinero. Llegará a tiempo, pero no podemos dar detalles." El dinero no vendría a través de un trabajo, es toda la información que pudieron dar, excepto un límite de tiempo, en el que todo estaría controlado, en tres o cuatro meses. Comenzaría a viajar en uno o dos años.

D: *Tengo una pregunta. ¿Sabes que cada vez más me llaman para viajar por todo el mundo? Creo que yo tengo un propósito diferente.*
S: El tuyo es distinto. Tu propósito es llevar información a la gente. Por eso estás aquí.
D: *También voy a distintos países.*
S: Tú estás llevando información a la gente de un lugar a otro y enviándola a otro lugar. Es lo que haces.
D: *¿A sí que tú eres un tipo distinto de energía?*
S: Sí, es una energía distinta. La nuestra se almacena en un lugar más elevado que este planeta, del que ella procede. Es un lugar que almacena toda la información y podemos acceder a ella y nuestro poder y energía para influenciar a la gente.

También estaba teniendo dificultad para atraer y mantener un hombre en su vida. Dijeron que su energía era tan fuerte, que el hombre podía sentir eso y ocasionaría que se marchara. Tendría que encontrar a alguien con la misma energía, pero sentían que una relación podría interferir con su trabajo porque interferiría con la energía a enviar. "Puede tener a alguien en su vida, pero no ha de interferir con su asignación. Es muy importante que lo haga. No lo sabe. Hay pocas personas como ella en este mundo. Si encuentra a alguien como ella, o bien ella o la otra persona tendrían que trasladarse a otra localización. No pueden hacer eso." Esto también era la razón por la que tenía sobrepeso. No querían que fuera atractiva. Pero ahora el sobrepeso desaparecería porque iba a estar viajando. Sus síntomas de ardor de estómago y gas, era todo debido a la energía, también cuando pensaba que tenía problemas de corazón. A veces la energía era demasiado poderosa para su cuerpo "Los doctores no encontraban nada, porque no había nada. Cuando es llamada a enviar energía, es demasiado poderosa para su cuerpo. Intentamos que la use despacio porque es demasiado pesada para ella, pero ahora la usará más frecuentemente." Le pregunte si podría reducir su intensidad. Cuando sea que canalice esa energía, recibe más energía para canalizar. Pasa a través de su cuerpo y recibe más. Y lo está realizando más desde que empezó el año. Va hacia Washington. Hay muchos cambios en el gobierno, y como habrás oído, la economía está cambiando. Es su asignación. Ella supo eso antes de nacer. Siempre damos lo que se puede controlar."

D: *¿Puede ella controlar esta información?*
S: Sí, puede controlarla. Ella tiene mucho poder, más de lo que piensa. Va a sorprenderse, y a la misma vez, emocionarse, estoy seguro. No sabe por qué se siente en la forma en que se siente, y es lo que está haciendo. No tiene ni idea. Tiene buena salud. Su cuerpo se rejuvenece según estamos hablando. El tuyo también.

En mi trabajo se subraya muchas veces el poder que la mente tiene, en enfocar y crear. Se dijo, "si una sola mente es suficientemente poderosa para cambiar circunstancias, imagina el poder de un grupo." Si pudiéramos conseguir grupos de personas concentrándose en un objetivo, se podría cambiar al mundo y verdaderamente crear milagros. Porque el poder de la mente grupal no solo se multiplica, se magnifica al cuadrado. El poder es tremendo." Me animaron a enviar este mensaje en mis conferencias y clases, en todos sitios del mundo donde fuera. Me dijeron que lo propagara a las personas, si podían tomar cinco minutos en grupos de oración, grupos de meditación, reuniones metafísicas, etc. y pedir a todo el mundo que se concentrará en la paz y armonía; podríamos cambiar el curso del mundo.

Capítulo 9

OTRO VIAJERO

Peter era un joven abogado negro. Una de las razones para venir, era descubrir si debería cambiar su trabajo. El que tenía era exitoso aunque monótono.

Cuando la sesión empezó, Peter tan sólo era un observador, contemplando escenas de la naturaleza: caballos corriendo en un campo, después flotaba sobre un bonito paisaje. No quería bajar, sólo continuar flotando y observando. Después llegó a una escena que comenzó a describir en detalle: un río corriendo a través de un valle entre dos montañas. Hay un campamento donde la gente estaba trabajando. "Aquí es donde están las personas. Donde viven. Están trabajando, pero me están esperando. Sigo volando, pero saben que estoy ahí. Quiero verles. Quiero comprobar y ver que están bien, desde el aire. Me reúno con la gente y les protejo cuando viajan por este valle. Me aseguro de que estén a salvo.

Su trabajo consistía en guardar de estas personas desde arriba y guiarlas. Nadie le había enseñado esto. "Tan solo lo sé. Soy su guía. Siempre he cuidado de las personas." Esto era confuso porque sonaba como si fuera un guardián en espíritu. Aunque cuando le pedí que se describiera sonaba físico. "Soy un ser humano masculino, pero puedo volar. Soy muy fuerte. Puedo cambiar de forma, también. Puedo viajar a través del espacio."

D: *¿Quieres decir que tienes la habilidad de cambiar de forma en lo que quieras? (Sí) ¿Y la gente? ¿Pueden verte como un ser humano?*
P: Cuando lo deseo.
D: *Me preguntaba si tienes un cuerpo físico, ¿pueden verte volar?*
P: Pueden verme cuando así lo deseo.
D: *De otra manera, ¿serias invisible?*

P: Sí. Aunque viajo a través del espacio, donde no existe la forma. Tan sólo sé que voy a otros lugares. He venido a la Tierra y tengo características humanas y puedo volar.

D: *Dijiste que viajabas a través del espacio. ¿Quieres decir el espacio de la Tierra?*

P: No, a través del espacio a diferentes planetas. Siempre me muevo entre planetas.

D: *Entonces, posees la habilidad de ir donde quieras. (Sí) Son cualidades maravillosas. ¿Pero ahora sientes que tu trabajo es cuidar de estas personas, según van viajando? (Sí)*

Le pedí una descripción de la gente. "Son como los indios. No llevan puesto mucha ropa, pero llevan capas. Hay cientos de ellos viajando juntos."

D: *¿Has hecho esto antes, cuidar de las personas?*
P: Siempre ha sido mi responsabilidad, cuidar de las personas, no importa donde estén.

Condensé el tiempo y le pedí que viera dónde iban, y si había algo en concreto que él debía hacer. "¿Permaneces siempre en el aire?"

P: Sí, vuelo por encima de ellos. Ellos viajan. Van a un lugar y me aseguro de que estén seguros. Estas personas siempre viajan. No permanecen mucho tiempo en un lugar.

Esto pudo haber ocurrido hace mucho tiempo, le pedí que avanzara para ver si había algo que él tuviera que hacer. Aunque su trabajo era protegerlos, ahora podía verse en un cuerpo físico sosteniendo una lanza. Le pedí una explicación. "He decidido mezclarme con ellos. Siempre soy físico. Cuando no estoy en la Tierra, no soy físico."

D: *¿Hay alguna razón por la que decidieras hacer esto?*
P: Para que me conocieran. Estar con ellos. Pudieran verme. Saber quién soy. Y tomé una forma física cuando llegué a la Tierra.

Le escucharían más si le vieran como una persona física. Estaba liderando a un lugar seguro. "Viajo con ellos y les doy dirección."

D: *¿Les dices dónde ir y después ya no tendrás que tener una forma física? (Correcto) ¿No ven extraño que de repente desaparezcas?*
P: Saben que volveré.
D: *¿Vas con ellos para cuidarlos, o sólo los observas?*
P: No, hago otras cosas. Voy a lugares. Tengo muchos trabajos, pero siempre es cuidando de las personas.
D: *¿Es lo que siempre has hecho?*
P: Sí, no me gustan las cosas malas.
D: *¿Has vivido alguna vez en un cuerpo físico donde tuviste que ir? ¿Entiendes lo que quiero decir?*
P: Sí. No recuerdo ningún cuerpo físico excepto cuando vengo a ayudarles.
D: *Entonces, ¿te haces físico cuando así lo quieres? (Sí) De esa manera no te ves atrapado en un cuerpo. ¿Puedes formarlo y disolverlo en cualquier momento que quieras? (Sí) ¿Llevas algún tiempo con este grupo ayudándoles a ir dónde están seguros? ¿Después te marcharás a otro lugar?*
P: Sí. Voy a un planeta. Estoy en vuelo. Es diferente. Hay una luz. Hay cuadrados de luz en el planeta...tecnología. Los cuadrados están cayendo en el planeta.
D: *¿Los cuadrados de luz son la tecnología?*
P: Sí. Se usan como energía. Es una cultura avanzada. La gente vive en ellos.
D: *¿Habías vivido en este planeta o sigues explorando?*
P: No, conozco este planeta. Voy a bajar.
D: *¿Cuándo bajas adquieres una forma física?*
P: No. Mi forma es como un balón de energía. Es donde vivo.
D: *¿Hay gente en este planeta?*
P: No son personas. Son distintos. Son balones de energía.
D: *Pero hay conciencia, ¿verdad?*
P: Sí. Somos trabajadores. Vamos a otros planetas. Estoy obteniendo esta energía. Estoy cogiendo estos cuadrados de energía y los llevo conmigo a otros planetas. Voy en uno de estos cuadrados de luz y recojo energía de ellos, y después vuelo.
D: *¿Dónde te diriges ahora?*
P: Sólo viajo. Ayudo a otras personas.
D: *¿Has pensado alguna vez en tener una forma física?*
P: Sí, cuando vaya a la Tierra.

Intentaba llevar la sesión en torno a Peter, la forma física humana que yacía en la cama.

D: ¿Has pensado alguna vez en mantener un cuerpo físico?
P: No. Visito.
D: ¿Has considerado permanecer en un cuerpo físico y no tener que ir y venir?
P: Me gusta ir y venir.
D: Nunca has tenido el deseo de permanecer en un cuerpo físico.
P: No, sólo estoy aquí de visita.
D: Así tienes plena libertad, ¿cierto?
P: Sí, pero trabajo.
D: ¿Alguien te dice cuáles son tus siguientes trabajos a realizar?
P: Lo sé automáticamente.
D: Bien, veamos donde irás próximamente. ¿Permaneces en ese planeta o fluyes a otro lugar? ¿Qué sientes que es lo acertado?
P: Estoy en la Tierra ahora y estoy mirando un edificio. Es de noche.
D: ¿Es otro trabajo que debas hacer?
P: No lo sé. Estoy observando este edificio. Esta vez es diferente. Estoy siendo arrastrado de nuevo a la Tierra. Cuando estoy en la Tierra ahora, estoy retrocediendo. Es como si hubiera sido succionado otra vez por la Tierra y estoy mirando este edificio. Otra vez flui arrastrado aquí contra mi voluntad.

De repente se vio en un cuerpo, pero no el que normalmente creaba. No era físico, pero ¿estaba él encarnado?

P: En realidad, puedo ayudar a la gente como ser humano, pero he de aprender más. He de hacerles confiar que puedo ayudarles. Que puedo sanarles. Que puedo ayudarles en su vida.
D: ¿Crees que puedes sanar mejor teniendo una forma física, más que si lo hicieras en la otra forma que viaja? (Sí) ¿Por qué decidiste tomar forma física? Estabas realizando mucho trabajo ahí fuera, ¿verdad?
P: Sí, pero necesitaban mi ayuda aquí.
D: Entonces, ¿alguien te pidió que adquirieras un cuerpo físico?
P: Eso es. Al principio creía estar retrocediendo, y después estar simplemente instalado en lo que tengo que hacer.

D: *Entonces, ¿escogiste entrar en este cuerpo llamado Peter? (Sí) ¿Entraste en este cuerpo siendo un bebé?*
P: Con nueve años.
D: *¿Te quedaste en un cuerpo mientras crecía?*
P: A los nueve años.

Esto puede sonar extraño, pero he encontrado casos como este en varias ocasiones. Cuando una energía como esta, intenta primero entrar en un cuerpo físico, es demasiado fuerte y tan radicalmente diferente que choca con el físico. Puede causar abortos e interrupciones del embarazo, porque es demasiado para el feto de soportar. En estos casos, sólo una pequeña porción de la energía del alma es permitida entrar en el cuerpo del bebé, durante el desarrollo e infancia. Según va creciendo el niño, más energía entra, en pequeñas cantidades. Por alguna razón, la mayor parte del alma puede así entrar, a la edad de ocho o nueve años. Tengo clientes que afirman, no haber sentido verdaderamente su cuerpo físico hasta esa edad. Normalmente, no recuerdan nada acerca de su infancia antes de esa edad.

D: *¿Te gusta estar en este cuerpo?*
P: Sí, pero quiero mejorarlo. Deseo hacerlo perfecto. Quisiera comprender. Quiero conocimiento.
D: *Pero Peter tiene conocimiento en leyes, ¿verdad?*
P: No es suficiente. Es más grande. Más grande que eso.
D: *Esa es una de las cosas que quería saber. ¿Debería hacer algo más que dedicarse a su trabajo?*
P: Se supone que he de explicar cosas a la gente...conseguir que entiendan. Esa es la razón. Quiero que todo el mundo sane.
D: *Parece que es la primera vez que tienes un cuerpo físico, ¿verdad? (Sí) Es siempre un poco extraño, ¿verdad?*
P: Deseo entrar en el subconsciente. Sé que ahí está todo el conocimiento y eso es lo que deseo.
D: *De acuerdo. Entonces, si te parece bien, pediré la ayuda del subconsciente para responder a las preguntas. (Sí) Me encantó hablar contigo y te doy las gracias por la información que nos has dado.*

Después, cité al SC con la esperanza de ganar claridad en las explicaciones. Dije que no habían conducido a Peter a vidas pasadas porque ésta era más importante para él. Afirmó que ésta es la primera vez como humano, cuerpo físico. Siempre había sido un observador y asistente.

D: *¿Alguien le dijo que sería mejor estar físicamente?*
P: Sí. Tiene trabajo que realizar en la Tierra. Transición... ayudar con la transición.

Explicaron que tenía que ver con el cambio transicional a la Nueva Tierra. Era uno de muchos otros que estaban llegando aquí por primera vez. Los que llevaban en la Tierra durante mucho tiempo, no podrían ayudar. Todavía seguían atrapados en la rueda del karma. Nuevas almas puras se necesitaban para venir y ayudar. Esto se explica en más detalle en mi libro Las Tres Olas de Voluntarios y La Nueva Tierra. Peter era una de estas almas nuevas. Aunque estaba realizando un buen trabajo con el Derecho, querían que hiciera algo más. "Enseñar a la gente cómo sanarse ellos mismos. Enseñarles sobre la mente. Él sabe lo que hacer."

D: *¿Queréis que tome algún tipo de clases?*
P: Sí. Él sabe lo que ha de hacer, pero tendrá que tomar clases para hacerles saber que sabe lo que tiene que hacer. También trabajará con energía. Tiene el poder en sus manos.
D: *¿Sólo tiene que despertarlo?*
P: Sí. Puede sanar con sus manos a través de la columna vertebral. Toda la energía se encuentra en la base de la columna. Hay una bola de fuego en la base de la columna.

Sabía donde se encontraba la kundalini y que tenía un gran poder, pero hay que tener cuidado cuando se usa. Seguían insistiendo en que Peter sabía cómo hacerlo. No era que tenía que tocar a la persona, sino trabajar con su campo magnético. Decían que había un pequeño bloqueo que impedía su despertar en la energía que iba a usar. Necesitaba visualizar cómo este bloqueo estaba disolviéndose, para que la energía se liberará y avanzará. Se suponía que habría de tomar clases para aprender a usar este poder. "Las mujeres son las que deberán enseñarle. Ocurrirá pronto." Esta energía no ha sido abierta antes, porque tenía demasiado poder para él. Pero ahora era el momento y podría usarla. "No puede malgastar la energía. Siempre ha de usarla correctamente. No puede hacerlo de manera egoísta."

D: *¿La persona debe querer ser ayudada?*
P: Ha de combinarlas a sus propios poderes.
D: *¿Ha de pedir permiso a la persona antes de trabajar con ellos?*
P: ¡Siempre!
D: *¿De esa manera no la malgastará?*
P: No. Correcto.

Debía de seguir trabajando como abogado como habitualmente, porque debían ponerle en contacto con gente que debía conocer.
¿"Pero dijisteis que él está aquí para ayudar en la transición?

P: Sí, eso es. Ha de seguir su camino. No estaba preparado hasta ahora. Ha de entrar en el tercer ojo.
D: *No queremos que tenga problemas en su trabajo. ¿Necesita tener cautela?*
P: Siempre. Pero ha de continuar explorando e investigando y aprendiendo. Cuando trabaje con gente, lo sabrá. Ayudará a mucha gente durante el cambio transicional.
D: *Por lo tanto, tiene dos cosas en las que trabajar: en su carrera como abogado y sanación.*

Peter era claramente uno de la segunda ola de voluntarios (nació en 1958) porque parecía ser un observador. Llevaba siéndolo durante una cantidad de tiempo extremadamente larga, ¿por lo tanto, qué otra cosa podría ser más natural para él, y continuar haciéndolo en esta vida?

Capítulo 10

COLOR Y SONIDO

Erika ya se veía involucrada en el trabajo de energía, en el campo de la kinesiología. (Este es el estudio del movimiento del cuerpo. En otras palabras, cómo funciona el cuerpo y la influencia de la energía sobre éste). Por lo tanto, el uso de la energía no era nuevo para ella. Aun así, sentía que necesitaba consejo.

Cuando Erika entró en la escena estaba oscuro, pero sabía que no era de noche. Estaba oscuro porque había ceniza volcánica en el aire. "El aire es negro, grueso. El suelo cruje como de haber sido quemado." El aire se siente caliente y huele a ceniza. Según iba sintiendo su cuerpo, vio que sus pies estaban negros de andar entre cenizas y tierra quemada. Era un hombre joven que llevaba harapos, y su cuerpo se sentía muy delgado debido al hambre. Sabía que vivió allí antes de que esto ocurriera. "Eran los campos donde teníamos nuestras ovejas. Tengo una pequeña casa, una choza. No es muy grande, pero es mía. La casa está quemada. No queda nada. No sé cómo se ha podido quemar, está hecha de césped, pero está quemada. "Había vivido allí solo, porque no tenía familia. Aunque no se sentía solo, porque tenía sus ovejas y un perro. Está sobre una gran montaña. Y los valles donde todas las personas estaban."

D: *¿Dónde estabas cuando la casa se incendió?*
E: En un arroyo. Estaba en casa cuando la tierra empezó a temblar. Las ovejas empezaron a correr de un lado a otro y a hacer mucho ruido, y el perro intentaba mantenerlas unidas.
D: *¿Cómo si supieran que algo estaba ocurriendo?*
E: Sí. Después la tierra comenzó a temblar. Salí corriendo. Vi que la tierra temblaba y mis ovejas se dispersaban. Y el perro intentando calmarlas y mantenerlas juntas, pero se fueron y el perro tras ellas. Había humo en el penacho arriba en la montaña, y por supuesto,

lava y cosas que se arrugaban por todos lados. Me estaba quemando y corrí hacia el arroyo.

D: *¿Había ocurrido antes?*

E: No, mientras que viví aquí. La gente habla de ello, quiero decir, en historias. Permanecí allí abajo en el arroyo y todo se quemó. Me quedé allí mucho tiempo. Entonces, no lo sé. Debí quedarme inconsciente. Creo que desperté y el mundo era negro y no había casa, ni señal de que hubiera estado allí. Todo crujía y yo me moría de hambre.

D: *¿Qué vas a hacer ahora?*

E: He de encontrar mis ovejas y mi perro.

D: *También has de encontrar algo de comer, ¿verdad?*

E: Tengo que encontrar a mi perro primero. Creo que he de bajar la montaña, donde está el pueblo. No puedo imaginar dónde fueron las ovejas. Deben haber bajado la montaña, hacia el noreste, subido un poco y después haber bajado. Hay un gran lago allí.

D: *¿Eso es quizá lo más sensato que podrían haber hecho?*

E: Sí, y las ovejas son listas. (Ríe)

Condensé el tiempo para ver qué ocurría.

E: El perro está abajo al lado del lago. Está lleno de alegría de verme y pudo salvar acerca de la tercera parte de la manada.

D: *¿Vas a quedarte allí abajo?*

E: Creo que tengo que hacerlo porque hay demasiado humo y ceniza del volcán.

D: *¿Vas a ir al pueblo?*

E: Es todo cenizas, también.

D: *Oh, ¿también está destruido?*

E: No está destruido, pero es imposible vivir allí.

D: *¿Vas a intentar encontrar a la gente?*

E: No me gustan.

D: *¿Por qué no te gustan?*

E: Porque yo no les gusto a ellos. Soy diferente... sólo diferente. No soy como ellos, porque hablan raro. Creo que tengo un paladar hendido. Parezco distinto...hablo distinto. Demasiado feo.

D: *¿Tuviste familia alguna vez?*

E: Tampoco creo que mi familia me quisiera o hay algún tabú contra la gente como yo. Algún tipo de "cosa" por la que la gente como yo no puede vivir con el resto de ellos.
D: *¿Como un marginado?*
E: Veo a una mujer. No era mi madre, pero se aseguraba de que estuviera bien.
D: *¿Y decidiste vivir allí arriba con las ovejas?*
E: Creo, de alguna manera, que ella fue la que hizo posible que pudiera hacerlo. Me hizo feliz.

No tenía ninguna opción ahora, sino abandonar esta tierra y buscar un lugar donde vivir. Comenzó a andar con sus ovejas y su perro, aun cuando no sabía que había en ninguna dirección. Condensé el tiempo otra vez para ver dónde fue.

E: Llevamos recorrido mucho tiempo, pero hay otro valle y es precioso. Hay un río que lo atraviesa. Y hay otro pueblo allí. Es extraño pero la gente allí no tiene ese tabú. (Sonaba feliz). Escucharon mi historia y están dispuestos a dejar mis ovejas allí y sanarlos. Y en realidad, es muy divertido, hay otro como yo allí. Y esta persona es realmente buena curando las heridas de las ovejas. Tienen quemaduras. Intercambiamos el conocimiento de las ovejas y me invitan a ser parte de la comunidad.

Parecía haber encontrado la situación ideal. Le pedí fuera adelante, hasta un día importante en su vida, y estaba confuso. "¿Soy una persona distinta?" Se vio en una montaña de granito, una montaña diferente a la que se encontraba antes. Al principio pensó verse vistiendo algo blanco, y descubrió que estaba hecho de luz. Hablaba con alguien a quien llamaba "Espíritu" y quien le daba instrucciones.

D: *¿Qué tipo de instrucciones?*
E: Sobre la luz. Estoy tomando instrucciones en cómo usarla.
D: *¿Para usar luz física o de que tipo?*
E: Debe ser el espectro que no puedes ver. Como rayos. Puedo verlos. Son de distintos colores.
D: *¿Cómo se supone que has de usarlos?*
E: Personificarlos. Cada rayo tiene una esencia.
D: *Cada color… ¿Un diferente color de rayo?*

E: Si los personificas, cambian todo lo que hay alrededor.

D: *¿Qué quieres decir con personificarlos? ¿Tiene que entrar en un cuerpo físico?*

E: No en un cuerpo físico.

D: *Intento comprender. Dijiste "personificarlos."*

E: Lo que quiera que soy, me convierto en el rayo.

D: *¿Te refieres a que te conviertes en un solo color?*

E: O una combinación.

D: *¿Durante un periodo de tiempo?*

E: Para distintos usos. Es como si pasara a través, en situaciones terrenales como un rayo, y después las cosas cambian conscientemente. Una personificación consciente.

D: *¿Lo que quieres decir es que eres como un rayo cuando entras en un cuerpo físico? (No) Mencionaste "pasar a través" (Sí) Pensé que te referías a hacerte físico.*

E: No, es como andar entre la gente. Necesariamente no saben que estoy allí.

D: *¿No tienen que verte?*

E: No, algunos pueden sentirme.

D: *Si te vieran, ¿te verían como una luz? (Sí) Entonces, tomas el rayo de esencia, el color y después estás en la Tierra, caminando entre la gente. ¿Cómo afecta esto a la gente cuando te encuentras alrededor de ellos?*

E: Cambian o se resisten.

D: *¿Para mejor?*

E: Siempre.

D: *Cuando haces esto, ¿puedes cambiar de color?*

E: Son muchos colores, en un periodo muy corto de tiempo. Puedes cambiar según la situación en la que estás. El lugar y entorno de la gente. Tomas distintos colores para lo que sea que se necesite.

D: *Eso sería muy importante. Con sólo tu presencia, caminando entre la gente, puedes afectarles en gran medida, ¿verdad? (Sí) Y no saben lo que estás haciendo, ¿verdad?*

E: No importa.

D: *¿Alguien te dijo qué es lo que debías hacer?*

E: Era mi instrucción. Es lo que me enseñaron en la montaña.

D: *¿Tan sólo eras un ser de luz?*

E: No, siempre supe eso.

D: *¿Y te fue dada la instrucción de ir y extender esto para ayudar a la gente?*
E: Lleva tanto tiempo haciendo esto, pero esta era una lección en particular.
D: *¿Alguna vez has estado en un cuerpo físico? (No) ¿Qué quieres decir? Cuéntame acerca de eso.*
E: He sido una forma de luz en otros lugares, pero no en la Tierra.
D: *¿Otros planetas?*
E: Otros lugares. Otras capas.
D: *¿Otras dimensiones?*
E: Supongo que puede llamarse así.
D: *¿Qué hacías en las otras capas?*
E: Aprendiendo. Aprendiendo sobre la luz.
D: *¿Cómo era ese lugar donde aprendías?*
E: Era todo luz. Todas las variaciones de luz.
D: *¿Había otros como tú allí?*
E: Si. Todos aprendían sobre la luz.
D: *La luz es muy importante, ¿verdad? (Sí) ¿Crees que aprendiste todo lo que necesitabas sobre la luz?*
E: No, por eso tuve que bajar y andar entre las personas. Es sorprendente ver lo que la luz hace.
D: *¿Qué hace la luz?*
E: Si una persona tiene un corazón abierto, lo abre aún más. Y si su corazón está cerrado, es como si fuera golpeado con algo terrible porque la persona está más agitada.
D: *No comprenden lo que está pasando.*
E: No, y continúan actuando aún más cómo actuaban. Intentan reprobarse.
D: *Creen que están siendo atacados, y no es así. ¿Es lo que quieres decir?*
E: No están siendo atacados. Procede de su interior. Es mi trabajo hacer que experimenten la luz. Depende de ellos si abren o no su corazón. Hay diferentes colores de rayos y diferentes usos. Todavía sigo aprendiendo.
D: *Parece algo maravilloso para enseñar a la gente. Puedes ayudar a muchas personas con sólo tu presencia.*
E: Sí. Eso es realmente con lo que cualquiera puede ayudar a alguien.
D: *No saben que estás allí. Tienen libre elección, ¿verdad?*
E: Tienen libre elección, absolutamente.

D: *No se puede forzar a nadie.*
E: No, eso es la libre elección, si sus corazones están abiertos o no.
Le encantaba hacer esto y ayudar a la gente de esa manera. No sentía ningún deseo en entrar en un cuerpo físico. Sentía que podía hacer un mejor trabajo como un ser de luz.
D: *¿Has de volver a esa capa para aprender más?*
E: Puedo volver en cualquier momento. Puedo ir y regresar. Pero puedo obtener más información en la Tierra, también. Subir a mi montaña. Puedo ir a cualquier lugar. Preciosos lugares. Puedo abrir y preguntar.
D: *Bonitos lugares con buena energía. ¿Pero las instrucciones siempre tienen que ver con luz?*
E: Hay otra parte. Esta es la nueva parte de la que no sé mucho. El sonido.
D: *Tengo entendido que la luz y el sonido son muy, muy importantes. (Sí) ¿Qué te han enseñado sobre el sonido?*
E: Que la luz y el sonido son la misma cosa.
D: *¿Qué quieres decir? Las veo como cosas separadas.*
E: Son lo mismo. Cada sonido tiene una vibración. Cada sonido un color. Cada color una vibración. Cada color tiene un sonido.
D: *La gente no piensa que los colores tengan un sonido.*
E: Sé que no, pero sí lo tienen.
D: *Los mantenemos separados. (Ríe)*
E: Es porque os gusta partir y dividir en la Tierra.
D: *Sí, nos gusta hacer divisiones. ¿Qué vas a hacer con el sonido?*
E: Es lo que no sé. No comprendo todo esto todavía. Es parte de mi formación. Creo que hay otra capa donde se aprende eso. Y sé cómo usar luz y sonido como uno.
D: *Puedo ver como usas la luz entre la gente. ¿Cómo usas el sonido?*
E: No puedes oírlo y no puedes ver la luz. Pero la gente recibe el sonido de la misma manera que recibe el color.
D: *¿No son conscientes de qué les está ocurriendo?*
E: No, excepto si su corazón está abierto. Algunas personas necesitan más. No sé cómo decir esto, algunas necesitan más sonido que otras. Depende de la persona.
D: *¿Depende también de su nivel evolutivo?*

E: Sí. La gente sabe y puede sentir de ambos modos y recibirla conjuntamente. Pero aquellos con el corazón más cerrado necesitan más sonido.
D: Para ayudarles a abrirse. ¿Más sonido en lugar de más luz? ¿Crees que es más poderoso de esa manera?
E: No, es sólo lo que necesitan. Creo que se sienten mejor.
D: Por lo tanto, no tienes intención de entrar en un cuerpo humano.
E: No, demasiado limitador entrar en un cuerpo. ¿Por qué querría hacer eso? (Ríe)
D: ¿Eres conscientes de que me estás hablando desde un cuerpo físico?
E: Sí, lo sé, no me gusta. Podría darte información sin tener que sentir físicamente.

Expliqué que de esa manera Erika podría escuchar la información y comprenderla más tarde. "¿Tienes alguna conexión con este cuerpo físico de alguna manera?"

E: Es una vieja amiga. Es muy complicada, no mala, muy testaruda y resistente. (Ríe)
D: Vamos a contarle sobre eso. Ella quiere información. ¿Verdad?
E: Bien, quizá necesite información, pero no la quiere. Ella prefiere resolver todo por sí misma.
D: ¿Pero eso es difícil, verdad, y tú te sientes solo?
E: Es su forma de ser. Por eso disfruto con ella.
D: En esa vida que le has mostrado, estaba sola, ¿verdad?
E: Sí, y le gustaba. Cree que tiene que resolver todo ella sola. Creyó poder controlarlo y resolver todo ella sola. Está equivocada, por eso es por lo que estoy aquí.
D: Cuando se entra en un cuerpo se olvidan estas cosas, ¿verdad?
E: Sí, por supuesto. Por eso no quiero hacerlo. ¡De ninguna manera! Vamos a deslizar un poco de luz, un poco de sonido.
D: ¿Hay algo en particular que quieres que sepa? Es tu oportunidad para decidir.
E: Sólo para que recuerde que ella es luz y sonido. Energía muy positiva. Eso es todo lo que es. También trabaja con energía.
D: ¿Por qué quisiste que supiera acerca del hombre joven con las ovejas? ¿Por qué era importante para ella esa vida?
E: Por la casa. (La que se quemó)

En su vida actual Erika se había mudado más de treinta veces. No había sido capaz de establecerse en un entorno estable.

E: Necesita saber que allá donde esté, es su casa.

D: *¿La lleva consigo, quieres decir?*

E: No, no existe llevarla consigo. Sólo es.

D: *¿Te refieres al cuerpo humano?*

E: No. En otras palabras, donde quiera que estemos, es nuestra casa. No es un lugar. No hay fronteras. No hay paredes. No es un cuerpo. Es donde quiera que estemos... es nuestro hogar. Parecido a Dorothy.

D: *"¿El mago de Oz?" (Sí) Siempre estaba allí incluso cuando buscaba en otra parte. Erika dijo que le gustaría tener una casa. ¿Crees que es eso posible?*

E: Podría tener una casa. Podría, pero sólo para darse cuenta de que su casa no es su casa. La casa no es lo que está buscando. En otras palabras, puede tener una casa y ser feliz en ella, pero su verdadera casa es la Tierra y el Universo, esta gran burbuja del cosmos. Lo estaba limitando, lo que hacía era no poder encontrarla.

D: *¿Se ha creado muchos problemas ella misma?*

E: Es solo resistencia. Está resistiendo la luz y el sonido. Bloqueándolo, porque quiere hacerlo ella por ella misma, quiere averiguarlo por ella misma. Está asustada. Es como si se olvidó de mí y olvidó la otra dimensión y está asustada por eso no quiere abrir su corazón. No podría responder de la manera que hizo en la otra dimensión. No puede jugar con la energía de la misma forma. No sabía cómo usar la luz. No sabía cómo usar el sonido. No sabía cómo usar la energía para crearlo. No sabía cómo hacerlo y olvidó y se sentía confundida. Y odiaba moverse en un cuerpo. Sabe que se ha creado muchos problemas. Conoce esa parte, pero no puede recordar cómo salir. Llevo a su lado durante mucho tiempo. De hecho, han sido varias vidas.

D: *¿Eres como un guía o un ángel de la guarda? Estos son términos que ponemos.*

E: Soy su amiga. Ella es muy testaruda y es por eso que quiso venir aquí a aprender. Y sigue inventando la rueda, no descansa y ni permite el hecho de que preguntes cómo se hace una rueda, podremos después hacer más ruedas. Por lo tanto, puede en realidad hacer más y ser más y vivir más, experimentar más y aprender más. Pero es muy lenta. Es como si cada suspiro regresa al comienzo del hombre de las cavernas y lentamente sigue su evolución adelante.

D: *Lo está haciendo muy complicado. (Sí) Tiene muchos talentos. Tiene las habilidades para hacer cualquier cosa que quiera hacer. (Sí)*

Giré la conversación entorno a algunas de sus preguntas: ¿Qué son esos miedos nocturnos cuando se despierta por la noche gritando? ¿Qué lo causa?"

E: No sé cómo decirlo. Lleva cargando... como células resistentes. Quizá podría decirse que son códigos en su ADN que son energía "dura" en sus campos. Son como espejos y cuando la vida entra y la energía Fuente entra se ve reflectada de nuevo, pero no llega a formar parte de su ser. Ella está reflectando. Son como los protones del ADN que son diminutos, diminutos espejos reflectan y contra reflectan la energía Fuente, y no la permiten ser parte de su sistema.

D: *¿Viene esto de otras vidas?*
E: Sí. Las ha añadido a su ADN.
D: *Pero no se aplican a su vida ahora, ¿verdad?*
E: No. Están activas ahora mismo. Y no es necesario. Todo lo que necesitaría hacer es dar la vuelta al código. En otras palabras, podría tener todo el código en conectado y así podría vivir plenamente y tener inmunidad física en lo que su salud se refiere. Para que los gérmenes, bacterias y virus, y todas esas cosas, no tomen parte en la escena. Creo que no sabía lo que hacía. Creo que estaba tensando de una forma cósmica, resistiendo. Hacer cosas por sí misma, causa el "encendido" a lo que ocurre. Puede voltear los códigos a encendido. Puede hablar con su ADN y pedirle que haga uso de los códigos para que funcionen.

D: *¿Puedes hacer eso?*
E: Yo no, pero la Luz y el Sonido sí pueden.

Había estado ocurriendo una terrible y ruidosa tormenta durante la sesión. No interfirió con la comunicación. De hecho, el SC comentó que le gustó la tormenta. "Pudo utilizarla"

D: Muy bien, hazlo. La tormenta tiene mucha energía.
E: Puede permitir que el sonido de la lluvia entre en su sistema con los rayos. Y dejar que limpie a través, y según entra, la luz pasa a través, es azul...azul. Luz blanca.
D: ¿Y qué pulse el interruptor? (Sí) ¿Es lo que estás haciendo ahora mismo?
E: No, ella ha de hacerlo.
D: Dar sus instrucciones mientras pulsa el interruptor.
E: Y así permitir que la luz blanca azulada se vierta a través de su sistema como un líquido. Que se vierta a cada célula de su cuerpo, de la cabeza a los pies, vivificando cada hebra de su ADN con la Luz blanca azulada y este Sonido líquido. No hay necesidad de resistencia en ningún lugar. (Se movía por todas las partes de su cuerpo). Tan sólo la estoy anclando para ella. Ha de hacerlo ella misma. La resistencia se está difuminando. Se está eliminando. No la necesita.

Le fue dado un ejercicio para dormir sin temor: "Necesita luz dorada para dormir. Cuando se tumbe para dormirse, visualizar un útero o huevo, un huevo dorado. Y verse dentro de él, rodeada por el útero o huevo. Entonces se sentirá protegida, y puede decidir cada noche cuánto sueño desea tener. Algunas noches necesitará más y otras no tanto. Será algo divertido que puede hacer. Para que se sienta que está al control...lo que le gusta mucho. Y decirse a sí misma que se despertará refrescada, relajada, vigorizada, y entusiasta. Y con abundante energía para conectar y seguir avanzando en esta nueva fase de su vida."

Mensaje de partida: Emplea tiempo con tu corazón todos los días. Sólo poner las manos en su corazón y cuando lo haga, estará conectada conmigo.

* * *

En otro caso, el SC me dio otra técnica sanadora que podría visualizar el cliente en la privacidad de su casa.
El SC envió un suave calor fluyendo por toda la columna vertebral y los hombros. Y bajó a los brazos y dedos. Y bajo en las piernas y

rodillas. "Es un calor amoroso y suave. Es un calor curativo. Tiene que visualizar que el calor entra todo el tiempo y realizar visualizaciones un par de veces al día. Entrando por su chacra corona y fluyendo por todo su cuerpo. Es más que calor. Necesita ser una sanación, que fluye, casi como el calor de la lava fluyendo por su cuerpo. Ha de visualizar esto dos veces al día, mañana y noche. Cuando se despierte y se acueste. Visualizar cómo el calor fluye, lava bajando por todo el cuerpo. Es de color coral y verde con pequeños puntitos blancos."

Capítulo 11

PROTEGIENDO EL CONOCIMIENTO

Andrew vino a mí para obtener información sobre si estaba en el sendero correcto. Llevaba toda su vida sintiendo dolor y malestar; como si no perteneciera aquí y esto le causó no poder disfrutar de la vida. Andrew trabajaba como terapeuta con personas y animales. Enseñaba ciencia combinada con metafísica y además lo complementaba siendo artista.

Cuando Andrew entró en la escena, había confusión porque se sentía que tenía cadenas en sus manos y piernas. Después se dio cuenta que era una cota de malla o una armadura de algún tipo. Afirmaba sentir mucho dolor. Era un hombre joven, de treinta años, que estaba en la oscuridad. Le pregunte porque sentía dolor. "Porque me han traicionado. Sólo he obrado con bien y me han traicionado. Hicimos lo que se suponía que debíamos hacer y no dejaron que lo lleváramos a cabo, nos torturarán y matarán."

D: *¿Qué es lo que se suponía debíais de hacer?*
A: Proteger... proteger el conocimiento. Sólo espero. Vendrán por nosotros.
D: *¿Cómo te traicionaron?*
A: Sabían dónde estábamos y lo dieron a conocer.
D: *¿Es alguien que conoces?*
A: Sí. De todas formas, sentíamos miedo. Si no lo hubieran dicho, hubieran sido torturados y asesinados, también. No tuvieron elección.
D: *¿Dónde estás esperando?*
A: En algún lugar...hay un lugar...como un castillo.
D: *¿Podrías escapar si hubieras querido?*

A: Me encontrarían de todas formas. Soy uno de los capitanes de alto rango. Soy uno de los principales a los que buscan.
D: ¿Dijiste que protegías el conocimiento?
A: Sí, pero sentían envidia. No querían que tuviésemos el poder.
D: ¿Qué tipo de conocimiento protegías? Puedes contarme lo que es, no lo diré a nadie.
A: Antiguo conocimiento. Es conocimiento de tiempos remotos. También protegía a la gente y lo sabían. En realidad, aquellos estarían a salvo para que el conocimiento pudiera proseguir cuando llegue el momento apropiado.
D: ¿Por lo tanto no desaparecerá?
A: No, no desaparecerá. Nosotros nos ocuparemos para que estén protegidos.
D: ¿Sobre qué se basa este conocimiento?
A: Bendiciones para todos…muy poderoso, yo sólo era el guardián de aquellos que necesitaban ser protegidos.
D: ¿Practicabas ese conocimiento?
A: No. Sólo sé que era importante y mi obligación era defender y proteger. Y también esconderlo y ser el amigo. Soy al que llevarán y tengo miedo. Me matarán y tengo miedo. Voy a ser torturado y tengo miedo, sé lo que harán conmigo.
D: ¿Qué bien haría matarte? ¿Tú no conoces ese conocimiento?
A: Ellos no lo saben, pero nosotros diremos que sí, para proteger a los demás.
D: ¿Los que sí saben usarlo? (Sí) ¿Tiene este conocimiento forma de libro?
A: Sí…registros y lugares. Libros y personas que saben cómo usarlo. Todo no está registrado.
D: ¿Se supone que ha de ser transmitido a la persona apropiada?
A: Sí. Y yo soy uno de los que les sirve de escudo.
D: ¿Sabes dónde lo guardan?
A: Sí, aunque todo está hecho de una manera que no puedo saberlo completamente. Pero sé que necesito hacer ciertas cosas para protegerlos. Aunque me torturen, no hay nada que pueda decir, y lo que les diré, les confundirá. Lo que les contaré no será verdad.
D: ¿Alguien ha venido por ti?
A: Sí, me han cogido y van a torturarme.
D: Este lugar donde estás, el castillo, ¿es el lugar dónde vives?
A: Es el lugar donde nos reunimos.

D: *¿Es el lugar donde se halla el conocimiento?*
A: No. El conocimiento no está allí. Creen que sí, pero no lo está.
D: *¿Eres el único al que cogerán?*
A: No, a muchos. Algunos no saben siquiera que serán llevados o lo que les harán. Algunos están aquí, y otros, en otros lugares. Estoy solo ahora mismo.
D: *¿Es algo que llevas haciendo mucho tiempo?*
A: Sí. Creo en el conocimiento y ha de haber alguien que lo proteja, estoy aquí para protegerlo. Soy el primero en la línea para protegerlo.
D: *Dijiste que aunque te hagan sufrir y a los demás, habrá otras personas que continuarán.*
A: Sí, sí.
D: *¿Nunca puede ser destruido totalmente?*
A: No. Tengo miedo...tanto miedo.
D: *¿Es antiguo conocimiento sobre ciertos temas, lo sabes?*
A: Sí, antiguo...muy antiguo...muy poderoso. Se trata de muchas cosas. Es sanación. Son muchas cosas para la humanidad. Estamos protegiéndolo. Piensan que es brujería. Pero no lo es. Conocemos poco...suficiente para que piensen que es brujería, seremos considerados gente que realiza brujería. Y nos torturarán.
D: *¿Por qué lo quieren conseguir, si piensan que es brujería?*
A: Quieren conseguirlo por su poder. Son ignorantes, pero desean poder.
D: *¿Son parte de una organización?*
A: Son del gobierno. La iglesia es el gobierno. Temen que el conocimiento pueda quitarles parte de ese poder. No quieren que nadie más posea el poder. Saben dónde estamos. Saben dónde encontrarnos. Sólo estoy para guardarlo, defenderlo, protegerlo.
D: *¿Has escondido el conocimiento en algún lugar del castillo?*
A: No, no. Les hicimos creerlo para distraerlos, hasta que todo esté a salvo. Buscarán allí, pero no está allí. Nos torturarán y no sacarán mucho porque tampoco lo sabemos. Tan sólo sabemos un poco...suficiente para nosotros. Sabíamos que ocurriría, pero ahora tengo tanto miedo. Me avergüenza. Me avergüenza tener miedo.
D: *Si nadie conoce todo sobre el conocimiento, sólo partes y piezas, puede sobrevivir.*

A: Si, sobrevivirá...como todo sobrevivirá. Siento miedo, sé que he de pasar por todo eso de una u otra manera, pero no quiero. Tengo miedo de la tortura...mucho miedo, lo que harán con mi cuerpo. (Su voz sonaba muy asustada). Me llevarán porque soy capitán.
D: *¿Hay alguna forma de que puedas escapar antes de que vengan?*
A: No. No escaparé. Tengo que pasar por ello. Es por lo que he de servir. No es mi obligación escapar. Mi obligación es quedarme. Han de llevarme.

Pensé que era hora de llevar la historia adelante y averiguar que ocurría. Condense el tiempo a cuando ya habían llegado. "Tienes control sobre lo que ves." Le sugerí que contemplara como un observador, si así quería.

A: (Su voz temblaba y era difícil comprender). No quiero ir allí. Nos cogen y nos llevan a todos a su castillo...cientos de soldados por todos sitios. Nos llevan y torturan. - No veo nada más. Es difícil verlo.
D: *¿Contaste algo?*
A: No tengo nada que decir. Nos hacen hablar...decir lo que quieren oír. Les cuentan todo lo que quieren oír. Sienten placer torturándonos, porque se sienten poderosos. Ven como se disminuyen nuestras almas.
D: *¿Cuál fue el resultado final?*
A: Matarnos después de torturarnos. Me avergüenzo. Nos hicieron muchas cosas. Tan vergonzoso. (Miseria). Me siento con tanta pena...tan vergonzoso.
D: *No tienes nada de qué avergonzarte. Hiciste algo honorable. Ellos son los que cometieron cosas deshonestas.*
A: No me arrepiento... Todo lo que ame, asesinaron y torturaron todo. Tanto odio...tanto odio... Pero no encontrarán el conocimiento. Lo quemaron.

Avancé hasta la escena donde podía observar desde fuera de su cuerpo, otra perspectiva. "¿Puedes ver los cuerpos?"

A: Sí... carbonizados... cuerpos carbonizados en el fuego y después arrojados en hoyos.

D: *Cada vida tiene un propósito. ¿Cuál crees que es el propósito de esa vida?*
A: Era mi obligación, poner a prueba mi coraje. Hice lo que debía, pero es una pena lo que hicieron conmigo y con mi cuerpo. No sé por qué me siento tan avergonzado.
D: *Cada vida tiene una lección. ¿Crees que hubo una lección en vivir y morir de esa forma?*
A: Era demasiado...orgulloso de mi cargo. Me sentía superior. Tal misión. Era importante para mí, toda mi vida. Quizá estaba demasiado orgulloso de mi hombría y... (Paró) Quizá era una prueba para mí, ser leal al conocimiento.
D: *Quizá fue una prueba.*
A: Quizá fue...fue sólo eso. Quizá fue, que estaba muy dentro de mi cuerpo, porque estaba muy afectado cuando fui torturado, cuando me hicieron esas cosas. Estaba demasiado unido a mi cuerpo.
D: *Pero los humanos se sienten así, ¿verdad? Vivimos en un cuerpo y nos ligamos a él.*
A: Sí, es verdad.

Antes de llamar al SC en este punto, decidí conducirle a través del tiempo y el espacio para encontrar otra vida. Y así poder sacarle del horror que había presenciado. Esta vez, vio que era una mujer que se miraba en un espejo. Era muy bella, de pelo negro y ojos verdes, en sus veinte años. Se hallaba en un bonito edificio. Había algo que era diferente, cristales por todos sitios. De todos los tamaños y colores, desde algunos que podían cogerse con la mano, a otros de 25 centímetros de diámetro y 10 o 12 centímetros de ancho. "Solo pongo mis manos en la parte superior (los grandes) y puedo controlar sus energías. Puedo dirigir la energía con ellas. Puedo usarlas para sanar. Activo estas salas donde la gente entra para sanar. Y los cristales dan energía y colores que crean un campo energético, donde la persona puede descansar y sanar. Tengo ese poder."

D: *Sé que tienes el poder para usar la energía de muchas maneras. ¿Usas la energía de forma positiva?*
A: Sí, de forma positiva. Sé cuál es mi poder y me enorgullece.
D: *¿Hay otras personas que saben cómo usar esta misma energía?*

A: Sí, hay otros que saben, pero soy quien realmente sabe más. Todo mi cuerpo resuena con la energía, y así formo parte de ellos. Sinérgico con ellos.
D: *¿Y la gente entra en las salas y tú trabajas con ellos? (Sí) ¿Llegan muchos a la vez?*
A: Viene uno cada vez. Es como ver a un doctor. Puedo hacerlo. Es parte de mi deber...parte de mi trabajo. Tenemos esa tecnología. Fui preparada para eso cuando era pequeña, por aquellos que tienen el poder para hacerlo. Saben cómo hacerlo, y a quién preparar.
D: *No todo el mundo sabe hacer eso.*
A: No. La gente está muy avanzada y sabemos qué persona puede. La gente puede completamente desarrollarse y hacer lo que les gusta. Tienen libre elección para hacer lo que desean, pero todo el mundo nace con cualidades específicas y podemos notarlo.
D: *¿Te dijeron o prepararon sobre cómo usar los cristales?*
A: Sólo recordé.
D: *¿Y dijiste que estás muy orgulloso de lo que puedes hacer? (Sí) ¿También estás orgulloso de poder ayudar a la gente?*
A: Sí, pero también sabes, soy muy hermosa. Y a veces tener gente que esté conmigo porque quiero atención... y eso no es bueno.
D: *¿Eres casada o tienes familia?*
A: No. Puedo estar con quien quiera estar.

Le pedí que mirara por su ventana y describiera lo que podía ver. "Hay bonitos edificios. Tienen cúpulas, columnas, es una preciosa ciudad." Y el paisaje, principalmente formado por cristales, piedras y jardines." Después la desplacé hasta un día importante y pregunté lo que estaba ocurriendo.

A: Estoy siendo juzgada. Dijeron que no obré bien. Utilicé parte de mi poder para atraer a hombres. Y no debería haber hecho eso.
D: *¿Por qué quisiste hacer eso?*
A: Sólo por placer. Y no debería haber actuado así.
D: *¿Por qué está mal usar el poder de esa forma?*
A: Porque puedes influenciar su voluntad. Está en contra de la propia voluntad. No completamente. Nunca hice nada para dañar a nadie, pero supe que tenía el poder de atracción y no debería haberlo hecho. De alguna manera, manipulé su voluntad para que

estuvieran conmigo. Lo descubrieron y me están pidiendo que no trabaje más.

D: *¿Porque lo utilizaste de la forma incorrecta? (Sí) Pero también lo hiciste de forma positiva.*

A: Lo sé. Pero consideran ésto un uso negativo del poder. No quieren que lo use nunca más. He de abandonar este lugar. Quiero quedarme, pero no puedo hacerlo ya. Seré una persona común. He de abandonar el edificio y quedarme en la ciudad. Pueden bloquear mi energía.

D: *Me preguntaba si puedes hacerlo sin los cristales.*

A: Sí, pero me están bloqueando. Quieren prevenir que mi energía fluya.

D: *¿Tienen forma de poder hacer eso? (Sí) ¿Tienen máquinas?*

A: No, sólo se reúnen. Hay seres poderosos allí. Tienen poder sobre la energía. Lo hacen para proteger a otros de buena voluntad.

D: *¿Entonces, te bloquearon y tienes que vivir una vida normal? (Sí) ¿Qué piensas de eso?*

A: Pienso que tienen razón. Yo también me di cuenta de que no debería haber hecho eso. Quizá algún día me perdonen y me llamen de nuevo.

D: *¿Pero no es difícil que simplemente lo desconecten después de haberlo hecho durante tanto tiempo?*

A: Sí, muy duro. Muy duro.

D: *¿Qué vas a hacer ahora?*

A: Vivir una vida normal. Ya no tengo más ese poder. Dicen que puedo enseñar. Empezaré a enseñar. Podían haber sido más duros conmigo, así que está bien.

D: *¿Al menos el conocimiento no se perderá?*

A: No, no lo estará, hay otros que también lo conocen, pero yo sólo lo enseñaré.

Hice que abandonara la escena y la llevé a otro día importante y pregunté lo que estaba ocurriendo. "Estoy conociendo a alguien. Es un hombre a quien estoy conociendo. Estoy conociendo a alguien que entra en mi vida. Soy mayor. He estado sola siempre, nadie confiaba en mí, porque no sabían si todavía conservaba ese poder, aunque me privaron de él. La gente ya no confiaba en mí. Es la primera vez que alguien se acerca, sé que son de fiar. Saben que no haré eso otra vez.

Me siento feliz. Quizá no sabía si alguien podría estar conmigo sin manipularlos."

D: *¿También está interesado en la energía sanadora?*
A: No...sólo en mí. Confía en mí y en quién soy y es bonito. Él es uno de mis maestros, también. Enseña historia. La historia de este lugar...el mundo.

Condensé el tiempo y la llevé adelante para ver si estaba con ese hombre o que ocurría. Permaneció con él, y ahora tenía una hija. Pudo ver que su hija había heredado el mismo poder que ella. Poseía el poder de los cristales e iba a ser instruida. "Soy feliz, yo la enseñé y sé que ella no cometerá el mismo error. Le digo que ella no ha de hacerlo, sino que debe ser aceptada en la forma que es. Será una buena sanadora, se la llevarán para ser instruida. Hará un trabajo maravilloso." Pensé que habíamos aprendido suficiente de esta vida, y la llevé al último día de su vida y la pregunté que estaba ocurriendo.

A: Me estoy muriendo, soy muy mayor. He estado aquí durante muchos, muchos años...cientos de años. Mi hija está aquí en la recámara. Me ponen aquí para que no haya dolor. Es como irse a dormir.
D: *¿Te ponen en una sala donde vas a morir?*
A: Sí. Esta es una sala especial para que la gente muera muy apaciblemente, donde no hay sufrimiento. Es distinta a la sala de sanación. Es la sala para los que están muriendo. No hay nada que reconstituir ahora. Es la hora para que el alma se vaya, todo lo que hacemos es ayudar al alma a ir a un lugar donde no hay dolor...un lugar donde ir a dormir.
D: *¿Entonces, no hay ningún mal en el cuerpo?*
A: El cuerpo sólo está viejo. Desgastado de vivir cientos de años. Era muy saludable y fuerte, pero hay opción de ayudar cuando es necesario. Y mi hija lo está haciendo para mí. Es tan bonito, me siento en paz.
D: *¿Ella tomó el conocimiento y lo usó de la forma correcta?*
A: Oh, sí. Lo hace durante muchos, muchos años. Está en el mismo lugar que yo. Toma mi lugar, y es la que lo está realizando.
D: *¿No impidió que te obligaran a abandonar ese trabajo?*
A: No, era necesario. Tuve que pagar.

Después la desplacé para cuando todo había acabado y estaba en el otro lado. Le pregunté lo que pensaba que había aprendido de esa vida.

A: Que cuando tienes poder, has de tener cuidado de cuáles son tus deseos. Algunas veces piensas que necesitas desigualar cosas para conseguir lo que necesitas y otras veces no es siempre necesario. Algunas veces pensé, que la única forma de estar a salvo, era controlando quien estaba a mi lado. Y lo controlé utilizando mi poder. Tengo que aprender esa lección, que no he de controlar las cosas.
D: Esa es una lección valiosa. Si te fuera dado el poder en el futuro, en otra vida, ¿crees que sabrías cómo usarlo?
A: Sí. Tengo que asegurarme que no utilizo mi poder para controlar a nadie.
D: Pero el ego obstaculiza el camino, ¿verdad?
A: Sí. Eso me temo.
D: Es la parte humana.

Hice que se alejara, y llamé al SC. Quería saber por qué Andrew mostraba estas dos vidas como hombre y mujer; porque hay tantas que el SC puede escoger.

A: Porque necesita saber que tiene el coraje suficiente para hacer cualquier cosa que necesite hacer. Tiene el poder de hacerlo.
D: Porque aquel hombre dio su vida para protegerlo, ¿verdad? (Sí) ¿Cuál es la conexión entre esa vida y ésta ahora?
A: Ha de usar su poder. Necesita saber que no ha de volver a pasar por lo mismo. No tiene que sufrir otra vez. Piensa que ha de sufrir. Cree que ha de ser torturado una y otra vez. Nunca deja ir lo de la tortura. Necesita hacerlo.
D: Eso sólo fue en aquella vida.
A: Sí, pero está torturándose una y otra vez.
D: Porque piensa que si tiene el conocimiento ha de sufrir si lo sigue. (Sí) ¿Es por eso que dice que tiene dolores dentro de su cuerpo todo el tiempo y siente malestar?
A: Sí, sí. El dolor y el oprobio, porque fue objeto de abuso tan terriblemente. Fue abusado de muchas maneras.

Esto también explica sus problemas sexuales, que le afectaban en esta vida, por ser la parte de su cuerpo (zona sexual) que fue más torturada. Ellos (la iglesia) tenían que humillar completamente a la persona.

D: Pero nada de lo que ocurrió fue culpa suya.
A: Sí, pero estaba tan avergonzado.
D: Fue muy valiente y aguantó. Pudo haber intentado escapar.
A: Sí, pero no puede dejarlo ir. No puede dejar ir las pesadillas de torturas una y otra vez.
D: ¿Podemos dejarlo con el hombre al que le ocurrió?
A: Tenemos que hacerlo porque no puede hacer nada, de todas maneras. No puede controlarlo. Morirá si no lo hace. Cree que ha de morir.
D: No es el propósito que tenga que pasar por ello una y otra vez en esta vida.
A: Si, se tortura él mismo. Trae a sí mismo mucho sufrimiento. Lo intenta. No sabe hacerlo mejor.

Esto llevó mucho tiempo antes de que finalmente lo dejara ir. El SC dijo en voz muy alta, "Lo vamos a dejar con el otro hombre. Él lo deja allí. Lo dejamos. Ya no lo verá más. No lo va a seguir viendo porque sigue sangrando. Piensa que cada vez que hace algo bueno será torturado otra vez." Andrew comenzó a llorar mientras el SC trabajaba con él para liberarlo. Esto llevó mucho tiempo. "Quiso tanto saber el conocimiento y se lo estamos trayendo. El merece saber aquel conocimiento en esta vida. El sufrimiento pertenece al otro hombre."

D: Entonces, estáis separando a los dos y permitiendo que él tenga el conocimiento.
A: Sí, necesita tener de nuevo ese conocimiento. El merece tener el conocimiento.
D: ¿Es por eso que mostrasteis la segunda vida?
A: Sí. Entonces tenía el conocimiento. Conocía todos los cristales. Conocía sus poderes.
D: El primer hombre protegía el conocimiento, pero no sabía cómo usarlo. La mujer, sin embargo, sí.

A: El conocía mucho más. Conocía mucho más. Tiene más poder del que piensa. Ha tenido muchas otras encarnaciones, donde aprendió muchas cosas.

D: Es por eso que le mostrasteis la segunda vida, ¿para que se diera cuenta de que tiene el poder? (Sí) Aunque hizo un mal uso de este en aquella vida.

A: Si, pero él necesita saber que no ha de temer. No va a usarlo equivocadamente. No manipulará a nadie. Sigue castigándose. Ahora es libre. ¡Le hemos liberado! No sólo estará orgulloso sino también va a ser feliz, su orgullo no dañará a nadie. Será feliz ayudando y sirviendo. No abusará de él. No ha de tener miedo de usarlo. Va a sentir más cosas de las que nunca pensó que podría sentir. Va a disfrutar de la vida. Se verá diferentemente. La gente verá una chispa en él que antes no había. Hay muchas aquí. Hay muchas ayudando a otras. Son como un solo cuerpo. Poderoso. Tiene más poder del que incluso imagina, porque ha llegado la hora. No queda mucho tiempo. Hay mucho que hacer en poco tiempo. No hay más dolor. Irá a muchos sitios, porque le necesitamos en muchos sitios. Está totalmente protegido y su cuerpo es tan fuerte, y sigue haciéndose fuerte. Su cuerpo, su sistema inmunológico, cada parte de su cuerpo está protegida a un nivel que no es humano.

D: Eso es algo de lo que dudaba...su cuerpo.

A: Su cuerpo no es completamente humano. Su cuerpo está aquí; su otra parte no está aquí. Está siendo reconstituida en otro plano. Tiene mucho que hacer. Tendrá un cuerpo perfecto y cuando su misión acabe, entonces podrá proseguir. Tiene otras misiones después de este planeta, pero eso será más tarde.

Hicimos mucho trabajo por todo su cuerpo y sanamos todo de lo que se quejaba. "Su cuerpo está ahora fuerte y sano. Se mantendrá de esa forma durante toda su vida en este planeta.

D: Eso es maravilloso. Déjame preguntarte algo. Dijo que cuando era niño tenía ampollas por todo el cuerpo. ¿Por qué ocurrió esto a tan corta edad?

A: Ocurrían varias cosas. Las ampollas procedían de su encarnación, cuando fue quemado. Y debía acelerar su karma, para hacer lo que necesitaba hacer, y tuvo que vivir muchas, muchas vidas en esta vida...condensándola y sufrir pérdidas. Hubo de sufrir dolor, porque es la única forma de así sanar a otros a través de la resonancia de la realidad de su vida. Por lo tanto, tuvo que vivir muchas, muchas experiencias en poco tiempo, para estar preparado para ayudar a otros. Tuvo que poder comprender a otros. El no pudo comprender el dolor de otros. Le dejamos que sufriera ese dolor. Para hacerle aprender con dificultad, experiencias difíciles, porque las experiencias que los humanos han de vivir son muy difíciles. Él sabe cotejar y comprender. Si no lo experimentas, no puedes comprender el dolor de esto. Es muy bello poder ver todo en pantalla grande. Todo tiene sentido en el universo.

Quise hacerle más preguntas de las que él tenía en la lista. "Dijo que tenía un gemelo que se suponía haber nacido con él. ¿Puedes explicarlo?"

A: El gemelo era otro ser que necesitaba estar con él para ayudarle a venir aquí.
D: *¿Pero por qué nació muerto?*
A: Porque su misión era sólo estar durante el tiempo de su evolución en el útero de su madre.
D: Pensaba que quizá, el otro ser cambio de opinión y no quiso nacer. (Esto ocurre en otros casos que he explorado).
A: En realidad, se decidió de esa manera, que sólo fuera un compañero antes del nacimiento.
D: *Una pregunta más. El me mostró la escritura y figuras que llevaba escribiendo durante mucho tiempo. ¿Puedes explicar lo que es?*
A: Es una escritura antigua. De tiempos antiguos cuando vivía en una encarnación. Solía escribir acerca de ciencia y las cosas que él conocía en aquellos tiempos. El piensa que llegó de otro planeta, pero es de otra dimensión. La escritura no procede de otro planeta. Es de un tiempo muy remoto, que pronto será conocido y descubierto.
D: *¿Una civilización que no conocemos?*
A: Si, una civilización. Conocéis poco sobre ella, se remonta a muchos, muchos miles y miles de años.
D: *¿Es por eso una lengua de la que no podemos encontrar evidencia?*

A: Puede ser. Podrá ocurrir que esto se descubra. Todo se descubrirá. Vendrán tiempos en los que los humanos descubrirán acerca de su pasado, incluso cuando no quieran creer en él. Encontrarán cosas que les sobrecogerán.

D: *Yo creo eso. Entonces eso es lo que es y él solo tenía la compulsión de escribir ¿eso?*

A: Sí. Escribió mucho al respecto. Solía escribir tantos cosas porque quiere escribir sobre ciencia ahora. Pero la verdad es que es algo que ya hizo antes. En esa otra vida escribió y actualmente escribe registros sobre conocimientos antiguos.

D: *Parece que él ha estado involucrado en el conocimiento en muchas vidas.*

A: Oh sí, ha estado involucrado tantas veces.

D: *Hay un símbolo que dibuja muy a menudo. ¿Qué significa?*

A: Es el fluir de su energía. Es la forma en que su energía es recibida y emitida. En realidad, es el patrón de la energía de su cuerpo.

D: *He tenido a otras personas que me mostraron extraños escritos que hicieron e intentamos encontrar una semejanza entre los escritos.*

A: Puedes comparar. Encontrarás similitudes porque guarda relación con otras escrituras. El despliegue de la evolución en la historia de la humanidad.

D: *Me dijiste antes que hubo muchas civilizaciones que se desarrollaron a un alto grado. (Sí) Fueron destruidas.*

A: Pero el conocimiento todavía sigue allí.

D: Está en nuestras mentes.

A: Está en muchos sitios, sí.

Mensaje de partida: Siempre necesita verse en la luz. Solo ver su luz... su luz pura. Si él se ve en la luz, se sentirá feliz. Luz es lo que es él. Sólo luz...El sabrá todo lo que ha de saber de ahora en adelante. Se sorprenderá de las sincronicidades que defenderá. Ha de acostumbrarse de que todo es fácil ahora. Será su reto, acostumbrarse a que todo es fácil. Será sorprendente para él. Le llevará tiempo adaptarse a esta nueva realidad.

Capítulo 12

ORBES DE INFORMACIÓN

Betty trabajaba la energía y era profesora. Llegó a la sesión deseando poder comprender mejor sus relaciones personales y lo más importante para ella era saber su propósito de su vida.

Betty salió de la nube dentro de un emplazamiento muy elaborado, que parecía sacado de un lugar en el desierto. Había un rollo de alfombra verde desplegada en la arena, similar a la forma que ponemos alfombra roja para que alguien importante la pise. La alfombra conducía a una pequeña pirámide que tenía un toldo sobre la entrada que se apoyaba por dos columnas de mármol. Betty vio que era un hombre delgaducho, de piel oscura, vestido de blanco con ropa vaporosa, material vaporoso que sería típico llevar en un clima caluroso. También llevaba sandalias doradas muy elaboradas. Había muchos otros allí, él estaba ocupado como coordinador organizando la esperada llegada de algún tipo de dignatario. "Este es un sitio especial. No todo el mundo podría llegar a entrar en este lugar. Siento que esta pequeña pirámide es un lugar de ceremonias, quizá conocimiento. Sólo alguien importante puede acceder a entrar aquí. No soy un sirviente, eso suena demasiado humilde. Estoy preparando este evento. Y quien quiera que sea que va a venir, no es habitual que vengan aquí. Vienen de lejos. Quiero que todo salga bien." De repente entró en el modo de observador: "Este hombre que soy yo, es una persona muy poco interesante. Demasiado exigente, aunque eficiente. Ni siquiera estoy segura de que me guste esta persona. No es que sea malo; sólo…no sé lo que es. Es una gallina quisquillosa." Después regresó para participar en la escena: "Hay gente al fondo, que consideraríamos sirvientes, para colocar la comida y bebidas frías. Puedo ver bandejas con comida que parecen ser un manjar. He de coordinar todo, el tiempo, quién hace qué, dónde sentarlos. Ha de ser hecho correctamente. Esta pirámide es pequeña, pero se considera una casa de conocimiento."

Después, las personas para las que era el acontecimiento, comenzaron a llegar. "Están llegando. Son especiales, muy dignificadas. Creo que son adoradas también. Son extremadamente importantes. Hay dos personas, ambas muy altas y estrechas. Una tiene anillos en el cuello. Sus cabezas son muy pequeñas, y una apariencia muy exótica, como del desierto. No sé por qué diría esto, pero ella es de Nubia. Es como si tuvieran que hacer un peregrinaje oficial, quizá sea un santuario. Están debajo del toldo, y llevan un vestido muy largo y estrecho, tan estilizado. Lo que es interesante es que apenas se aprecia cuando andan. Parece que flotaran. Y hay un caballero atendiendo, la misma estrechez, cabeza pequeña. Sus cabezas no están afeitadas, aunque muy recortadas. Tienen la piel oliva, aspecto dorado, y sus ojos son grises y dorados. Una de las damas es la más importante. Está muy callada."

D: ¿Cómo llegaron?

B: No lo sé. No hay nada como un carruaje o un caballo. No sé en qué tipo de vehículos llegaron. En la era moderna, creo que le llamaríamos "tele-transportación." Sólo aparecieron. En lo que puedo observar no hay nada que me sobresalte o sea inusual. Te digo, una de sus mascotas es en realidad un león. La otra mujer; su piel es de color beige, de ojos casi gris verdoso. Muy poco corriente. Parecen ojos humanos normales, pero tan sólo están coloreados. Me llama mucho la atención. Se hace tratar como realeza, o un ser con jerarquía de adoración. Pienso que los he visto antes y saben que soy eficiente y me encargaré de los preparativos. Soy como el coordinador, el primero en darles la bienvenida. Creo que ella puede comunicarse muy bien a nivel mental. Ella es muy especial. Creo que el de género masculino que está con ella es su hermano, pero ella es más importante. En realidad, he visto jarrones como ella, es lo más extraño. Son tan estrechos, llevan alzacuellos y cabezas pequeñas. Hay un jarrón que casi tiene el mismo estilo. Sé que tiene algo que ver con Isis. Es su papel oficial, visitar los santuarios, a los que creo que están dedicados de alguna manera. Son muy superiores, en lo que quieren que hagan. Lo más gracioso es que no puedo ver sus brazos. Tienen una sabanita beige y una andana sobre sus hombros que contienen sus brazos también. Es por eso que puedo ver la vasija, el jarrón con su apariencia.

D: *¿Van a hacer algo dentro de la pirámide?*
B: Si, vinieron a bendecirla. Es un ritual donde debe haber comida y bebida. Hay huevos de pájaros y frutas sobre bandejas. Todo es muy específico. Protocolo, esa es la palabra. Maestría protocolaria. Y los huevos están puestos sobre plumas de pavo real. Han de tomar parte en una cierta manera. Ella usa su mano derecha, él usa su izquierda. Han de beber. (Susurra) Esto es muy extraño. Hay escrito conocimiento en esta pirámide. La pirámide es como un libro, literalmente. Y cada año esto ha de hacerse. No digo de forma elíptica, pero se hace a cierto tiempo con la astronomía. Y cuando es el momento particular, ellos vienen. Saben dónde leer. No sé cómo funciona, es como si las paredes tuvieran tiras con palabras o arte.
D: *¿Quieres decir que están grabados en la pared?*
B: Eso es. Y es una en particular, la correcta. Como si saliera de la pared como una estantería. Está codificada. Y la lee como una profecía y mensaje. Es muy, muy antiguo, ritualmente estilizado. Como si en el año nuevo se profetizará cómo van a ser las cosechas, y cosas astronómicas inusuales. Es grandioso.
D: *¿Sólo lee una parte?*
B: Está codificado. Es la única que sabe leerlo. Es lo que es interesante. No sé por qué estoy viendo esto, pero el listón de la pared (moviendo las manos) es de 10 a 12 cm de ancho. Y sale de la estantería, y este libro enorme está apoyado en la estantería. El libro es aproximadamente un metro de altura, con páginas de color crema. Es como un metro de ancho, con ambas paginas abiertas. Ella es muy alta y estrecha, no tiene que coger el libro de la estantería. Puede permanecer de pie y girar las páginas. Pero las dos páginas son enormes. Cuando algo está en un cierto orden, saben lo que ocurrirá ese año. Consigo ver esto, pero no sé cómo o lo que hay ahí. Como funciona o lo que se deduce, pero ella sí. Creo que es sumamente educada. Criada para esto, ha estudiado esto; sabe cómo hacerlo. Lo comprende, y es realmente un símbolo para lo que sea que es esto, sí es una religión o cultura, o una forma de conciencia.
D: *¿Qué hará con él después de mirarlo?*
B: Son pronunciamientos para el nuevo año. Cómo será el año, o la profecía.
D: *¿Es la única que sabe cómo sacar el girador?*

B: Es la única que he visto. Ha de estar aquí porque es muy específico. Creo que será leído en frente de muchos oficiales, y después sacado a las personas. Tiene algo que ver con la adoración al sol porque Isis está allí. Y lleva un tipo de bolígrafo de madera largo. Esto es muy, muy formal. Parte de la página es como cobre claro y bronce. Ella ha de hacer su marca y notación

D: *Para mostrar que lo ha leído.*

B: Absolutamente. Es muy formal. Creo que se hace con cálculos astronómicos. No regresará durante un tiempo. Creo que ven lo que ocurrirá.

D: *¿Cuándo ella acaba, que hacen con el libro?*

B: Vuelve a entrar. Ella es la única que puede abrirlo. No sé lo que hace.

D: *¿Entra de nuevo en la pared?*

B: Si, de la pirámide. Donde la estantería sale de la pared, de cobre claro. Hay algo más que ella hace, que es interesante, mientras lo tiene fuera. Desde lugares de su cuerpo, bolsa o algo más, saca una joya específica. Es apaisado y lo que llamamos de un corte esmeralda. Y cuando el libro está fuera, coloca la joya en un lugar codificado. Activa algo. Hay una pequeña ranura para ello, en la parte derecha.

D: *Quizá es parte de cómo abrir el girador.*

B: Creo que pudiera ser.

D: *Después de que guarda el libro, ¿qué ocurre entonces?*

B: Se da a conocer el conocimiento, se hacen los pronunciamientos, la parte formal de la ceremonia. Han de ir a otros lugares. No creo que se marche; creo que habla con los oficiales. No pienso que hable mucho, creo que escucha. Posee grandes poderes mentales, es sorprendente.

D: *Ha de darles el mensaje a ellos.*

B: Correcto. Es muy formal hacer esto.

D: *¿Después tu parte acaba aquí?*

B: Si, me encargo del protocolo. Me aseguro de que todo salga correctamente.

D: *¿Se van nada más acabar?*

B: Se marchan, y esto es gracioso. Son tan estilizados como nunca he visto. Como si flotaran. Gente muy interesante. Y misteriosa, y siempre ha sido así.

D: *¿Cómo se van?*

B: Les he visto. ¡Viajan de noche (atónita)! Incluso me pregunto si hay un barco al que se suben, no en el mar, tampoco. Me pregunto si viajan en – oh, hoy diríamos nave espacial, es una nave.

D: Por lo tanto, no viajan en camellos o caravanas.

B: No, demasiado avanzados para eso. Eso es cosa de una persona común.

D: ¿Después de que se marchan, tu trabajo está concluido?

B: Exacto. Y ni siquiera, cómo diría, cierro con llave la pirámide. Alguien de más cargo la cierra. No sé cómo es abierta o cerrada, realmente. Es como que se deslizara. Absolutamente, no se ve. Pero me aseguro de que el toldo se baje y almacene con la alfombra.

Cuando su trabajo fue realizado, regreso a la ciudad. "Creo que no vivo con nadie. Una persona muy silenciosa. Ni siquiera estoy seguro, ahora que lo pienso, que puedo hablar. Debe haber una razón de mi silencio. No creo que pueda hablar. Soy una persona muy silenciosa. Es bueno para ellos y confiar sus secretos." Por eso no les importa que observe todo lo que hacen. No había manera de que él pudiera contar a nadie cómo se hacía todo."

En uno de mis libros del "Universo Complejo", hay una historia de algunos supervivientes de Atlántida que llegaron a Egipto. Escondían sus artefactos sagrados en la pared de la pirámide, y la hacían invisibles para todo el mundo, excepto para aquellos que eran de la vibración correcta. Aquellos eran los únicos que podían abrir parte de la pared donde ellos los habían colocados.

El hombre trabajaba en una biblioteca de la ciudad. "Creo que es simbólicamente como nuestra arquitectura. No es realmente una pirámide, pero tiene algunas formas y arcos, y es un lugar de luz. Es un almacén de registros y conocimiento. He de revisar y asegurarme de que todo esté bien codificado. Es un trabajo que me encanta, pero a otros quizá no. Es un trabajo que alguien pensaría que es muy importante hacer, este hombre es muy eficiente en ello. Hago un seguimiento como un bibliotecario. Es un trabajo muy constante. En realidad, me veo en una habitación, de noche. Tengo velas encendidas, hay un bonito plato de uvas y fruta. Una vida solitaria."

D: ¿Sabes leer lo que está en la biblioteca?

B: No permito recrearme en el placer, porque hay tanto trabajo en la organización y me aseguro de que todo esté en el lugar correcto. Muy atareado, lleva mucho tiempo, me gusta mi silencio. Me siento en una mesa. Tengo una vela encendida y disfruto de la noche con fruta y pan, un poco de soledad, no estar tan ocupado. Es disperso, pero no sin adornos. Es agradable. Es casi como un bibliotecario, soy un tipo de monje. Es un trabajo importante, cuidar de la información. Muy ajetreado, importante, hacerlo, trabajar todo el día, y tener suficientes eventos especiales como coordinador, como para ser un trabajo importante.

Decidí llevarle hacia adelante hasta un día importante en su vida, porque no parecía haber demasiada variación en su trabajo. Cuando lo hice, el dio un salto de rana. Esto es a lo que llamo, cuando el sujeto de repente salta de una vida a otra. Estaba en un cuerpo distinto, en un lugar diferente. Vio que era una joven mujer, de pie junto a otras enfrente de un templo, ubicado sobre una plataforma en una pirámide plana en su parte superior. Miraba hacia abajo, multitud de personas reunidas en la parte inferior. Un hombre que parecía ser un sacerdote estaba junto a ella, no llevaba ropa de cintura para arriba y pintado de rojo por todo su cuerpo. Ella decía que aparentaba ser Maya, por su nariz. Era muy dramático, apasionado, haciendo gestos de enfado, intentando hacerse temer por la gente. Ella estaba a su lado que era un dignatario, pero también su padre. Había mucho griterío, aunque decía que era parte del ritual. "El sacerdote había de ser fervoroso y emotivo, pero que si no lo sabias, podría asustarte. Estoy siendo formada para entrar en el sacerdocio."

D: *¿Sabes para qué es la ceremonia? ¿Qué significa?*
B: Creo que el tiempo es primordial. Tiene que ver con cosas astrológicas, el tiempo es importante. Pero en este caso, hay un objeto sagrado que es mostrado. Se guarda en un pequeño baúl. En realidad, es la mano de una persona venerada, y su mano como reliquia, parece seca y negra. Ahora están sosteniendo algo que parece un orbe de color turquesa. Extraño, aunque reverenciado. En esta cultura, sus vidas se rigen por el ritual. Esta cultura, si es de tipo Maya, está extremadamente regida por ella. También los orbes gobernaban.
D: *¿Qué quieres decir?*

B: En la otra vida había pirámides, pero en ésta hay orbes. Puedo ver cómo vienen del cielo. Orbes de cristal. Los orbes son muy importantes y realizan multitud de cosas. Pueden transportar mensajes. Los que veo son pequeños, como los orbes de vidrio que hay en las redes de pescadores. Pero pueden transportar mensajes. Los veo flotar por el cielo. Veo sus manos sosteniendo un orbe. Pero después veo todo un escenario donde no hay nadie. Es la primera luz del amanecer, y hay un frescor en el aire, aunque hay verdor por todas partes. Hace un poco de frío en el alba. Y hay un mensajero allí para recibir y llevar los orbes.

Un estudio muestra que las bolas de red de pesca de cristal, fueron usadas por pescadores en muchas partes del mundo, para mantener sus redes, tanto como los palangres y traínas a flote. Grandes conjuntos de redes ensartadas, algunas veces hasta de 80 km de largo, a la deriva en el océano y mantenidas en la superficie por vidrio hueco o cilindros llenos de aire para darles flotabilidad.

D: *¿Cómo parecen de cerca?*
B: Como vidrio transparente o una botella de coca cola. Tienen una apariencia transparente a verdoso o verde blanquecino. No hay nada que abrir. El mensaje está escrito en la botella. Has de sostenerlo y girarlo para poderlo leer. Hacia el interior, tiene el mensaje en él. El mensajero lo lleva. Ellos no los leen. Solo lo llevan al lugar donde se lee oficialmente, que sería una persona de superioridad. Y eso es interesante porque este hombre al que se lo llevan, usa una luz rojiza. Y puede leerse fácilmente con la luz. Giran el orbe y lo leen. Parece estar escrito por detrás. Creo que son palabras, y también pienso que está en formula. No veo nada que reconozca.
D: *Entonces, ¿la persona superior lo lee y lo comprende?*
B: Absolutamente. Es él un anciano, un sabio, científico, algo así. Pero la habitación en la que trabajo tiene un brillo rojo, lo que hace fácil de leer.
D: *Lo hace visible, supongo.*
B: Sí, eso es, gracias. Porque parecen como bolas de cristal, transparente blanquecino o botellas de coca cola verdes. Usas la luz roja y después puedes ver lo que hay ahí.
D: *¿Qué ocurre cuando él lee el mensaje?*

B: Es como un científico. Calcula y esto le da la información que necesita. Creo que tiene que ver con la minería y negocios de gobierno. Supongo que minas y minerales. Es el negocio regional. Puede observarse que es una sociedad adinerada, metódica. Pienso también que en la región hay minas en aras de comercio. Creo que él lo usa más bien de una forma alquímica. Esa sería una buena palabra para ello. Creo que las bolas proceden de donde quiera que se encuentren sus agentes. Creo que escriben sobre ellas y después se sueltan. No sé cómo se propulsan. No puedo ni siquiera imaginarlo. Las bolas son registros, él tiene estanterías donde las almacena.

D: *Entonces, no las vuelve a enviar. Sólo las guarda.*
B: Correcto.

Decidí que era hora de dar luz al SC, para intentar comprender estas dos vidas y su conexión con Betty. Pregunté sobre la primera vida con la pirámide y la mujer que llegó para descifrar la información. "¿Por qué escogiste a mostrar esta vida a Betty?"

B: Sabemos que necesita investigar y eso es lo que la enviamos. Necesita codificar lo que obtiene y presentarlo de forma escrita. Queremos que sepa que tiene antecedentes. Ella lo coordina. Es eficiente. Sabe hacerlo. Se encargó de conocimiento muy elevado. Lo organizó todo. También tiene antecedentes sobre algo más, para ver eso éstas son joyas, como las que usaba la mujer, y están colocadas ante ti. Son joyas, ha de darlas a conocer. Les han dado colores, y recuerda que están en los códigos de ADN de la persona, también. Por lo tanto, ya han sido codificadas suntuosamente. Y el cuerpo puede recibir esto. El cuerpo recibe y restaura.

Pienso que se refería a Betty trabajando con cristales y varias piedras en sanación. "Se realiza con facilidad, y preparada correctamente para recibir."

D: *¿La mujer que podía descifrar, de donde procedía?*
B: Tenía un pasado estelar parecido al que Betty tiene. Pienso que una familia estelar.
D: *Porque el hombre no podía verla venir o irse. Tan sólo aparecía.*

B: Sí, tan solo aparecía, como flotando. Podría tener una procedencia extraterrestre.
D: *¿Quieres decir que Betty tiene un origen de una familia estelar?*
B: Procede de una familia estelar codificada.
D: *¿Puedes explicar que quieres decir con esto?*
B: Es un antecedente histórico. Está codificado en un cuadrante particular de un sistema estelar. Sistema estelar, es lo que se debería decir. Sistema estelar, es más preciso. Tenemos familias planetarias, y es por eso que su origen está en un sentido específicamente diseñado para encargarse del conocimiento dado. Es muy fácil. Y también puede hacer el mismo trabajo como decodificadora – esa es la palabra- mismo trabajo.
D: *Entonces, ¿cada una de estas familias estelares realizan ciertos trabajos?*
B: Hay ciertos trabajos que realizan. Están programados, en esencia, para informar a la estrella Madre, que es una persona que está en un área o cuadrante de sistemas estelares. Tiene que ver con codificación y conocimiento. Y no es un método inusual. Es el método del bibliotecario. Es una buena manera de describirlo. Y hay mensajeros de personas, almas, entidades nacidas, que transportan algo similar a un conteiner. Ellos tienen ciertos trabajos que realizar. Betty en esencia necesita salir del armario. No sabe esto conscientemente, pero ella informa a la estrella Madre.
D: *¿Qué quieres decir?*
B: Una rama de la ascendente y, cuidado, es casi a nivel celular, también. Estirpe. Un ascendente. Un mensajero formado que sabe cómo recibir, escribir e informar, pero que también tiene algo especializado de la línea de sangre de la estrella Madre.
D: *¿Cuándo la informa? ¿Por la noche mientras duerme?*
B: Sí, nada es consciente. La persona no es en absoluto consciente. La libertad de contactar la mente sin restricciones es donde se obtiene información para informar por la noche.
D: *¿Por qué le mostraste su segunda vida? Parecía como en Sudamérica, con los orbes. ¿Que estabas intentando decirle sobre eso?*
B: La segunda era otra vez sobre el estudio. Tenían un conocimiento más elevado de astronomía y tenían un buen sistema de mensaje. Decían que el conocimiento de la mente es enviado fácilmente en

pequeñas ráfagas de mensajes ciclados codificados, fácilmente enviados por la atmósfera. Y así en esta cultura eran físicamente enviados en bolas de cristal, pero también en códigos de la mente, fácilmente enviados en ráfagas de conocimiento.

D: *¿Cómo eran los orbes transportados?*

B: En corrientes de energía. De la misma manera que lanzas un balón, pero éstos podían viajar largas distancias. Y básicamente por la voluntad o deseo.

D: *Entonces, ¿sólo pondrían el mensaje dentro de las bolas con su mente?*

B: En realidad, escrito allí, pero la intención y voluntad es lo que las enviaban. Y se dieron cuenta de que eran muy buenos en ello. No era algo que la gente corriente hacía. Algunos de los orbes se separaban de la corriente. Pero esa era la belleza de ello, si uno caía y tomaba tierra en el suelo, no se rompía, no podías leerlo. Algunos fueron encontrados, pero incluso si los sostenías cerca del fuego, no podían leerse. Tenía que ser un brillo rojo. Como hoy, ¿Cómo se dice? El espectro rojo. Podían pensar que era muy especial o incluso una bola mágica de cristal, y las guardaban.

D: *¿Estabas intentando mostrar a Betty otra vez, de que tiene que ocuparse del conocimiento y la información?*

B: Sí. Deseamos mostrarle que ella recibe información contenida que ella está equipada para leer. Que puede que se despierte teniendo ideas brillantes sin saber dónde las consigue. Le enviamos transmisiones especializadas.

D: *En realidad, estas ideas brillantes proceden de ti. ¿Correcto?*

B: Absolutamente. Y ella es una descendiente de nuestro sistema estelar, cuando decimos que tiene estirpe. Es parte de la familia, y ésta es una de su función multitarea para nosotros. Reenvía transmisiones, pero ella no es consciente. Comprobamos dónde y cómo está, y a mucha, mucha distancia. Las líneas de energía están conectadas. Ella enseña lo que ha de enseñar. Queremos que vaya más rápido. (Betty enseñaba como usar la energía). Hay otras cosas que queremos que haga. Está haciendo algo que queremos que intensifique y es por eso que tiene dolores y molestias en su cuerpo. Fluiría más fácilmente, si no vacilara. Está resistiéndolo.

La dijeron que debía escribir, y viajar intensamente, especialmente a países de Escandinavia, donde usaría la energía para equilibrar y limpiar agua. Instaban a que comenzara.

B: Vosotras dos tenéis un hilo común. Es el mensaje que lleváis, pero también la energía. Se llama "puntos conectados." Se llama "estar con la gente." Se llama "donde estéis sois un templo." Pero estando con la gente, les dais conocimiento codificado y los conectáis energéticamente a la misma vez. Es por eso que las dos hacéis concebible estar delante de doscientas personas y podéis conectarlas energéticamente. Cuando mejoréis, podréis hacerlo con diez mil personas. Y proyectas una onda energética a través de la audiencia conectando a todos. Escuchan tus palabras y aprenden. Pero la manera real, honestamente, es energéticamente. Es un hilo común que la gente como vosotras tiene. Y vosotras, fácilmente, abrís amplificadores en sitios codificados de la gente de su cuerpo, y lo amplificáis en ellos. Todo el mundo oye ligeramente una frecuencia diferente y piensan que están percibiendo algo diferente, pero se añade a su tarjeta de registro de su información. Incluso si piensas que viajas aleatoriamente, estás extendiendo patrones a través del paisaje geográfico por donde vuelas en aviones. Ella puede extraer su propia información de la información que ya está codificada. La información puede ser extraída dentro de ella, y no hay barreras jerárquicas. Su miedo juvenil de fracaso ya no es un bloqueo. Ya no quema ese leño. Sólo son cenizas. Son antiguas, viejas cintas que ya no suenan.

* * *

El estudio revela que ha habido muchas esferas extrañas localizadas en Costa Rica. Son de todos los tamaños, pero son bolas de piedra, en lugar de cristal. Hay muchos mitos que rodean su origen, incluyendo que procedían de la Atlántida. Su redondez es tan perfecta que no hay explicación de cómo eran construidas.

Capítulo 13

LOS CRÁNEOS DE CRISTAL

Me encontraba en Virginia para dar una clase de hipnosis, y éste era el último día de clase. Solía escoger a alguien de la clase para la prueba. Nunca sabía por adelantado a quién escogería, por lo tanto, no tenía idea cómo iba a resultar. Es normalmente difícil para la persona, porque es como yo lo llamo "escena de pecera." Pueden encontrarse nerviosos por estar en frente de tanta gente y no estar previamente preparados. Yo también estoy nerviosa, pero he aprendido a confiar en "ellos", y ellos siempre me conducen a escoger a la persona más apropiada, para que la clase aprenda de ellos.

Cuando Deb entró por primera vez en escena, había una puesta de sol y tenía dificultad en identificar cualquier cosa, aunque tenía la sensación de que era Sudamérica. Al principio pensó que estaba en una cueva y entonces decidió que era un túnel, un pasadizo, con una tela abierta en la entrada. "Conduce a una puerta de metal. Tengo una llave. La llevo colgada en el cuello con una cuerda."

D: *¿Sólo tú tienes la llave?*
Dd: Una de ellas. Nadie más puede tenerla. No se les permite. Hay una cerradura grande y pesada en la puerta. Es muy especial, muy llamativo. La llave es grande. Encaja en una gran cerradura, una puerta muy gruesa. Está hecha de algo que nadie puede forzar. Es un lugar secreto. La mayoría no lo sabe.
D: *Has estado allí muchas veces. (Sí) Pero esta vez se me permite entrar. (Sí) Entonces, abramos la puerta. ¿Qué hay al otro lado de la puerta?*
Dd: Es una habitación donde se guardan los tesoros. Tiene distintas cosas que son especiales y sagradas. Escritos de texto antiguo. Volutas y pergaminos. Y eso no es todo. Hay un cráneo de cristal de tamaño humano. Está en mitad de la habitación sobre una mesa como un pedestal.

D: *¿Hiciste tú este cráneo?*
Dd: No. Lo guardo. Protejo lo que hay en esta habitación.
D: *¿Sabes quién lo creó? (Sí) ¿Puedes contarme acerca de ello?*
Dd: Nos fue dado. Guardado desde un tiempo muy remoto. Traído de una ciudad que fue destruida.
D: *¿Sabes cómo fue destruida?*
Dd: Sí. Hubo diferentes cambios en la Tierra, y después erupciones como volcánicas.
D: *¿Es este el país donde ahora vives?*
Dd: Casi. Parte de la tierra se hundió. Sólo algunas partes siguen por encima del agua. Casi todo se hundió. Éste no era esa tierra, una distinta.
D: *¿Es este de donde proceden los escritos también?*
Dd: Algunos son de allí; otros más recientes.
D: *¿Eres la única que los proteges?*
Dd: No, sólo unos pocos están preparados. Si sólo hubiera una persona, se perdería. Somos unos pocos, pero es portado. No es dado para que muchos lo conozcan. Es muy poderoso.
D: *¿Cuál es el propósito del cráneo de cristal?*
Dd: Comunicación. Almacenaje. Información e historia.
D: *¿Cómo está almacenado, si es sólo cristal?*
Dd: Sostiene una energía. Tiene la habilidad de mucho almacenamiento.
D: *¿Y puede sólo el cristal conllevarlo? (Sí) ¿Sabes cómo leerlo?*
Dd Sí. Tienes que colocar tus manos sobre él, y conectas tu mente. Almacena lo que pongas en él.
D: *¿Así es como fue colocado allí en primer lugar?*
Dd: Por aquellos que sabían.
D: *¿Y puedes recuperarlo poniendo las manos en él?*
Dd: Sí. Es como telepatía. La información es dada a aquellos que están preparados y saben cómo acceder a él, cuándo ponen sus manos.

Deb vio que era una mujer en sus treinta años. Había sido preparada para esto desde que era una niña. Asumí que debía haber más en ese lugar que el túnel y la habitación secreta. Dijo que hubo un tiempo cuando eran más personas de las que hay ahora. Hice que saliera afuera del túnel para ver los alrededores. Dijo que el túnel se encontraba en una montaña y afuera la vegetación era muy exuberante, muy verde, en un área montañosa. El lugar donde vivía estaba cerca de allí. "Hay estructuras, hay templos. Hay pirámides de superficie plana. Se usan para ceremonias, y también como telepuertos."

D: *¿Qué quieres decir con telepuertos?*
Dd: Es una plataforma de aterrizaje para las naves.
D: *¿Quieres decir que las naves aterrizan en la parte superior de las pirámides? (Sí) ¿Qué tipos de naves?*
Dd: Unas de otros lugares, otros, no la Tierra. Otras galaxias. Se dice que el cráneo fue pasado originalmente de otras culturas, no de la Tierra. Fueron un regalo.
D: *¿Venían naves antes de que las ciudades fueron destruidas? (Sí) ¿Cuál es su propósito cuando vienen ahora?*
Dd: Transacción. Uno de los lugares donde la información puede ser almacenada, a causa del cráneo. Les damos mercancías, fruta.
D: *¿Intercambian conocimiento e información?*
Dd: Sí, y otras cosas. Sus propios, diferentes objetos, diferentes cosas.
D: *Por lo tanto, son buenas personas. (Sí) ¿Cuál es su apariencia?*
Dd: Bastante parecida a la nuestra. Distintas características o colorido; diferentes tonos de piel. Como distintas tonalidades, como nosotros. La nuestra es más bien rojiza, más oscura. Tienen sus colores, sus tonos. Incluso algunos azules.

En mi libro "Los guardianes del jardín", se menciona que, en el comienzo de la vida en la Tierra, hubo muchos y distintos colores de piel, incluso, azul, verde y morado. La mayoría de estos con el tiempo se desvanecieron, o fueron absorbidos en la estructura genética de la raza humana. Estos tintes todavía son ocasionalmente encontrados en humanos hoy en día, especialmente las marcas del vino de Porto, algo transferido de una raza morada. Por consiguiente, cuando Deb mencionó que gente azul había llegado a la ciudad, no me sorprendió. Sólo añadió más verificación a la información que llevo acumulando durante muchos años.

D: *Parece que llevan viniendo mucho tiempo. (Sí) ¿Alguien de tu gente va y viene con ellos?*
Dd: Sí, algunos.
D: *¿Lo has hecho tú? (Sí) Cuéntame sobre eso. Estás sonriendo, o sea que ha sido una experiencia agradable.*
Dd: Fue muy interesante. Es como si ellos supieran quienes somos.

D: *¿Quiénes sois?*
Dd: Saben quiénes somos. Ellos lo saben, leen nuestras almas. Saben quién es quién. Es como que hay un destino para cada persona. Sabían quiénes éramos, y también cuando regresamos. Saben cuándo nacemos otra vez. Y se encomienda cada vez a aquellos que regresan, quienes conocen desde el principio.
D: *Entonces, más o menos siguen los pasos del alma. ¿Es lo que quieres decir? (Sí) ¿O saben leer tu alma y saber de dónde origina?*
Dd: Ambas cosas.
D: *Luego, han confiado en que protejas la información y viajes con ellos. ¿Cómo fue?*
Dd: Los edificios, todas las ciudades, están construidas de cristal. Es muy interactiva, opera en gran medida por el pensamiento y proyección.
D: *¿Es todo mental y telepático?*
Dd: No, no todo, pero bastante. Es como que todo el entorno interactúa con los cristales. Es muy bonito. Vamos allí de visita, descanso o vacaciones. Es una sociedad muy bien estructurada. Muy divertida, también. Muy avanzada.
D: *Tu comunidad parece estar aislada.*
Db: Sí, porque ya no vendrán solo por el regular. público. Siguen siendo más reservados.
D: *¿Quieres decir que solo vienen a lugares que están aislados?*
Dd: En gran parte, sí. La mayoría de las personas lo creen. No recuerdan suficiente, no siempre son amables. Son muy selectivos a quienes ven. Líderes de nuestro mundo que harían un mal uso del conocimiento.
D: *¿Pueden los líderes hacerles daño? (Sí) ¿Es por eso que sólo vienen algunos elegidos, y a lugares seleccionados? (Sí)*

Decidí moverla adelante a un día importante.

Dd: Alguien importante ha llegado. No han estado aquí antes. Es parecido a la realeza de sus planetas, con su séquito. Y han traído otro de los cráneos de cristal. Quieren ponerlos juntos en la pequeña sala al final del túnel. Es como si uno fuera masculino y el otro femenino, algo así.
D: *Tienen esa energía. (Sí) ¿Por qué os están entregando otro?*

Dd: No está siendo dado de forma permanente, solo temporal, es para que compartan información uno del otro. Los pondrán juntos y se comunicarán. Es muy especial.

D: *Si es solo temporal, ¿volverán a llevárselo? (Sí) Después de que hayan dado su información.*

Dd: Sí, y viceversa. Y la realeza tiene que observar, contemplar.

La moví otra vez a otro día importante, y se vio a sí misma enseñando. "La instrucción es llevada a otras generaciones, también. Algunos de los guardianes son hombres, y otras mujeres. Y estoy transmitiendo el conocimiento, la formación."

D: *¿Es por eso que te llaman El guardián?*

Db: Es similar, pero es casi como un lenguaje distinto. Una palabra diferente a lo que significa guardián. Estoy transmitiendo el conocimiento a otros para que no se pierda. Una es mi propia hija, mi niña. Y es su primer día pudiendo comunicar con el cráneo. Esto es después de que trajeran el otro, después de la comunicación.

D: *Es muy importante mantener el conocimiento vivo.*

Al ser esto una prueba, demostración para la clase, no podía pasar tanto tiempo explorando, aunque me hubiera gustado. También llegue a las preguntas de Deb, para que la clase pudiera ver como esta parte de la sesión se realizaba. Y la conduje hasta el último día de su vida, en esa vida.

Dd: Es como transicionar desde el estado de sueño, donde sueñas. Es muy sencillo.

D: *¿Cómo salir del cuerpo? (Sí) ¿Pero tenías tanto conocimiento y preparación que fue sencillo, ¿verdad?*

Dd: Es como que ya lo sabía. Era muy mayor. Prepare a la gente. Les dije que me iría pronto.

Después la lleve a cuando había salido del cuerpo y estaba en el otro lado, para que pudiera mirar toda su vida y ver su propósito, su lección.

Dd: Mi misión era preservar el conocimiento.

D: ¿Crees que aprendiste esa lección?
Db: La viví.
D: La conservación del conocimiento era importante.

Después di instrucciones para que el SC saliera a la luz, y le pregunte porqué había escogido esa vida para mostrar a Deb. Me había contado antes de la sesión, que conocía muchas de sus vidas pasadas, y que no encontraríamos nada importante que no supiera. Pero después de la sesión, dijo que esta vida era algo nuevo.

Db: Se trata de los esfuerzos actuales de difusión del conocimiento, conservación del conocimiento. Salvaguardar el conocimiento.
D: E intentaste mostrar esa vida cuando lo realizó. (Sí) Porque ahora también está involucrada en lo mismo, ¿verdad?
Dd: Similar, muy similar.
D: Quisiste que viera que ya lo había hecho antes. (Sí) ¿Tuvo lugar después de la Atlántida?
Db: Sí, en Sudamérica. La gente parecía los precursores de los Mayas.
D: Entonces, eran anteriores a los Mayas. Siempre nos han dicho que los Mayas fueron los que construyeron las pirámides allí.
Dd: Algunas de ellas fueron construidas antes que otras ciudades que fueron destruidas. Fueron construidas por los Atlantes. Y Lémures, incluso más antiguas. Algunas ya eran antiguas. Algunas sobrevivieron el cambio en la Tierra. Otras fueron reconstruidas.
D: Dijo que la parte superior se utilizaba como lugares de aterrizaje.
Dd: Sí, y ceremonias.
D: Me pica la curiosidad. Siempre nos han contado que se realizaban sacrificios humanos.
Dd: No en esta tierra. Llegaron más tarde. Eso fue después de la caída. Fue una cultura posterior. Eso no ocurrió en este tiempo.
D: Nuestra historia siempre refleja, que ese es el motivo por el cual fueron construidas, para ceremonias de sacrificios humanos para los dioses.
Dd: Estas no.
D: Entonces, ¿cuál era el propósito originario de las pirámides con la parte superior plana?

Dd: Para lo que se usaban. El aterrizaje de naves de otros planetas. Y ceremonias públicas, porque así grandes masas podían rodearla y escuchar importantes declaraciones y ver por todos los lados.

D: *Después, años más tarde se vio distorsionada, es cuando se recurrió a los sacrificios? ¿Seguían viniendo las naves en aquel tiempo?*

Dd: En mayor parte, no, pararon.

D: *No creo que hubieran aprobado los sacrificios, ¿verdad?*

Dd: No, esa es la razón por la que dejaron de venir. Hubieran estado en peligro, también.

D: *¿Por qué fueron destinadas a sacrificios, lo sabes?*

Dd: El papel de poder que en las culturas posteriores se daba. Era más bien una forma de crear luchas. Principalmente no eran su propia gente que eran sacrificados. Eran aquellos en facciones de guerra, los guerreros sacrificados. Con el tiempo siguió empeorando. Pero mira, no solo el pasado fue insertado en los cristales. El futuro también fue puesto allí.

D: *¿Entonces, sabían lo que iba a ocurrir?*

Dd: Sí. Era profético.

D: *El túnel donde ella vio el lugar secreto de todo este conocimiento. ¿Todavía sigue allí?*

Dd: Sí.

D: *¿No ha sido descubierto aún?*

Dd: Todavía hay guardianes.

D: *Incluso ahora, viviendo en junglas hay gente que sigue protegiendo el conocimiento. (Sí) Es maravilloso. Entonces quizá prevalecerá.*

Dd: No será revelado hasta que sea el momento adecuado.

D: *Nos ha sido dicho que parte del conocimiento regresa justo ahora.*

Dd: Todavía no.

D: *Sigue escondido en ese túnel (Sí) ¿Ambos cráneos de cristal?*

Dd: No, solo uno. Está oculto allí en el túnel, y sigue estando protegido.

D: *Para no acabar en las manos equivocadas, ¿verdad?*

Dd: Es por eso que hay que esperar.

D: *Se ha de esperar el momento oportuno. Sabes que, en nuestro tiempo, hay muchos otros cráneos de cristal que han sido descubiertos. (Sí) ¿Los que hoy tenemos sirven para el mismo propósito?*

Dd: Algunos de ellos. Otros no. Algunos son réplicas, solo para dar algo a la gente. Algunos funcionan, pero las réplicas no. Algunos son genuinos, y otros no lo son.

D: ¿Por lo tanto, muchos de ellos vinieron de otros planetas?
Dd: Sí, y la Atlántida. Eran de otros lugares. Cada uno de un planeta distinto, cada uno de un lugar diferente. Y esa es la forma de comunicación de los registros de cada lugar, que está contenido en el cráneo.

Después, seguimos para preguntar las preguntas que Deb había escrito antes de la sesión. Una de las preguntas trataba de la conexión y fascinación de Deb con los delfines.

Db: Parte de la conexión se remonta a otros planetas, unos más basados en agua. Los delfines no son totalmente de aquí, fueron traídos. No fueron originariamente de este planeta.
D: He oído acerca de los planetas de agua, donde todo es tan libre y fácil. ¿Son los planetas a los que te refieres? (Sí) Por tanto, ella tiene esa conexión con los delfines porque regresa a un tiempo cuando estaba en aquellos planetas. (Sí) Los delfines son muy especiales, ¿verdad?
Dd: Sí, lo son. No solo son mamíferos inteligentes. Son como nosotros, pero ellos nunca olvidaron, nunca olvidaron la conexión con el Creador, y nunca olvidaron la conexión con cada uno.
D: Y por eso puede comunicarse con ellos, y se siente en casa con ellos.
Dd: Sí. Y el fragmento, por eso fue allí. También son guardianes. Hay uno de los cráneos, al menos, bajo el océano; y entre ellos hay algunos que son guardianes.

Hay mucho acerca de estas únicas y singulares criaturas en mis libros "El Complejo Universo."

* * *

La siguiente información sobre cráneos de cristal, llegó de otro cliente, que fue omitida en libros anteriores. Esperé años hasta que pude conseguir más información para explicar este fenómeno más detalladamente.

D: *Collete se preguntaba acerca del fenómeno que llamamos "tres cráneos" (Yo estaba confundida) Lo siento. No sé de donde la palabra "tres" llegó. Lo que quiero decir, el fenómeno que llamamos "los cráneos de cristal." ¿Estás familiarizado con lo que estoy mencionando?*

C: Si. Y el número tres no era un error. Hay tres orígenes para los cráneos de cristal. Tres planetas donde comenzaron su descendencia en el planeta Tierra. Aquellos planetas están hechos de una fuente cristalina, como la Tierra.

D: *¿Quieres decir que el planeta en si es cristalino?*

C: La parte interna de la Tierra está hecha de una sustancia cristalina. Los planetas de donde proceden los cráneos también lo son.

D: *En otras palabras, ¿están construidos de forma muy similar al planeta Tierra?*

C: No en la misma forma. Solo que tiene los mismos componentes de cristalización. Como un cuarzo de cristal es brillante y radiante, y algunas veces puedes ver a través de él, y a veces de apariencia nublada. Este es el origen, la sustancia de la energía de esos planetas. No es algo que siempre puedes ver. Como en el planeta Tierra – que se ve como un globo o esfera – la parte interna que no puede verse con el ojo humano, está hecha de una sustancia cristalina. Si fuéramos a cuevas, tales como en Nuevo México, Arkansas, Brasil y Siberia, y otros lugares en el planeta donde los cristales son extraídos, podríamos ver que el planeta es una sustancia cristalina. Todo el planeta es una sustancia cristalina. Es una energía. Nuestra procedencia es una sustancia cristalina. Hoy la tecnología en el planeta Tierra está comenzando a ver fuentes y usos de los cristales, tales como los de vuestros sistemas informáticos. Incluso los relojes están hechos de cristales de cuarzo.

D: *Sí. Pero siempre he pensado que el magma de la Tierra es como lava. ¿Hablas de otra parte de la corteza?*

C: Parte de la corteza en sí misma está formada por una sustancia cristalina. Es como un disfraz, porque no es hora para que ese conocimiento se extienda a todo el mundo. Porque su energía es tan potente, que podría ser usada de forma negativa.

D: *Siempre pienso en la tierra, los elementos, y los minerales, y que los cristales solo están diseminados aquí y allí.*

C: Están diseminados, pero hay mucho más cristal de lo que la gente puede imaginar.

D: *Mencionaste, que había tres planetas de donde procedían los cráneos.*

C: No. El número tres representa tres planetas de donde los cristales vinieron, de donde los cráneos podrían haber venido. No que necesariamente proceden. Pero hay otros tres planetas que son de sustancia cristalina como el planeta Tierra. Tú comenzaste diciendo "tres cráneos." Y yo dije que el número tres no necesariamente significaba tres cráneos, sino que tres planetas tenían una base cristalina. El número tres también es significativo, porque vemos estos tres planetas como una trinidad. Y una trinidad es muy poderosa en todos los aspectos de todo conocimiento, de toda tecnología, de todo lo que es.

D: *¿Es este el origen de donde algunos de estos cráneos proceden?*

C: Inicialmente, sí.

D: *Tenemos curiosidad sobre los cráneos y como fueron creados. ¿Fueron creados en estos planetas?*

C: Los que fueron encontrados aquí no fueron creados en esos planetas. Fueron creados aquí por antiguas civilizaciones. Y el conocimiento de "todo lo que es" está contenido dentro de los cráneos.

D: *Pensé que quizá fueron creados allí y traídos aquí.*

C: No, no fueron traídos aquí de otros planetas.

D: *Y, ¿los cráneos todos fueron creados por antiguas civilizaciones?*

C: Sí. Y el conocimiento que ellos sabían, y que era canalizado a través de ellos desde el poder de nuestra Fuente, la Fuente de todo. Es lo que reside dentro de los cristales.

D: *¿A ellos no les enseñaron o mostraron como hacer esto por alguien más?*

C: No. Llegó directamente de la Fuente a través de las manos de aquellos en tiempos remotos que tocaron el cristal. Y con las manos de estos, la Fuente moldeó el cristal en un cráneo humano. Mientras las manos de aquellos tocaban el cristal en bruto, las manos ejercían como herramientas. Comenzó a tomar forma el cráneo. Las herramientas no eran necesarias. Era la Fuente moviéndose a través de este ser humano.

Esto sonaba muy similar al modo en la gente de la Atlántida evolucionó, hasta donde pudieron usar sus mentes para hacer la piedra maleable. Esta es una de las maneras de como los monumentos antiguos fueron creados. Llevaron el conocimiento consigo cuando escaparon de la destrucción. Este tema se amplía en algunos de mis libros El Universo Complejo.

D: Ha habido muchos argumentos y discusiones acerca de cómo fueron creadas. Algunas personas dicen que se hicieron con herramientas, pero hubiera llevado una increíble cantidad de tiempo y energía hacerlo de esa manera.

C: Es muy significativo que emplees la palabra "energía", porque la Fuente – y que algunos llaman a la Fuente "Dios", otros llaman a la Fuente "universo", otros llaman a la Fuente con muchos otros nombres – la fuente es energía. Y la energía que fue conectada a través de aquellos en la antigüedad que sostenían las piedras, su conexión con la Fuente era tan directamente conectada, que con la combinación de las dos y la piedra, obtenemos una trinidad. Por lo tanto, cuando tenemos las tres unidas, cualquier cosa es posible. Todo está vivo. Tiene vida. El que sostenía la piedra, que es un ser vivo, y conectado directamente a la Fuente, cualquier cosa es posible en la forma del cráneo. La forma se hizo en ser, entró en lo físico, simplemente por la energía.

D: Dijiste que estas eran personas en un tiempo muy remoto. ¿A cuando se remonta que estos cráneos fueron creados?

C: En tiempo lineal, en tiempo Terrestre, miles y miles de años. De veinte mil a cien mil años. Y hay muchos cráneos en diferentes continentes sobre el planeta Tierra. Algunos han sido encontrados, otros no. Algunos quizá no serán encontrados.

D: Se dice que algunos estaban conectados con los antiguos Mayas.

C: Eso es correcto. No todos los cráneos de cristal se remontan a cien mil o incluso más años. Algunos son más recientes. La civilización Maya, en términos del tiempo lineal terrestre, fue hace mucho tiempo. Existieron en vuestro tiempo, hace quince, veinte, veinticinco años.

De acuerdo con los expertos, la civilización Maya comenzó alrededor del año 3.000 AC, pero hay mucho debate todavía sobre esto y no se ponen de acuerdo. Es posible que hubiera sido hace mucho más tiempo.

C: Sin embargo, en la infinidad del tiempo, no hay tiempo. Y en el universo no existe el tiempo. Es solo espacio. ¿Cómo podría decirlo? (Gran suspiro) Hoy en día, existen Mayas que practican en pequeños grupos. Es una civilización que no está totalmente destruida o desaparecida, como mucha gente piensa. Todavía existen Mayas alrededor. El antiguo conocimiento todavía existe en los Mayas. Y ellos, efectivamente tienen un cráneo que es muy famoso. Es muy reverenciado porque emite gran conocimiento a aquellos que saben cómo acceder y capturar el conocimiento. Solo será dado a aquellos que lo usen en amor y luz, como también para el mayor bien de todos.

D: *Por tanto, ¿los cráneos que crearon serían más recientes que los antiguos de los que estamos hablando?*

C: Algunos de los más antiguos nunca han sido ubicados. El tiempo para que hayan aparecido aún no ha llegado en este punto temporal.

D: *Supongo que estoy pensando en la Atlántida. ¿Habrían tenido alguna conexión con eso?*

C: Por supuesto, definitivamente sí. Pero no con el cráneo que tú conoces, ese existe en este momento.

D: *¿Transmitieron el conocimiento a gente más tarde, como a los Mayas?*

C: No. Los Mayas son más descendientes de Lemuria que de la Atlántida.

Eso definitivamente colocaría su origen mucho más tiempo atrás que los arqueólogos piensan, porque Lemuria existió antes que la Atlántida.

D: *¿Pero existía el conocimiento de cómo crear los cráneos de cristal, tan distante en el tiempo como en la Atlántida? (Sí) ¿Por qué fueron creados con formas de cráneos? ¿Cuál es su significado?*

C: En el cuerpo físico del humano, la cabeza o el cráneo aloja al cerebro o poniéndolo en términos más modernos, el ordenador. El ordenador biológico era un lugar donde conservar lo mental, el intelecto, el conocimiento. Y una estructura cristalina es muy poderosa sosteniendo conocimiento. Por lo tanto, el significado de tomar la forma de un cráneo es que un humano puede asociar cráneo con conocimiento, con lo mental, con la cosa más importante. La gente que no es espiritual piensa que todo procede del intelecto, del conocimiento, del cerebro. Y por eso la asociación con el cerebro y el cristal; el ser de cristal que tan sólo almacenaría conocimiento. El cerebro almacena conocimiento como lo hace un disco en un ordenador. Por lo tanto, un cristal en forma de cráneo es muy convincente para el ser humano. También, déjanos decir, puede almacenar el conocimiento de todos los universos. Y para que uno encuentre el acceso, ha de ser capaz de sintonizar – no el cráneo – pero con la energía del cristal, de la gema, de la piedra.

D: *Hay muchos que han estudiado los cráneos de cristal, y piensan, los relacionan con la muerte y negatividad.*

C: Sí, hay muchas historias como esa. Y es por una razón. Están aquellos que no están preparados para usar la información que puede estar almacenada en un cráneo de cristal, o cualquier tipo de piedra que esté esculpida en la forma de un cráneo, como muchos podrían usar esa información en formas negativas, en formas que dañarían a la gente. Por lo tanto, es apropiado que sea conocido como "el cráneo de la muerte" o "cráneo del final." Porque hace que la gente que lo mire así, tuviera el conocimiento de cómo usarlo, usarlo de la manera que sería dañina para las personas del planeta.

D: *Esto crea un peligro y de esa manera lo evitarían.*

C: Mm, es una buena forma de decirlo.

D: *Hay un famoso cráneo que tiene la mandíbula desmontable, el maxilar desmontable. Todas las demás están hechas de una sola pieza. ¿Tiene un significado esto?*

C: Definitivamente hay un significado. Cuando miras la estructura esquelética del cuerpo humano, el hueso de la mandíbula – o, en términos técnicos, llamada mandíbula – es una parte movible del cráneo. Es el hueso más duro del cuerpo humano. Piensa sobre la función de un hueso, su actividad real y la responsabilidad que tiene un hueso, la actividad real, responsabilidad y el trabajo de ayudar que el humano mastique el alimento. Los dientes son implantados en esa parte del cráneo, es por eso que es tan fuerte. Encontrar el cráneo de cristal de esa forma, con una mandíbula movible, le da más intensidad que a otra que no se mueve. Porque es tan anatómicamente correcta en su preciso diseño, es prácticamente diseñado con una perfección como una réplica exacta de un cráneo humano.

D: *Hay muchas de una sola pieza.*

C: Si. Y ese es el propósito, también.

D: *¿Para que cada una contenga diferentes tipos de información?*

C: Exactamente. Y el propósito por el cual fueron esculpidas fue diferente. Depende de quién entre en contacto con él para descubrir su sentido.

D: *Entonces, ¿distintas personas reaccionarían de diferentes maneras entre los distintos tipos de cráneos?*

C: Si. Todo reside en la intención y propósito del individuo que entra en contacto con el cráneo. Tanto si fuera un simple toque para una sanación, o uno que en realidad lo posea. Y la posesión puede ser simplemente su custodia, hasta que vaya al siguiente lugar que deba estar.

D: *¿Fueron creados individualmente o por grupos, combinando su poder mental?*

C: Hay muchos y diferentes cráneos que están tallados o esculpidos o moldeados. Algunos hechos por remotos habitantes con la Fuente. Algunos, que podrían haber sido de vuestro tiempo lineal, 10.000 años – incluso hasta hace cientos de miles de años, que no han sido encontrados. Después están aquellos que están siendo creados, incluso hoy en día, en vuestro tiempo, por artistas con tecnología y herramientas modernas. Puede ser hecho con láser. Por lo tanto, no decimos que todos los cráneos tienen la información de todo. Cada piedra, cada cráneo está creada apropiadamente para un propósito específico, y depende de los individuos que entran en contacto con él, para que su propósito sea revelado a ese individuo o grupo.

D: *Estaba pensando que quizá los primeros usaron el poder mental de varias personas para crearlos. Un grupo de sacerdotes, o un grupo de gente que tenían el conocimiento de cómo usarlo.*

C: Hubo algunos que fueron diseñados de esa manera. No sólo el cráneo, sino una estructura esquelética completa. Es decir, todos los huesos que aparecen en la anatomía humana, fueron creados en cristal de cuarzo. Por lo tanto, existen más que sólo cráneos. Algunos aún por descubrir.

D: *¿Cuál podría haber sido el propósito de crear un esqueleto completo de cristal?*

C: Para mostrar que toda la estructura es un holograma en sí mismo. Como se hace una estructura completa de un cráneo, de la misma manera, haces todo un cuerpo. Si la base del ser humano, la anatomía humana, es cristalina – que lo es – así es todo el ser, no sólo el cráneo. Lo que se conoce como un hueso es una sustancia del cristalino.

D: *No hubiera pensado que fuera cristalina porque se descompone.*

C: Cuando digo "estructura cristalina", puede ser como un polvo, como si se soplara en el viento y no se viera. No como una gema rígida. Como polvo, que entonces sí puede descomponerse.

D: *Collette se preguntaba si tenía una conexión con estos cráneos de cristal.*

C: Tiene una conexión muy directa con los cráneos de cristal. Ella procede de uno de los planetas que es el número tres, que mencionaste al principio. Como bien dices, no existen los accidentes. No hay coincidencias. Por lo tanto, el número tres que mencionaste, no es coincidencia. El número tres es una trinidad. Los tres planetas es una trinidad. Y ella tiene una relación muy directa. Esa relación es que allí – cómo lo digo – Para decirlo correctamente a través de vuestro lenguaje es difícil. (Pausa) Venir de pura energía a entrar en la densidad de este ser, es muy difícil usar palabras. (Incité a que lo hiciera lo mejor que pudiera). Ella es de una tribu – por falta de una mejor palabra – una tribu humanoide creada de cristalino, la estructura del cristal. Puedes explicarle, que procedía de una raza humanoide que estaba creada de cristalino.

D: *¿Quieres decir que estos seres estaban creados de una estructura cristalina en lugar de una base de carbono? (Sí) Pero eran humanoides. (Sí) ¿Sus cuerpos funcionaban como los nuestros con base de carbono?*

C: Similar. Es como si estos humanoides supieran, y supieran que ellos sabían lo que sabían. No era algo que tuvieran que ir y aprender, investigar y estudiar para hallar conocimiento. Tenían el recuerdo. El conocimiento tiempo espacio, no un tiempo lineal. Estos humanoides eran conocimiento.

D: *Pero, no funcionarían como nuestros cuerpos físicos lo hacen.*

C: Sí. De la misma manera que puedes observar en un cuerpo humano. Carne y sangre. Miremos la estructura ósea (humana) como una estructura esquelética fibrosa, así era una estructura cristalina de alguna manera fibrosa, pero mucho más fuerte. Todo conocimiento retenido en esta estructura cristalina, como hoy se encuentra retenido en la estructura esquelética del cuerpo humano. No como una estructura puramente cristalina como aquella raza humanoide, como en su día fue. Es un tiempo, no una raza. Fue un tiempo.

D: *Un tiempo. ¿Cuándo hablas del conocimiento retenido en los huesos de los humanos, sería la estructura genética, el ADN?*

C: Sí, sí. Todo conocimiento se encuentra en lo que se conoce como ADN.

D: *Pero por supuesto, ese conocimiento sólo es accesible mientras el espíritu resida en el cuerpo y tiene contacto con el ADN.*

C: ¡Ah! ¡Lamento diferir contigo!

D: *Pensé que una vez que el espíritu abandona el cuerpo, se descompondría.*

C: Cuando el cuerpo se descompone, el ADN aún se encuentra allí. El ADN puede encontrarse en la estructura ósea. La tecnología aún no ha descubierto que se puede llegar hasta a las cenizas que fueron cremadas.

Esto parece similar a lo que la gente hacía en el laboratorio con la máquina tan extraña, que reactivaba los huesos carbonizados que estaban envueltos y conservados, en el capítulo 7 de "El Complejo Universo, libro 1." ¿Habían descubierto el secreto de reactivar o clonar el ADN latente?

C: Cuando Collete oye ésto, pensó con temor: "nunca oí algo así, cómo puedo ni siquiera creer en tal cosa?" Ha de ponerlo en perspectiva francamente, con honestidad y recuerdo, según se adentre en esta experiencia que ha tenido, de su cuerpo siendo un holograma de cristal.

* * *

El debate continúa acerca de los cráneos de cristal. Ha habido algunos que eran falsificaciones, pero otros son valorados de ser auténticos por expertos en mistificación. Uno de los más famosos es el de Mitchell-Hedges, descubierto en una ciudad en ruinas en Belice en 1924. Este descubrimiento ha sido rodeado de mucha polémica, aunque los expertos están de acuerdo de que el cuarzo de cristal sólo pudo haber sido creado con una tecnología muy sofisticada. Como confirma el laboratorio de investigación de Hewlett-Packard, la pieza se unió en contra de su eje, y es un milagro que no se hiciera pedazos durante el proceso de manufacturación. Pequeñas desviaciones de sólo milímetros, habrían dado lugar a que se hubieran astillado. Un experto estadounidense en restauración, Dr. Frank Dorland comento: "si uno no tiene en cuenta ningún tipo de fuerzas sobrenaturales, entonces lo Mayas habrían creado el cráneo de cristal por medio del pulido manual. Esto es una labor inimaginable, que habría llevado siglos, y muy obviamente, implantada con un acondicionamiento político y religioso. Es muy difícil para nosotros imaginar cómo un propósito, una meta a largo plazo logró haber sido llevada a cabo de una generación a la siguiente." Siete millones de trabajo, presumiblemente habrían sido requeridos para obtener el final perfecto con la forma de cada pieza de cristal. Eso equivale a 800 años, trabajando día y noche. ¡Si uno estipulara 12 horas por día, habría llevado 1600 años! (Legendary Times Magazine)

Pienso que es obvio de acuerdo con esta afirmación, que el objeto no fue creado manualmente. Me inclino más a la teoría que la tecnología estaba presente en la Atlántida. El secreto de como moldear piedra mediante poder mental, para dar forma a lo que se deseara. En otros de mis libros, este conocimiento parece proceder de los ETs, que vivieron entre estas antiguas sociedades altamente avanzadas. Después que estas civilizaciones fueran destruidas, los supervivientes escaparon a Egipto y probablemente otros países, donde trabajos con piedra muy sorprendentes, todavía se mantienen para desconcertar a los expertos. Llevaron el conocimiento con ellos y eran responsables de estructuras tan sorprendentes. Pienso que esta tecnología es la responsable de la creación de los cráneos, y no una labor manual.

* * *

Los cristales son los minerales con más presencia en la Tierra. Es interesante que la mayor parte que son vendidos, proceden de

Arkansas, y Brasil. Descubrí, que donde vivo en el norte de Arkansas, hay un enorme depósito de cristales directamente debajo de esta área. Hay una mina pública ubicada al sur de aquí, cerca del monte Ida, donde cualquiera puede entrar y recoger cristales del suelo. Durante una sesión me dijeron, "Crees que escogiste al azar este lugar para vivir, en esta parte de Arkansas. Fuiste colocada allí por una razón. Necesitabas la energía del cristal para tu trabajo."

* * *

En la era moderna, una cueva de cristal gigante fue descubierta en México, contenía los cristales más grandes jamás encontrados en el planeta. Su nombre, la cueva de los cristales, fue descubierta en el 2.000, cerca de Naica, Méjico por dos mineros que estaban abriendo un nuevo túnel para una empresa minera. Está enterrada a cien pies (30 metros aprox.) debajo de la montaña de Naica en el desierto de Chihuahua. La cueva contiene algunos de los cristales naturales más grandes jamás encontrados: vigas de yesero traslúcido que median hasta 36 pies de largo y de un peso de hasta 55 toneladas. Los geólogos se quedaron atónitos por el tamaño y la belleza de los cristales, cuando bajaron a la cueva para filmar una serie para la BBC. No pudieron grabar demasiado por causa del calor extremo y la humedad en la cueva. Las temperaturas oscilaban a más de 136°F (58°C) y la humedad al 100%, las condiciones eran un asesino potencial. El cuerpo comienza literalmente a cocinarse. Con equipamiento especial, lograron permanecer en condiciones extremas, suficientemente para poder filmar un fotomontaje para el documental "How the Earth made us – Cómo nos creó la Tierra" (no más de 10 minutos cada vez). También 60 Minutes Australia, realizó una grabación.

Por lo tanto, la regresión era precisa. Todo nuestro planeta está creado de cristal, también como nuestros cuerpos.

Capítulo 14

ENSEÑANDO EL CONOCIMIENTO

Esta sesión se realizó en 2.008, en un despacho provisional en Amber Light Motel, después de la inundación que pasó por el pueblo y destrozó mi otro despacho en frente del restaurante Granny's. Estaba esperando que se terminaran las obras de mi despacho, cerca del centro comercial, apenas cruzando la calle del motel. No era el mejor lugar para una sesión, (en gran medida por el ruido creado por otros huéspedes) aunque era mejor que nada.

John tenía su propio negocio, trabajaba con productos animales, seguros y naturales. Su razón principal para tener la sesión era comprender su propósito. Específicamente, quería retirarse el velo de "saberlo todo" y comprender la imagen panorámica y su lugar en ella.

John entró a una vida en Nuevo Méjico, durante los años 1.800s. Vivía apartado del pueblo y trataba a la gente como un doctor. Había sido formado en Inglaterra, pero era más como un neurópata, y mucho de lo que hacía era autodidáctica. Preparaba y creaba sus propios remedios usando hierbas y cristales. Cultivaba algunas de las hierbas y otras las obtenía de los indios. Compartían conocimientos de sanación. También hacia ungüentos para tratar a los pacientes atópicamente, adicionalmente a plantas tomadas para ayudar al cuerpo a mitigar problemas. Vivió muchos años y sin acontecimientos notables. Murió siendo muy mayor, sentado en una mecedora en su porche. Después que hubo salido de su cuerpo, le pregunte acerca de su propósito en esa vida. "Fue para ayudar a la gente. Para aprender. Para reunir conocimiento de varias fuentes y combinarlo. Tener una intención y motivo puro." Aunque no transmitió ese conocimiento a nadie, no preparó a nadie. "Sería de imaginar que lo hubiera hecho, porque necesita ser continuado, prevalecer. Pero no veo a nadie."

Como esa vida fue corta en comentarios y sin acontecimientos notables, le lleve a otra vida. Se veía en Egipto, de pie en la parte superior de una pirámide. "Soy un sacerdote. La gente viene a mí para obtener ayuda, dirección, claridad, para obtener sanación." La gente entraría en la pirámide cuando necesitaban ayuda. Otra vez, vivía una vida solitaria, sin una esposa. Llevaba haciendo este trabajo durante mucho tiempo, y pregunté si había sido preparado para este trabajo por alguien. Su respuesta fue una sorpresa.

J: Siento que fui preparado, pero no una preparación humana. Tengo hermanos en las estrellas que me llevan bajo sus alas para enseñarme cosas. Habilidades psíquicas. Sanación.

D: *Cuéntame sobre ello. ¿Puedes ver cuál es su apariencia?*

J: Son seres de luz. Usan cristales. Conocimiento descargado. Poderes de la mente, y cuerpos energéticos. Gente de sanación y asesoramiento.

D: *¿Estos seres de luz viven entre las personas?*

J: No. No son accesibles constantemente. No estoy seguro de que sigan estando allí ahora, después de haberse realizado la preparación. Estaban allí durante el entrenamiento y cuando la preparación estaba completa, se marcharon. No vivían entre las personas. Sólo bajaron allí para la preparación en un área aislada.

D: *¿No querían que fuera sabido por todo el mundo?*

J: Exactamente.

D: *Por lo tanto, sólo pretendían preparar a ciertas personas.*

J: Sí. Y por eso me eligieron a mí. Yo era diferente.

D: *¿En que eras diferente?*

J: Era diferente en madurez mental, capacidad. Mi intención transmitía una causa mayor, más que sólo una ocupación. Puede casi parecer como arrogancia. Pero no es arrogancia. Es un sentido interior de obligación, de una llamada para un bien superior y cierto aislamiento.

D: *¿Eras diferente a otros niños de tu edad?*

J: Sí, y a otras personas de la comunidad.

D: *¿Dijiste que te llevaron a un lugar aislado?*

J: Parte del tiempo fue empleado fuera en el bosque, en un área aislada. Otra parte, cuando me llevaron en la nave y me enseñaron. Y otra, fue lo que hacía en la parte superior de la pirámide. Se me enseñó astronomía y servicio a las estrellas.

D: *¿Siempre se aparecían a ti como seres de luz?*
J: Tenían cuerpos lumínicos. Había algunos elementos que me permitían ver algo más humano, en lugar de sólo un orbe, o una bola de luz. Era una combinación de luces y forma. Puro amor. Pura inteligencia. Compasión. Querer ayudar. Querer enseñar. Para beneficiarme y así poder ayudar a estas personas.
D: *¿Cómo te enseñaban?*
J: Algunos, de forma tradicional, como una clase. Pero mucho me fue descargado a través de cristales, de luces, en lugares especiales.
D: *¿Dónde estaban esos lugares especiales?*
J: Eran cuartos especiales, en un emplazamiento en el bosque que estaba escondido. Y un lugar en la pirámide. Y arriba en la nave, también. Es como una sala donde puedes ver en pantalla grande. El plan maestro. Los dones que necesitaba tener para hacer lo que vine a hacer aquí abajo. Una forma interesante, como un curso acelerado de aprendizaje. No como ir a 1° grado 2°, 3° grado, y estirarlo. Era más como un proceso rápido. Creo que según mi cuerpo fue envejeciendo, me fueron dados nuevos segmentos de información. Y experiencia del conocimiento, de habilidades.
D: *¿Estuvieron contigo mucho tiempo, enseñándote?*
J: O se quedaban conmigo, o seguían viniendo.

(Durante minutos previos, sirenas de ambulancia, policía, etc. pasaban por el motel. Sonaban fuertemente, pero a John no le molestaba. Tan sólo siguió hablando).

D: *Dijiste que subiste a bordo de una nave. ¿Cómo te llevaron allí?*
J: Con un haz de luz ascendente. No, como si entro en una pequeña nave y me ayudan a subir. Es como si me tomaran físicamente a través de la luz. Y yo, instantáneamente aparezco en la nave. Es como si conociera a las personas. Como si fuera uno de ellos que acordó bajar y hacer esto. Y ellos me prepararon.
D: *¿Así es como se siente? (Sí) Que tu acordaste a hacer esto, y ellos te ayudarían. (Sí, sí) ¿Por eso eras diferente al resto de personas?*
J: Creo que sí.
D: *En capacidad mental. Mencionaste que la sanación que te enseñaron en tu preparación, ¿fue principalmente con cristales?*
J: Sí, los cristales contienen conocimiento. Y así me fue descargado, dentro de mi estructura cristalina, de tal manera que pudiera

tenerlo en mi cuerpo. Y después bajar, tenía un entendimiento de la gente, de su naturaleza, del cuerpo huma no, de la energía, de la Tierra: plantas, alimento. Cómo debía ser cultivado. El tipo de sociedad que ellos tenían cuando les ayudé a sembrar para que pudieran cuidarse los unos a los otros. Más bien como una sociedad ideal. Y pude s entirlo energéticamente con mis manos.

D: *Aunque, tú no sabías todo esto cuando bajaste. Tú naciste aquí.*

J: Correcto.

D: *¿Te vino más tarde el conocimiento?*

J: Creo que sí. Tenía que estar preparado físicamente para recibirlo. Tenía una misión y un propósito bajando. Aunque las piezas no me fueron dadas a la vez. Es como si tuviese que estar suficientemente preparado y maduro. Y entonces era enseñado.

D: *Entonces, lo ocurrido con los cristales fue anterior a entrar en un cuerpo humano. ¿Es eso lo que quieres decir? (Sí) ¿Cómo puede almacenarse el conocimiento dentro de los cristales? ¿Lo sabes?*

J: Déjame preguntar. (Pausa) Parece una combinación de un par de cosas. Era, telepáticamente, enviaron información que fue almacenada en los cristales. Pero también tenía la habilidad de los ordenadores de la nave, en poder enviarla hacia dentro de los cristales. Ambas cosas. Mi pregunta es intencional. ¿Cómo puede entonces un cristal servir como energía? ¿Cómo sabe un cristal cuando abrirse y ser absorbido?

D: *Cuando liberar la información.*

J: Sí. Parece ser un tipo de mecanismo clave a través de la intención, a través de la telepatía.

D: *Entonces, cualquiera podría ser capaz de descargar esta información.*

J: Es correcto. Sólo alguien que estuviera preparado, que supiera cómo. Que tuviera intenciones puras, motivos puros. Y cómo utilizar el conocimiento, pero por el mero hecho de transmitir el conocimiento y usarlo para beneficio de las personas. Poder enseñarles, y poder transmitirlo. Es como un efecto ondular. Cuando les enseñas, después puedes salir y enseñar a otros. Tanto si es en forma de cómo cultivar o cualquier otra cosa.

D: *Entonces, te fue dado conocimiento y lo usabas con la gente. (Sí) ¿Enseñaste a otros?*

J: Sí, así es.

D: *Para poder pasar lo que sabías. ¿Sanación con cristales?*

J: No, en realidad mira a toda la sociedad. ¿Qué dinámicas crea una sociedad? Tiene alimentos y ha de tener cultivo. La gente sufre y se enferma, por lo tanto, debía haber sanación. Debía haber comercio. Tenía que haber justicia. Educación. Tenía que haber almacenamiento de agua. Distintas posturas de cómo solucionar controversias, por lo tanto, ha de haber un consejo. Pero la gente de un consejo no debía tener una agenda. Tenían que ser completamente objetivos.

D: *Eso es difícil, ¿verdad? Ser completamente objetivo. Pero esta es la única forma de que el conocimiento funcionara, ¿verdad?*

J: Es la única forma de que una sociedad civilizada pudiera funcionar. Si tú enseñas de la forma más pura, donde cuidas del prójimo, amas al prójimo. Hay que asegurarse de que todo el mundo tenga alimento y cobijo. Y cuidas de los ancianos y te aseguras de la educación de los niños. Y eres amable con la Tierra.

D: *Suena como la forma perfecta de vivir.*

J: Absolutamente. Es posible.

D: *Es posible porque tú lo has hecho. (Sí) ¿Usabas también hierbas o eran solo principalmente los cristales?*

J: Primordialmente cristales allí. Pero estaba sintonizado a las plantas. Todo es energético. Y todo vibra a diferentes frecuencias. Y si alguien está fuera de sincronía, entonces puede encontrarse algo que ayude al cuerpo, o a esa parte del cuerpo, regresar a la vibración perfecta. Con los cristales. Con las manos, llevando mi energía. Puede que con una planta que tenga una frecuencia energética, a dar al cuerpo de esa persona puede ser un programa de desintoxicación, deshacerse de cosas que lo causan. Con ciertas hierbas. Puede que con la luz del sol.

D: *Por consiguiente, no es igual para cada persona.*

J: Correcto.

D: *Eso es parte de lo que tenías que hacer, ¿determinar cuál era el mejor método y la mejor manera? (Sí) Es mucho que esperar de una sola persona. Aunque fuiste preparado para ello, suena como que sabías cuándo tenías que entrar. Y también mencionaste, que te llevaron con ellos y te prepararon, después incluso de estar en un cuerpo físico. (Sí) Sería el mismo concepto de Faraón, ¿o es algo diferente?*

J: Creo que es una buena analogía. Un Faraón. Un líder, sin las ceremonias y la pompa y pérdida de tiempo.

D: *Porque suena como un sanador, una persona dedicada a la medicina, pero hay más que tener en consideración, para toda la sociedad.*

J: Sí. Un gobernante compasivo que amaba a su gente. Que era sensible a todas las dinámicas de la sociedad y se encargaba de todas ellas. Y tenía gente especializada en diferentes áreas, para poder proseguir con el trabajo. Sólo era un hombre, y lo que hice, abarcó a todo. Y me di cuenta de que era importante preparar a ciertas personas, para ir a los expertos en ciertas áreas.

D: *Parece como un trabajo de mucha responsabilidad, un trabajo muy difícil.*

J: Mucho. Disfruté. Fui bueno en ello. Ayudé a la gente, la sociedad floreció, prosperó.

D: *Muy bien. Avancemos en el tiempo y comprobemos qué ocurre con la sociedad. ¿Continuó prosperando, o que ocurrió? (Pausa) ¿Estuviste durante mucho tiempo con estas personas? (Pausa) Puedes moverte adelante y condensar el tiempo muy fácilmente.*

J: Una vez que supe que el trabajo estaba hecho y supe que la sociedad podía continuar así y que no me necesitaban ya, me marché.

D: *¿Habías ya transmitido el conocimiento a alguien para aquel entonces?*

J: Sí. Quise asegurarme de que pudieran continuarlo. No creo que todo lo que yo podía hacer, pero desde un punto de vista práctico, era suficiente.

D: *Les enseñaste cosas prácticas que se necesitan en una civilización. (Sí) Entonces, llegado a ese punto, sentiste que podías marcharte.*

J: Eso es, correcto. Mi trabajo con ellos había concluido.

D: *¿Cómo te fuiste?*

J: (Pausa) Creo que tan sólo a través de un haz de luz.

D: *¿Permaneciste durante muchos años?*

J: No, no siento que un gran número de años. Parece que tendría alrededor de cuarenta años cuando me fui. Así pues... veinte años los que pasé con ellos, ayudándoles a desarrollarse.

D: *Pensé que viviste durante muchos, muchos años, hasta envejecer bastante.*

J: No. Intentaba verme como un hombre anciano, y no lo vi. Lo último que puedo ver es que estoy muy bronceado y en forma, y sabio y sano. Di un discurso a la gente, al líder, y les hice saber que me marchaba. Que era la hora. Sentí que eran capaces. Y seguí adelante.

D: *¿Vieron cómo hacías esto?*

J: No, lo hice en privado.

D: *Bien, ahora que estás fuera de ese cuerpo, puedes ver esa vida desde otra perspectiva. ¿Cuál piensas que fue el propósito de esa vida? ¿Qué intentaste aprender?*

J: Tenía una misión y un propósito. Antes de encarnarme, acordé bajar y aprender, crecer, madurar, durante veinte años pude ayudar a la gente a sobrevivir. Apoyarse en ellos mismos. Saber cómo tratar a cada uno. Cómo tratar a la Tierra. Como comer, como sanar, cómo comercializar, como resolver disputas.

D: *Todas ellas cosas muy valiosas.*

J: Sí. Me siento bien en relación con esa vida.

D: *Normalmente se necesitan a varias personas para conseguir lograr esas cosas y tú podías hacerlo todo. Es muy grande.*

Hice que John dejara esa vida y llame al SC para más información. Lo primero que quiero siempre saber, es el motivo por el que escogió mostrar esa vida al cliente. "Tu escogiste estas dos. Son muy similares, pero en la primera era el doctor y usaba hierbas. ¿Porque escogiste esa vida para mostrar a John?"

J: Para que sepa que ha tenido experiencia con hierbas y sanación. Mezclar y combinar cosas.

D: *Eso es lo que pensaba, porque estaba haciendo mucho al respecto sin haber sido enseñado. Pensó que lo hacía por cuenta propia.*

J: Sí, eso es.

D: *¿Querías que supiera que había hecho esto antes? (Sí) Por lo tanto, es algo natural para él, ¿verdad? (Sí) La segunda vida también tocó el mismo tema, ¿verdad? Cuando bajó de la nave y ayudo a la gente con sanación. ¿Estas dos vidas tenían el mismo tema? (Sí) ¿Qué intentabas decirle?*

J: Él sabe esto. Pero necesita saber que hay diferentes dinámicas para la sanación. Con las hierbas, con energía, con intenciones, con directrices que obtenemos de nuestros hermanos de las estrellas. Que la gente de ahí afuera necesita una dirección, liderazgo, y algunas ideas puras que funcionen, sin tener que estar unido a fines de lucro. Quise que combinara todas. Las dietas, los cristales, y las hierbas. La sanación y la fe que puede curar, y no robar a la gente por hacerlo. Y eso que hacemos tiene entidades que quieren ayudarnos y guiarnos. Quieren que estemos sanos y no distraídos por enfermedades, y de esa manera, sólo concentrarse en su misión y propósito. Una dieta vegetariana ayudaría al calentamiento global. No sería necesario tener que cortar tanta tierra para claros y para que el ganado paste. También beneficiaría al agua. Enseñar a los granjeros a cultivar otra vez y distribuir sus existencias localmente. Cambiar la comunidad médica para que la sanación sea de una forma más natural, menos cara. Queremos que él contribuya a todas estas cosas.

Todo esto parecía ser un trabajo tremendo a realizar para una sola persona. Pero dijeron que ocurriría gradualmente. John tenía muchas ideas para trabajar en sanación y lo que sobre todo quería, era poner en marcha un centro de sanación contra el cáncer y enseñar sanación natural. El SC le dio mucho asesoramiento, especialmente acerca de comprar una tierra y poner en marcha el centro. En el centro, la gente podría también aprender sobre dietas, masajes y yoga. También querían que fuera a un lugar concreto en Méjico, donde podría encontrar hierbas especiales con las que podría desarrollar medicación natural. Dijeron que ya tenía toda la información y que sabría cómo tendría que hacerlo; sólo ha de dejar de aplazarlo y comenzar. También le dijeron que con el tiempo viajaría por todo el mundo dando conferencias. "Le hemos estado dando información a cucharadas. El piensa que ya lo tiene, y de repente algo nuevo aparece. Ha sido un viaje interesante. Pero creo que por fin lo ha conseguido. Está obteniendo el conocimiento a través de los cristales, de la meditación, a través del sueño. De otros planetas, planos y dimensiones. Pero él tiene prisa. Quiere obtener una descarga más rápida. Sin embargo, está recibiendo mucha orientación ahora. Tiene maestros de maestros, guías a su alrededor, bombardeándole con nueva información. Se ha estado acostando temprano estos dos últimos meses, porque querían poder trabajar con él, descargar todo esto. Por lo tanto, sí, está siendo guiado y lo seguirá estando. También tiene una conexión con nuestros hermanos de las estrellas. Él bajó aquí para una misión definida y un propósito que ayudará a mucha, mucha gente. Necesita mantenerse abierto porque seguirán comunicando. Él ha venido de las estrellas muchas veces, como mostrador de camino, como sanador, como maestro."

Capítulo 15

LEMURIA Y PORTAL

Shirley era Psicóloga y directora en un hospital de salud mental.
La primera cosa que Shirley vio, fue agua cristalina poco profunda y ella estaba entrando en ella. Había un reflejo dorado del agua. Shirley se vio como un hombre joven, llevando una corta túnica blanca. Llevaba algo a lo que se refería como un guía y algo para sanación, que era usado en ceremonias. "Dirige la energía. Me ayuda a canalizar energía de la Fuente. Tengo comunicación directa y la canalizo a través del objeto. Llega desde la Fuente a través de mi cuerpo a ese objeto." Cuando pregunté dónde realizaba las sanaciones, dijo que había una estructura cercana, a la que se refería como templo. En realidad vivía muy lejos, pero viajaba al templo cuando necesitaba trabajar con personas. Le pregunté cómo sabía cuándo era necesitado. Él respondió "siento una llamada del templo y viajo desde lejos para venir a ayudar a las personas."

D: *¿Es como una voz?*
S: Es como una llamada, algo que tira de mí en lugar de una voz. Sé que necesito venir, que es tiempo.

Le pedí que describiera el templo.

S: Es alto, fino, estructura piramidal, que tiene algún tipo de tablas que cruza una escotilla en la parte superior. La estructura está hecha de piedra, pero la apertura tiene un material de tela que es la puerta por la que se entra...como una tienda. Entras y hay gente allí. Es grande y largo y hay luz dentro.
D: *¿De dónde viene la luz?*
S: De la piedra. Se ilumina desde el interior, una suave luz. Tiene algo que ver con la tela y la piedra, la estructura en sí misma se ilumina. Hay algunas familias y niños allí. Sabían que venía y están

contentos. Les doy la bienvenida, me dirijo hacia el centro de la estructura y el objeto trae la energía a la estructura, al templo en sí mismo. Cambia la energía y la vibración, y todos allí pueden sentirlo. Es como una sala de sanación.

Fue instruido como atraer la energía, por su padre. "El me dio el objeto y me enseñó cómo usarlo."

D: *¿Hay algún procedimiento por el que tienes que pasar para atraer la energía?*
S: Hay una manera de enfocar tu mente y poner la energía dentro del objeto. Es un sentimiento. Como sacarlo del aire, ponerlo dentro del objeto y sostenerlo allí hasta que pueda ser soltado dentro del templo. La energía procede de la Fuente, de todo lo que es. Todo lo que nos rodea. Hay una forma de tirar de ella y concentrando toda tu energía en el objeto, llevarla al templo para que pueda resonar en esa estructura e iluminar a las personas que están allí.
D: *¿Cómo se siente la energía?*
S: Se siente como un estremecimiento. Se puede sentir como música de alguna manera, cuando pasa a través. Puedes sentir cómo llena el espacio. Es como llenar un cuenco con agua, excepto que es llenada de energía que vibra, se siente un hormigueo y una especie de calor. La sala siente eso. Me voy al centro y pongo el objeto en el medio, la energía se suelta en la habitación, llena el espacio y eleva las vibraciones en la habitación. Sana la habitación. Es un sentimiento bello, maravilloso y alegre. Las personas están felices de estar allí.
D: *¿Estas personas necesitan ser sanadas?*
S: No parecen enfermas. Parecen como familias, es positivo y alegre, como una sintonización.
D: *¿Quizá la sintonización es para mantenerse saludable?*
S: No sé si necesitan mantenerse saludables. Es como un brillo. Se reúnen en la habitación y es un momento feliz. Es un brillo que trae energía allí en la sala, en aquel templo. Se siente como una celebración y una ceremonia; como un acontecimiento especial. Hago esto durante un tiempo – no un día – durante un tiempo y todo el mundo se siente bien.
D: *¿Sabes cuándo tienes que hacer cesar la energía?*

S: Sí. Cuando la habitación está llena, después paro y se queda durante un tiempo. Todas las salas ayudan a sostenerla. La energía se sostiene allí por la gente. La tela y la forma del edificio tienen algo que ver. Está diseñado para sostenerla durante más tiempo, permitir experimentarla y se siente luz, como dorada, muy bella. Una vez que la intensidad baja, ellos, nosotros, circula, sale.

D: *¿Qué haces después, regresas a casa?*
S: Sí. Me marcho. Regreso al agua, al agua brillante. El agua brillante se siente como estar en tierra. Así es como llego allí y como me voy. Regreso a esta agua poco profunda que es vidriosa, donde hay brillo y puedes ver el dorado sobre el agua.

D: *¿Es dónde vives, cerca del agua, o es más lejos?*
S: Cuando hablamos acerca de donde vivo, veo el agua, la arena y los árboles.

Mencionó que vivía fuera en la naturaleza; no necesitaba una estructura, y se alimentaba de lo que encontraba allí. Llevaba haciendo esto mucho tiempo.

Decidí llevarle adelante, a un día importante en su vida y le pregunté qué estaba ocurriendo. "Veo que han venido otras personas y es hora de partir. La gente se prepara y estamos marchándonos de este lugar. Otras personas están allí. Es hora de irnos porque algo va a ocurrir. No sé lo que viene...no es seguro. Hora de partir, otras personas están allí.

D: *¿Otras personas que viven allí?*
S: No, no viven allí. Vinieron de otro lugar. Un lugar diferente. Las personas del templo viven en otro lugar.
D: *¿Van al templo cuando quieren reunirse contigo?*
S: Sí y vivo aquí solo. Pero otras personas han venido de otro lugar, mucha gente. Y es hora de marcharnos porque algo va a ocurrir.
D: *¿Lo sabe la gente?*
S: La gente lo sabe. Es por eso que la gente está allí. Están siendo sacadas de sus casas y entran en la mía, tenemos que irnos porque no es seguro.
D: *¿Por qué fueron sacados de sus casas?*
S: Algo entró en sus hogares. Una persona o una energía que hace que no puedan estar allí y ahora están yéndose. Parece como que un sentimiento o una energía llegó. Algo que no estaba antes allí y

está forzándonos a irnos ahora, porque nos persigue. No es cómodo. Es como una energía pesada que nos empuja hacia fuera. Han venido donde estoy, pero no es seguro porque está llegando aquí y es hora de irse. Vinieron para poder irnos todos juntos.

D: ¿Sabes algo sobre lo que es esto?

S: Es una energía fuente, una energía fuente negativa, que nos mataría si nos quedáramos. Por lo tanto, debemos marchar. Vamos a entrar en el agua y viajar lejos.

D: ¿Cómo vais a hacer eso?

S: Así es como viajo. A través del agua hay un portal. Así es como voy al templo.

D: Pensé que como os ibais todos, iríais en un barco o algo así.

S: Hay algo en el agua. Es como una plataforma. Cuando se pisa desde la arena al agua, hay un portal donde podemos movernos por él. Podemos hacerlo juntos. No soy el único. Los otros también pueden hacerlo.

D: ¿Cómo es cuando se entra en este portal?

S: Es como convertirse en aire, luz o energía. Estamos en el agua, en la arena después nos movemos y atravesamos el portal. Podemos ir al templo. Ese es uno de los lugares a donde conduce. Vamos a ir todos al templo. Vamos juntos.

D: Y cuando lleguéis allí, ¿recobrareis vuestros cuerpos de nuevo?

S: Eso es. Abandonaron el lugar. Viajamos hacia el agua. Cuando vamos al otro lugar, está muy lejos. Es un lugar diferente. Es un planeta diferente.

D: ¿Qué ocurre cuando llegáis al templo? La otra energía no puede encontraros allí. ¿Estáis seguros allí?

S: La gente sí. La energía negativa me ha afectado.

Estaba diciendo que sentía una extraña sensación en una de sus piernas y una mano, un hormigueo. No me centre en ello, pero le ofrecí alguna sugerencia para que no tuviera ninguna sensación física. Aunque él explicó que era una sensación inusual causada por esta energía negativa.

S: El templo es un lugar seguro. La gente salía del agua, pero yo no. Yo no consigo ir al templo. No puedo regresar a mi cuerpo. Me ha afectado.

D: *Por consiguiente, cuando ellos salieron del agua, del portal, ¿volvieron a su cuerpo? (Sí) Ahora no puedes regresar a tu cuerpo.*
S: No, me quedo en el agua. La energía me afectó.
D: *¿Cómo te sientes?*
S: Me siento bien de que la gente esté segura en ese lugar.
D: *¿Qué vas a hacer ahora?*
S: Voy a morir.
D: *¿Porque no puedes regresar a tu cuerpo? (Sí) ¿De dónde crees que vino esa energía negativa?*
S: Fue enviada por las personas que tienen el control; que gobiernan.
D: *¿Ese país, esa tierra?*
S: Este es un planeta.

Sentí ya que no estaba unido al cuerpo, tendría acceso a información. "¿Por qué querrían enviar energía negativa a vuestro lugar?"

S: Para matar a la gente, para controlarnos. No les gusta porque podemos salir e ir a otros lugares y ser brillantes. Están intentando pararlo.
D: *¿Hubo alguna razón por la que te afectó más que a las personas?*
S: Me tocó y no me moví del camino. Normalmente siempre hay gente conmigo. No pudimos irnos rápido. Había tanta gente que necesitábamos que todos estuvieran en el agua, para poder irnos y no había tiempo.
D: *¿Dijiste que ibas a morir? ¿Cómo haces esto? Puedes contemplarlo como un observador ¿Qué ocurre?*
S: Tan sólo me voy. No hay una razón para estar allí. Puedo irme ahora.

Le dije que cada vida tiene una lección, un propósito. Quise saber lo que aprendió de esa vida. "Que no estamos solos; que todos estamos juntos en esto."

Después llamé al SC, para obtener respuestas en esta extraña sesión. Pregunte porqué había escogido aquella vida para mostrar a Shirley.

S: Para que recuerde que no está sola; que no ha de sacrificarse.

D: ¿Siente que está sacrificándose?
S: Si, a veces.
D: ¿En qué sentido?
S: Para ayudar a otros. No ha de ponerse en medio y permitir que la negatividad la toque. Se sacrificó en esa vida para ayudar a aquellas personas.

El SC explicó que se estaba sacrificando y lo hacía a través de su trabajo, había mucha negatividad allí, que la estaba afectando. Esta era una de las razones principales de sus problemas físicos. Durante su vida había pasado por momentos perturbadores y miedo, sus ojos comenzaron a actuar de forma extraña. No se movían correctamente, sino de forma independientemente, uno del otro. Esto naturalmente causó un trastorno en su visión, y tuvo que dejar de trabajar hasta que todo se resolvió. Los doctores no podían explicarlo, pensaban que sufría una enfermedad rara, probablemente esclerosis múltiple, y le aplicaron un tratamiento. "Necesitaba estar un tiempo alejada de su trabajo…para ver…otra vez…para ver con claridad. No se hubiera permitido tomar un tiempo libre del trabajo. Definitivamente llamó su atención." Explicaron que no hubo tal enfermedad, y las inyecciones no afectaron a su sistema. Ellos pueden eliminar cualquier cosa del organismo que no se necesite. "Era para recordarle lo que ya sabe. Para recordar. Debía despejar algunas falsas creencias que tenía, que creaban temor. La creencia principal era que estaba enferma." Hice que el SC hiciera un escaneado del cuerpo, y ver si había algo que verdaderamente requiriera preocupación. Había tenido problemas con su cuello. "Pensamiento rígido. Aferrándose a la ira."

D: ¿De dónde viene esa ira?
S: Percibiendo mal a las personas. Comenzará a ver las cosas de una manera diferente.

Le dijeron que dejaría su trabajo y tomaría una dirección diferente. No podrían decirle todavía de lo que se trataba, sólo que sería conducida a ello. Me pregunté si estaría relacionado con la sanación como lo hizo en otra vida. "Ella es sanadora en muchos niveles. Sana a niveles más altos de lo que lo hace con sus empleados y clientes." No quisieron elaborar mucho más en aquel momento, pero usaría sus habilidades sanadoras.

Shirley siempre había sentido una atracción hacia Lemuria. Pregunté al respecto, y dijeron, "Lemuria es un lugar muy especial, con el cual tiene una conexión muy profunda. Tuvo muchas vidas allí y muchas experiencias. Esta vida que le mostramos, fue en Lemuria."

D: *¿Hubo una energía negativa que destruyó Lemuria?*
S: Si. Fue un campo energético negativo que fue enviado a través de la tierra. Fue intencional. Las personas en el poder lo enviaron.
D: *¿Cuál era el propósito?*
S: Asesinar a las personas que podían ir a otros lugares y escapar. Las que tenían el conocimiento y acceso.
D: *Eran a esos a los que intentaban eliminar. (Sí) Ella siempre ha tenido una atracción a los cristales y pirámides. Aquel edificio tenía la forma, aproximadamente, de una pirámide, ¿verdad?*
S: Si, pero esos intereses son de otras vidas. Tiene una larga trayectoria en usar estas habilidades. Es muy natural para ella poder hacer esto. Sólo necesita recordar. Está a punto de realizar grandes cambios. También hará cambios consigo misma y en el trabajo que realiza. Según vaya recordando, le ayudará a realizar esos cambios. Ahora es el momento.

* * *

Mensaje de partida: "Recuerda quien eres. Puedes hacer el trabajo que viniste a realizar."

En otros casos nos han hablado de Lemuria. Aquella civilización existió antes que la Atlántida. En aquellos días la forma humana era diferente a lo que después se convirtió. No era tan sólida, más gaseosa, de forma que podía cambiar formas más fácilmente. Más tarde, en los días de la Atlántida, se hizo más sólida, pareciéndose más a los humanos de hoy en día. En ambas civilizaciones, estaban dotados de grandes poderes mentales y sobresalían en el arte de sanación.

En otros de mis libros se hace referencia acerca de portales, especialmente en la Sección 6 de "El Universo Complejo – libro II." Estos se usan para viajar en el tiempo y moverse entre dimensiones. Este es una de las formas principales en la que los extraterrestres viajan de planeta en planeta. Aparentemente en la época de Lemuria eran usados más extensivamente por gente corriente.

Capítulo 16

SACERDOTISA EN LA ATLÁNTIDA

Nina trabajaba en educación especial con niños, y también tenía su propio centro de terapia alternativa.

Cuando Nina salió de la nube se encontraba de pie en un lugar arenoso, casi como un oasis. Aunque lo que le llamó la atención fue una apertura que de repente apareció frente a ella, casi como una puerta a otra dimensión. Tenía la apariencia de la puerta de un elevador. Según contemplaba, muchos hombres y mujeres salieron y pasaban delante de ella. Ellos la ignoraban como si ni siquiera estuviera allí. Estaban ocupados hablando de sus cosas y no le prestaban atención. Después, estaban fuera de su vista y la apertura se cerró de golpe.

Ahora su atención se centraba en enfocar el lugar donde se encontraba. "Parece un oasis. Un lugar para visitar, descansar. Disfrutar o como llamaríamos - vacaciones, más que un sitio para vivir. Hace calor, aunque no es incómodo." Se encontraba vestida con un tipo de falda corta, ceñida a la cintura con algo que parecía seda. De apariencia egipcia más que griega. Descalza. Era una mujer de mediana edad. Su pelo rojo estaba rizado y recogido en la parte superior por una pieza decorativa que rodeaba su pelo. También llevaba joyas muy exquisitas: un brazalete de oro ornamental que hacía juego con un collar de oro macizo con piedras rojas en una pieza redonda de oro. Eran casi masculinas, más pesadas de lo que llevaríamos hoy. También llevaba pendientes de oro sólido. He tenido otros casos donde joyería tan elaborada se usaba para rituales de sanación, magia y tenían poderes místicos. "¿Sirven estas joyas para un propósito, o son sólo bonitas?"

N: Sirven a un propósito como a mi estatus dentro del grupo. Estoy en la parte con más elite de mi grupo. Muestran quién soy.
D: *¿Cuál es tu estatus?*
N: Lo que llaman en esa época: sacerdotisa misteriosa.
D: *¿Vives cerca de allí?*
N: Creo que puede que viaje a ese lugar, como todos los demás. No exactamente allí.
D: *¿Cómo viajas allí?*
N: En una nave.

Le pedí una descripción de la nave. ¿Una nave normal marítima? "Es brillante, con forma de burbuja." No parecía una nave normal.

N: Aunque la burbuja es más grande en la parte de delante, y se va haciendo más fina. Puedes ir debajo del agua o por encima. Puedes ver a través de ella. Es una nave pequeña, para distancias cortas, no sirve si has de recorrer la mitad del planeta. Pienso que es más para dentro de un área confinada, porque no creo que haya combustible suficiente para ir muy lejos. Sólo puede llevar cinco personas. Te recogen, y la nave se queda hasta que estés preparado para partir.

En algunos de mis libros El Universo Complejo, se mencionan naves marítimas similares, durante la evacuación de la Atlántida.

D: *¿Estas no son las personas que viste al principio?*
N: Correcto. Había algo más de donde aquellas personas estaban saliendo.
D: *¿Cuándo todos regresáis a la nave y volvéis a donde vivís, como parece aquel lugar?*
N: Bello. Es como una isla, podría decir. Tiene unas rocas preciosas y montañas, árboles y el olor a océano alrededor. Los pájaros y el viento silbando. Es una ciudad, las casas donde vivimos son muy sencillas. La mía es algo más grande por ser esta sacerdotisa misteriosa. Tengo mis cosas, mis piedras. Donde realizo mi trabajo, no lo llamaría un templo, pero…no sé qué palabra emplearían si no. La gente entra allí, tengo mis cristales, aguas con flores dentro. Beben de estas para las cosas que necesitan. Hay un lugar donde pueden tumbarse y sólo descansar en una bañera –

no es una bañera como las de hoy – está hecha de piedra, pueden tumbarse con aceites, hierbas y flores, y tan solo ayudar a sus cuerpos a reponerse. Hierbas, flores y cantos mágicos.

D: *¿Entonces, pueden ir a ti si están enfermos o si hay algo que no va bien? (Sí) ¿Vives sola en esta casa o tienes familia?*
N: No, uno no se casa.
D: *¿Enseñas a otros?*
N: Realizo las sanaciones, pero otros vienen a aprender, más como aprendices.
D: *¿Tus joyas tienen algo que ver con las sanaciones?*
N: La piedra roja tiene mucha fuerza. Protección es lo que siento. Puede usarse con las personas, si la luz brilla a través de ella. Cuelga del collar. La piedra puede quitarse y configurarla para que el Sol pase a través, hasta que una parte de la persona esté curada, pero sólo cuando todo lo que anterior que se emplea no funciona.

Había mucha gente que venía a ella para ser sanada. Parte de esto era realizado por el uso de los cristales. Había grandes y pequeños, de muchos colores: Transparentes, morados, rosas, verdes y de un color anaranjado. También negros, azules y azules oscuros, tanto transparentes como opacos. Todos se usaban para distintos propósitos, y los más pequeños eran colocados en diferentes partes del cuerpo, preferiblemente los chakras. Esto se hacía después de que la persona salía de la ducha, vestida y tumbada sobre una estera de césped. Los cristales más grandes eran colocados alrededor de la estera. También usaría hierbas y aceites. En el medio de la habitación, había una abertura hecha de piedra donde se quemaban plantas secas. Ese humo también se consideraba sanador, y parece que también había cantos mágicos implicados.

Ella explicó cómo llegó a obtener este conocimiento. "Me fue pasado por aquellos que me precedieron. Creo que no eran familia. Eres elegido por la jerarquía más alta de varones si muestras habilidad para hacer esto. Esta habilidad se descubre a corta edad, y si se sigue manifestando a medida que vas creciendo, y tienes tendencia a ser este sanador, entonces te llevan con ellos para enseñarte. Las palabras "Niños de Luz" me vienen a la cabeza, o un niño de luz, eres místico y eres mágico, eres escogido para preservarlo y aprender."

D: Por lo tanto, no todo el mundo puede hacer esto. (No) ¿Cómo te sientes sobre eso? ¿Haces lo que quieres hacer?
N: Me encanta lo que hago. Me gusta ayudar a la gente. Es una gran responsabilidad, pero es muy gratificante.
D: ¿Cuándo fuiste a ese otro lugar, era una isla o algún otro sitio?
N: Era en otro lugar, cercano. Otra tierra no muy lejos de nuestra isla. Nuestra gente va allí de vacaciones.

Decidí moverla adelante, a un momento importante cuando algo estaba ocurriendo. "Hay una reunión. Es una ceremonia importante, donde miramos a la luna para pedir orientación. Somos muchos, muchos, sentados en círculo, en lo que parece la estructura de un teatro abierto. Y hay otros en esta plataforma realizando la ceremonia. Estoy en el escenario, estamos ayudando, hablando, llevando a cabo, pidiendo a la gran luna ayuda para la llegada del Nuevo Año. Para que traiga las energías de la femineidad, el amor y la paz." Tanto hombres como mujeres están envueltos en el desarrollo de la ceremonia. "Los hombres están para sostener la luz. Las mujeres para llevarla. La mayor parte de las mujeres son las que en realidad realizan las sanaciones, pero los hombres necesitan anclar la luz que entra. Los hombres no son realmente sanadores, de la misma manera. Hacen otras cosas. Esta es una ceremonia muy importante, pero es más como algo femenino. La luna está casi llena. En este punto, trae esta femenina y amorosa energía. También es el momento en el que pedimos ayuda a la luna. Puede guiarnos con cosas importantes. Cómo con las siembras y cosechas, manteniéndonos unidos. Esta ceremonia solo se hace dos veces al año."

Quise saber si existía algún tipo de gobernante. Dijo que había alguien en el cargo, pero no vivía en la isla. "Él va y viene. Vive en otro lugar. Viene a controlar." El utiliza otro tipo de nave. "Más grande. Diferente. Casi triangular, con luces de colores. Y no hace ruido, muy silenciosa. Puede permanecer suspendido sobre la ciudad. El parece de alguna manera distinto a nosotros. Su cabeza es más alargada, él es más alto. Pelo más claro. No habla con su voz. Se comunica mentalmente."

D: ¿Todo el mundo posee esa habilidad?
N: La mayoría puede entender de mente a mente. Yo puedo hacer ambas.

D: *Suena como una época de paz cuando todo el mundo es feliz, ¿verdad?*
N: Lo es. No hay problemas ahora mismo.

La llevé adelante otra vez a otro día importante de su vida.

N: Veo oscuridad. Siento pesadez. No hay sol. Está oscuro. Como una nube gris o algo sobre este lugar donde estoy. Es pesado y triste. Estoy confusa. No sé dónde estoy. Es muy triste y denso.

Decidí llevarla atrás, para ver lo que había ocurrido que causara esto.

N: (Sobresaltada) Ohhh... veo a la gente en las naves. Y veo cosas que se disparan fuera de la Tierra, el planeta. Cosas de hollín, y cosas que tiemblan.
D: *¿Desde dónde ves estas cosas?*
N: Un barco. Hay muchas naves. Hay mucha gente en tierra. Al principio pensé que era una guerra entre naves. Ahora no veo eso. Veo salir algo de la tierra.
D: *¿No todo el mundo subió a los barcos? (No) ¿Por qué tú sí?*
N: Tengo que irme, para poder preservar lo que sé.
D: *¿Ocurría algo en la Tierra cuando llegaron las naves?*
N: Estaba comenzando a temblar. Las cosas que salían de la tierra. Subí a una nave pequeña, y después a una más grande. Nos dirigíamos a algún lugar, estábamos sobrevolando la zona y pudimos ver toda esta destrucción, la oscuridad y la sensación de pesadez. No aterrizamos. Observamos. Cosas de hollín. Podíamos sentir vibraciones, como todo temblaba por debajo. Esas cosas se disparaban en el aire, y esto formó esto. Lo único que puedo ver es una nube negra, que lo cubre todo.
D: *¿Hay otros en la nave?*
N: Hay otras dos mujeres y un hombre. Ambas mujeres también de conocimiento. Están asustadas sintiéndose muy perturbadas. Yo no. Siento tranquilidad, al igual que en el temor. (Esta era una reacción extraña) Sé que todo estará bien.
D: *¿Sabías que esto iba a suceder?*
N: Lo sentí.
D: *¿Qué haces después?*

N: En este punto, sólo observamos, y sabemos que tendremos que ir a otro lugar. El conocimiento ha de ser conservado. No podemos dejar que se destruya. Es muy importante para la supervivencia de los que sobrevivan.
D: Movámonos hacia delante. *Tendréis que aterrizar en algún lugar, ¿verdad?*
N: En efecto. Tardamos un poco en llegar allí.
D: *¿Es en el mismo planeta?*
N: Sí, otro lugar. Diría que se siente como en Egipto. Como esa parte del mundo. Pero no sé si está en nuestro planeta.
D: *¿Ocurrió algo en esa parte del mundo? (No) ¿Hay otras naves o sólo la tuya?*
N: Hay algunas que lo consiguen, sienten esperanza y paran en otro lugar. Siento que era la Tierra u otro planeta. Lo que ocurrió, fueron cambios de debajo de la tierra. Sí, es la Tierra. Las cosas naturales de lo que le ocurre a ella.

He tenido muchas otras personas que recuerdan cómo escaparon de la destrucción de la Atlántida por mar. Aferrándose desesperadamente a sus pergaminos sagrados y cristales, ellos también llegaron a las costas en lo que parecía ser Egipto. La gente de aquel entonces era más primitiva y los supervivientes selectamente escogidos, unos pocos que podían comprender suficiente de ese conocimiento como para poder transferirlo. Mucho sobre esto fue maquillado en las paredes de las pirámides para poder ser descubierto más tarde. Aunque sólo podría ser descubierto por aquellos que tenían la vibración y frecuencia correcta para encontrarlo. Algunas de estas personas también usaban sus habilidades mentales (conservadas desde la Atlántida), para construir grandes monumentos.

Le pedí que viera dónde terminaron tomando tierra.

N: De nuevo, donde bajamos es un lugar donde hay arena. Pero también veo montañas al fondo, donde podemos ir y vivir. No tenemos que vivir en un lugar tan desolado, donde formemos nuestra propia tribu o comunidad para practicar nuestra propia religión. Tenemos árboles frutales maravillosos y cosas que son buenas, de las que podemos vivir. Nuestro conocimiento todavía permanece allí. Podemos traerlo. Tenemos que bajar y compartir nuestro conocimiento.

D: *¿Cómo te sientes sobre la destrucción que ocurrió en el otro lugar?*
N: Sabiendo en mi corazón que iba a ocurrir, todavía me apena. No pude cambiarlo. Era parte de lo que necesitaba ocurrir.

Decidí llevarla adelante una última vez, a un día importante. Caminaba por un largo tramo de escaleras en otro templo con bonitas columnas. Tenía la apariencia de Egipto. Usando su conocimiento, ayudaron a gente que vivía allí a construir el templo. Estaban transmitiendo el conocimiento a unos pocos elegidos, uno de ellos era un varón. "Él necesita conocerlo para poderlo pasar a otros hombres."

Parece que habíamos aprendido todo lo necesario en aquella otra vida, entonces la llevé hasta el último día de su vida, y la instruí para que contemplara como un observador si quería.

N: Veo tristeza. Lloros. Tristeza que se comprende como que es hora de marchar, aunque todavía no estoy suficientemente preparada para irme. Hay un vínculo muy grande con los que he enseñado. Es difícil de aceptar que tengo que dejarlos.

D: *¿Hay algo que está mal en el cuerpo?*
N: Creo que no. No lo siento. Solo sé que es la hora de que me vaya. Tengo muchas, muchas lunas de edad. Pero siento que tengo muchas, muchas lunas de juventud. Es como si me llamaran de casa.

D: *¿Cómo sabes cuándo es hora de dejar el cuerpo?*
N: Sólo tengo esa sensación. Esa sensación viene a mí, es una llamada de casa.

D: *¿Pero si estás triste por ello, puedes evitar que ocurra?*
N: Siento que era el acuerdo que hice, que me iría cuando me llamaran.

Había hecho tanto bien en esa vida, había transmitido su conocimiento a la gente. Entonces, la llevé a donde ya había dejado el cuerpo, e hice que volviera a mirarlo.

N: Me colocan en un lugar de descanso hecho de piedra. Todo decorado con diferentes colores. Yacía en el medio de este templo, y todos caminaban alrededor, orando.

D: *Ahora que estás en el otro lado puedes ver toda esa vida. Cada vida tiene una lección, ¿Qué crees que aprendiste en aquella?*

N: A enseñar y ayudar. A saber cuándo era el momento de partir sabiendo que todo estaría bien. Y lo importante que era el conocimiento que me dieron para sobrevivir y para las personas. Además, todavía retengo ese conocimiento.

Después, llame al SC y le pregunté por qué había elegido aquella vida para mostrar a Nina.

N: Para mostrarle que puede hacerlo en esta vida. El conocimiento nunca se pierde. Debe continuarlo en esta vida. Trabaja con una parte, sólo está empezando. Ha de acercarse más. La lengua antigua ha de ser enseñada. Ha de traer los antiguos secretos. Muchos proceden de la Atlántida.

D: *¿Dónde estaba ese lugar que estaba viendo?*

N: Un lugar secreto.

D: *¿En la Tierra?* (No) El primer lugar donde practicabas estas cosas fue en la isla.

N: Esa parte era la Tierra. Quizá la Atlántida.

D: *¿Por qué no pudieron regresar a donde habían vivido antes?*

N: La mayor parte de donde vivían fue destruida. Cuando se subieron a las naves pudieron ir a otro planeta. Y llevar el conocimiento, transmitirlo. Ahora debe traer el conocimiento de nuevo. Para la supervivencia de este planeta, ha de hacerse saber una gran parte.

D: *¿Va a ocurrir algo en este planeta? (Sí) ¿Puedes contarnos algo?*

N: Muchas partes serán destruidas. Y habrá muchos que necesiten saber sobre el conocimiento para ayudar a aquellos que estén allí.

D: *¿Qué causará esta destrucción?*

N: Las personas. Las personas que hayan perdido el amor y la gente que no crea que todos estamos conectados. Las personas que no amen a nuestra Tierra o al prójimo.

D: *Entonces, ¿las personas causarán esto y no algo natural?*

N: Serán ambas, porque todo está interconectado. A causa de aquellos que están violando la Tierra, sustrayendo todo de ella y no reponiéndolo. Envenenando a todo el mundo, a los árboles, los pájaros, los peces y los lagos. No renunciarán a sus bombas, porque piensan que les dan poder. Están tan equivocados.

D: *¿Sobrevivirá Nina a todo esto, para poder transmitir el conocimiento?*

N: El plan es que intente hablar con tantas personas como sea posible, para poder despertar la semilla, lo que ayude a traer el amor, la compasión. Y luchar – no a nivel bélico – pero luchar a un nivel que la gente pueda ver que tenemos que unirnos. Tenemos que frenar esto entre nosotros y por nuestra madre, la Tierra.

D: *¿Esto es algo que ella tiene que hacer antes de que el desastre ocurra?*

N: Si, y ya ha comenzado. (Esta sesión tuvo lugar en 2.005)

D: *¿Habrá tiempo suficiente para poder difundir este conocimiento?*

N: Tendrá algo de tiempo. Ya está comenzando, en pequeña escala. Pero hay otros que están aquí para hacer lo mismo, desde diferentes mundos y desde este mundo, de distintas culturas. Nos están observando. Y siempre dicen, "¿tenemos que sacaros de esto otra vez?"

D: *Ya he conocido muchas personas que se están preparando para ser sanadores. Muchas, muchas personas vienen a mí, que afirman haber sido llamados para ayudar en esto. Y no son conscientes de ello conscientemente.*

N: No, pero están siendo despertadas. Creo que estamos saliendo de la minoría, pero la oscuridad está luchando mucho para mantener su lugar.

D: *¿Cómo podrá recordar estas habilidades?*

N: Nosotros la guiaremos. Tocará a muchos. Y sabrá que estuvieron juntos antes, el conocimiento estará allí.

D: *¿Sabrá instintivamente cómo usar esto cuando realice sanaciones?*

N: No, aprenderá otra vez, en cierto grado.

D: *Pensé que quizá podrías despertar sus recuerdos, para que pudiera traerlos de nuevo.*

N: Podría. Ese sería un modo rápido de hacerlo. Podría disponerlo así. Tiene miedo de usar los aceites, las hierbas y los cristales otra vez. Hay temor porque fueron usadas mal entonces, pero no por ella. – Su voz. Esa sería la mejor manera por ahora. Hablará con muchas personas.

D: *¿Qué quieres decir?*

N: Muchos en el Consejo le permiten hablar.

Nina me contó durante la entrevista que estaba ocurriéndole un fenómeno extraño cuando daba masajes a algunas personas. Había comenzado a hablar en distintas lenguas y podía comprenderlas. Había recibido formación en esto. Algunos de los idiomas en los que hablaba durante las sesiones de sanación eran desconocidas para ella o su cliente. Era realmente sorprendente cuando el sonido salía. Esa era una de sus preguntas, ¿de dónde venían estas voces, las diferentes lenguas?

N: Ha vivido muchas vidas como un gran sanador y alquimista. Posee el conocimiento secreto de los misterios.

D: *Por lo tanto, la vida que le hemos estado mostrando no ha sido la única.*

N: Correcto. Ha tenido muchas, muchas vidas. Tiene una acumulación de muchos y diferentes tipos de conocimiento de sanación. El mensaje debería ser a través de su voz. También ha de usar sus manos de sanación. Y si, sus flores y cristales también, pero más progresivamente, al menos en un comienzo.

D: *Quiere saber por qué habla en estas lenguas.*

N: Son ella. Y hablan cuando alguien necesita escucharlas, en el tiempo y lugar de conocimiento. Para enseñar a la persona a la que habla.

D: *Entonces, ¿estas son lenguas que conocía en distintas épocas?*

N: Sí, y algunas proceden de un colectivo, un poder superior. Algunas son lenguas muy antiguas, que hoy en día no pueden ser comprendidas. Pero tiene poder, gran poder.

D: *Desea saber cómo funciona.*

N: Es la palabra en sí misma, y el tono de voz. Para cada uno a quien habla, será diferente. Porque ellos necesitan tener ese sonido, y la forma en que se diga la palabra, para que vuelva a aparecer dentro de su estructura celular.

D: *¿Aunque no sepan lo que significan?*

N: Correcto. Dentro de sus células lo saben.

He tenido otros casos donde el cliente de repente comienza a hablar en una lengua extraña. Algunas veces fue una lengua reconocible, que tenía relación con la vida pasada que estaban experimentando. Pero otras veces no parecía familiar. Tengo una cinta donde el cliente habló durante media hora sin parar, en una lengua desconocida. He puesto esta cinta en grupos, en muchas partes del mundo (incluyendo India donde hay muchos dialectos), y nadie puede identificarlo. Mary Rodwell, un compañero investigador de Australia, también ha grabado este fenómeno y hemos descubierto similitudes.

D: *Entonces, vcuando realiza sanaciones, realmente está canalizando. Está conectando con sus vidas pasadas, ¿Es eso lo que ocurre?*
N: Correcto. También limpiará el agua con su voz. Cantará una canción, una canción a las aguas. Una canción para sacar las cosas negativas, iones. Todas estas cosas que la gente ha puesto en el agua, para arruinarla.
D: *¿Sabrá cómo hacer esto?*
N: Diré esto: ella va al agua, mete sus pies, pide que todos vengamos a ayudar. Y fluirá por su boca. No tendrá ningún problema. Su propósito en esta vida es permanente. Su propósito es ayudar a salvar la Tierra, esta vez. No observar desde una nave, porque hay muchas cosas esta vez, que puede hacer para ayudar. Está preparada para participar en vez de observar.
D: *Al comienzo de la sesión, vio algo como una puerta, salían personas de allí. ¿Qué fue eso?*
N: Eran todas las personas que ella ha sido, muchas personas que fueron ella.
D: *Y no se daban cuenta de su presencia.*
N: No. Fue algo más para mostrar.
D: *¿Qué era la puerta?*
N: El portal a otra dimensión.

Casi como si estas muchas vidas, representaciones de sí misma, iban pasando y el SC intentaba determinar en cuál de ellas deberíamos enfocarnos. La otra dimensión sería donde todas ellas existieron y continúan existiendo. Es probable que una de estas dimensiones sea con la que conectamos, cuando estamos realizando las regresiones.

Capítulo 17

LA EXTRAÑA ESTRUCTURA

Judith es una encantadora mujer que trabaja para una empresa medioambiental. Ha estado sintiendo que una energía pasa por su cuerpo y le causa sacudidas y movimientos de cabeza durante casi seis años. Ella quería comprender por qué le estaba ocurriendo y tener información sobre sanación y canalización.

Cuando Judith salió de la nube, vio una inusual y extraña estructura. Intentó describirla, "como dos escaleras que se juntan en la parte superior como una pirámide, con forma de A. Hay una a la derecha que sube hasta arriba y una a la izquierda, se juntan en el medio. Como de color tostado, o arcilla clara. No parece adobe. Es difícil de explicar. Nunca he visto algo así. Estoy justo en la base, en medio, donde las dos escaleras se juntan. No tengo idea donde puedo estar. Ni idea de lo que es esto." La inusual estructura se encontraba en un enclave de lo que parecía ser un claro en una jungla. Tengo la sensación de que debe ser un lugar caluroso pero que, debido a la frondosidad del bosque, hay más aire fresco. Este es el único edificio, la única estructura que veo desde el punto donde oportunamente estoy. No comprendo el propósito de tener dos escaleras que se encuentran arriba de esa manera. No tiene sentido, no hay una plataforma o algo así. Es raro. ¡Las escaleras sólo suben hasta un punto, nada más! ¡Sólo puede ir hacia el otro lado!" Continuó andando alrededor del edificio, buscando una entrada. "No hay aberturas en este lado. Déjame mirar en la otra parte. ¡No veo ningún camino de entrada en esta cosa! ¡No hay puertas! Es extraño."

Después, quise saber la descripción de esta persona. Llevaba una clase de sandalias muy primitivas que parecían estar hechas de un tipo de fibra. ¡Son pies de hombre! ¡No son mis pies! Exclamó. Llevaba puesto una fina túnica de gasa o algodón, hasta por encima de su rodilla y le envolvía el cuerpo. "Es como una tela larga que envuelve y sale desde la parte de atrás, y cruza por un hombro, remetida hacia dentro, apretada." Era definitivamente un hombre joven, muy saludable y ligeramente musculoso. Piel bronceada, y pelo muy, muy oscuro. Llevaba un sombrero dorado con que descendía sobre las orejas. "Es muy brillante. – No acaba en punta, es redondo, pero no se ajusta completamente a mi cabeza. – El sombrero servía a un propósito, con la energía. Algo que tenía que ver en la perfección de la energía." Después, emitió un jadeo de sorpresa. "Es como que acumulara energía y pasa a ese sombrero brillante. Y después, puedo usarla. No sé cómo. Pero es como un transductor, o un acumulador de energías. Hay algo acerca del meta, algo que tiene que ver con su forma."

D: ¿De dónde viene la energía?
J: Creo que de otras dimensiones. Es la sensación que percibo. Proviene de otras dimensiones. Es como una energía universal – punto de encuentro o algo así. Entra en el sombrero, en mi cabeza, en mi cerebro en un sentido. ¿Qué hago con esto? Afecta a mi cerebro de alguna manera, mis ondas cerebrales o algo así. Es una forma de reunirse todo eso en sí mismo, en un sentido. Una manera de tirar de la energía hacia dentro. Es como si la energía, estuviera en todas partes, pero esto la concentra o enfoca. Definitivamente, siento la energía corriendo a través de mi sistema. Me siento muy bien. ¿Es una modalidad de sanación? Tiene algo que ver con esa estructura. (Pausa) Fui hacia la pared y dentro.
D: ¿Cómo entraste en la pared?
J: ¡La atravesé! No había puertas, ¡supongo que no las necesito! Definitivamente, tiene algo que ver con la energía. Hace algo a las moléculas de mi cuerpo.
D: Pudiste atravesar la pared.
J: Si. Hay oscuridad, pero también un brillo dentro. Es como que no hay una fuente de luz en absoluto, pero hay un brillo que procede de ningún lugar. Un tipo de brillo dorado, con un color magenta en ese espacio. En el exterior, este edificio es largo, pero adentro es casi como que no tiene un sentido del espacio. No tengo la sensación de que haya longitud, como había en el exterior.
D: ¿Qué quieres decir en que no hay espacio?
J: Bueno, cuando miras un edificio desde afuera, y piensas, "si tengo que andar de un extremo a otro, tardaría tanto tiempo, porque eso

es lo que tardas en hacerlo afuera. Pero cuando estás adentro, el espacio ha cambiado. Es diferente. – Es como que no hay espacio dentro. (Ríe) No sé cómo explicarlo. No hay espacio dentro, pero sí hay espacio. Es como estar en distintos edificios.

Ya me había encontrado con esta idea de la distorsión del espacio, especialmente durante mi trabajo en casos de abducciones extraterrestres. En ocasiones cuando la persona entró en lo que pensaban era una pequeña nave, y encontró que era al menos cinco veces más grande en el interior.

D: *¿Hay algo dentro de la pared?*
J: Este brillo alrededor, pero no ilumina las paredes. Sólo está. ¿De dónde viene? Definitivamente, hay energía aquí adentro. La energía aquí dentro es como un zumbido.
D: *¿La energía que sale del sombrero es diferente? ¿Son tipos distintos de energía?*
J: Está la energía del sombrero y después está otra. No es el brillo que está creando la energía. Es como que ahora estoy en un espacio de esta energía. Es como que la energía está aquí en el espacio, y estoy usando el sombrero para poder entrar dentro de un tipo de ¿frecuencia quizá? ¿Dónde puedo conseguir entrar dentro de ese espacio en el edificio?
D: *¿El sombrero era necesario para poder atravesar la pared, ¿verdad?*
J: Sí. Aunque me está llevando dentro de una frecuencia donde soy compatible. Dentro de la estructura, es como que estoy en la fuente de la energía. Y el sombrero me pone en contacto con la fuente y consigo llegar a ella.
D: *¿Hay algo más allí que puedas ver?*
J: No. Es como estar en otra dimensión. No hay mobiliario, objetos. No hay espacio. Pero hay espacio. Es muy espacioso. Siento como si estuviera andando. Podría caminar por siempre, y no habría límites o fronteras. Aunque, a la misma vez no hay espacio.
D: *¿Es una energía buena?*
J: Sí. Definitivamente. Es como una energía vibracional más alta.
D: *¿Qué puedes hacer con esta energía?*

J: Estoy recogiéndola allí dentro. Se está infundiendo dentro de mí, y sacaré la energía fuente de mí una vez me haya marchado. Sé cuándo no he de permanecer, tan sólo me iré.

D: *¿Cómo sales del edificio?*

J: Tan sólo me voy. Formo en mi mente que quiero irme y salgo. Y lo siguiente es que me encuentro fuera del muro, pero no vi el muro por dentro. Es como si creando mi intención, atravieso el muro. Y ahora estoy afuera otra vez. Creo la intención de volver a salir de la fuente de energía y después me encuentro fuera del muro. Estoy fuera de la estructura. Es como un portal en esta cierta dimensión, donde se encuentra esta energía.

D: *¿No necesitaste ir más allá dentro de esta dimensión? Sólo fuiste a recoger la energía.*

J: Sí, porque cuando llegas allí, no hay ningún lugar donde ir, todo está allí en ese lugar, en aquel momento - en aquel lugar. Todo está allí. Y es como si pierdes tu cuerpo, en un sentido porque cambia tu estructura molecular. Si pudieras caminar, no hay lugar para caminar, porque estás dentro de esa energía. Y esa energía está en todas partes en ese lugar. No sé de qué otra manera puedo explicarlo.

Similar al aborigen en "El Universo Complejo - libro II," cuando entró por un lado de la montaña y desapareció en otra dimensión.

Ahora que estaba fuera de la estructura de nuevo, se fue caminando siguiendo un sendero por el bosque. "Es una aldea. Hay personas allí. Soy el único que lleva este sombrero. Intento imaginar por qué. ¿Hago yo estos sombreros? Estoy regresando y están estas piezas de metal. Y hago algo con este metal. Es como si yo quemara este metal. ¿Le doy forma? Esta energía se infunde en este metal. Y es por eso que voy allí y recolecto esta energía y después, regreso y trabajo con este metal. Puedo coger esta energía y de alguna manera, puedo insertarla en el metal. Intento observar lo que estoy haciendo. Intento hacer diferentes formas. Algunas son barras y otras más bien como estructuras de bolas. Más como bolas o barras alargadas de metal. Cuando se parte con este metal, es realmente lúgubre y oscuro. Pero hago algo con él y se convierte en un metal realmente brillante. En una estructura completamente diferente a con la que empecé."

D: *Mm, me pregunto si esa energía tiene algo que ver con eso.*

J: ¡Creo que sí!
D: Le das esas formas, y después, ¿Qué haces con ellas?
J: Estoy observándome, estoy sintiendo los sentimientos de esa persona. Lo que está haciendo no es nada especial para él. Trabaja con la energía. Nada importante. Es sólo lo que hace. Tengo la sensación de que desearía poder hacer algo distinto, pero este es su trabajo, su suerte en la vida, básicamente. No es que sea infeliz, pero no es gran cosa. Como cuando alguien es bueno haciendo algo y es tan fácil para esa persona, pero a la vez parece que le aburre un poco. Ese tipo de sensación. Él pone estos objetos en un cajón, que tiene un filo alrededor. Está hecho de un tipo diferente de metal. Gira, y sus dedos giran alrededor de esta cosa. Como cuando hacemos un jarrón de barro, ¿esa cosa que da vueltas? Es como eso. Mete las piezas de metal, todas en el cajón y gira realmente rápido. No sé cómo lo hace. He de tomar otro ángulo para conseguir ver cómo ocurre. Todas se unen. No se desgranan, se unen. Quizá ese tipo de cosa magnética, ¿sostiene el metal en su sitio? Girando y girando.

La pedí que avanzáramos, para ver lo que lo que hizo con ello una vez había terminado.

J: Esa cosa ya paró, nada parece diferente. Aunque algo ha ocurrido con esas cosas, es como actúa la energía. Después, lo coge y lo prueba. Lo siente con su mente, ve si está bien. Las mete en una caja. Tiene una ranura para meter cada pieza individualmente. Como un botellero, algo así. Está hecho de metal, también, y mete cada una en su ranura, para guardarlas separadas unas de las otras. Las lleva así y las vende. Creo que son barras destinadas a la sanación. Les muestra cómo han de usarlas. No gana mucho dinero, porque si la energía se disipa de estas, se tarda mucho tiempo. (Ríe)
D: Entonces, pueden usarla durante mucho tiempo.
J: Sí. Creo que puede usarla con otras personas, también. Por eso no gana mucho dinero.
D: ¿Se usan para sanación? (Sí) ¿Qué ves que hagan con ellas?
J: A él le gustan estas ovaladas, las largas, ovaladas. Las sostiene con ambas manos. (Pone sus manos en posición ahuecada). Y cierran los ojos. Las energías corren a través de ellos. Ellos se concentran

en lo que ellos quieren sanar. Por ejemplo, si tienen una lesión, o un tipo de enfermedad, dolencia – se concentran en ese disco, barra o demás. Cada barra hace distintas cosas y sólo les sana.

Ella explicó que ahuecaban sus manos y sostendrían las de forma de disco, después pondrían ambas manos alrededor de las largas con forma de barra.

J: Puedo sentir la energía que corre a través. (Pausa) Creo que las largas, las barras finas, tienen que ver con lo físico. Cosas físicas como una lesión, quizá un tobillo torcido, o algo así. Y con las ovaladas, entras más en contacto con cosas espirituales. La forma, definitivamente cambia la función.

D: *¿Es él el único que consigue la energía y hace estas cosas?*

J: Sí, él es el único en esa área.

D: *Entonces, crea estas cosas y las vende a la gente.*

J: Sí, no se trata de dinero. No existe el dinero allí. Sino intercambiar. No tengo la sensación de que la gente se preocupe por el dinero. Si tienen suficiente, o algo así. La gente puede hacer trueque, o algo similar. No hay muchas cosas materiales, aunque no es en lo que estas personas ponen su atención, de todas formas.

Después, hice que abandonara la escena y la lleve adelante, hasta un día importante.

J: Estoy contemplando un enorme diamante en el cielo. Tiene muchas facetas. Es como dos pirámides puestas base con base. ¡Es preciosa! Brilla como el sol en el agua, está arriba en el cielo. La estoy mirando. No puedo decir que esté girando sobre su eje, pero está haciendo algo. Nunca pierde su forma, sino que cambia ligeramente, constantemente. Lo hace parecer un poco, como que va y viene.

D: *¿Qué es esta cosa?*

J: (Pausa) Es un mensajero. (Era una respuesta extraña). Es un mensajero. Me está diciendo algo. Estoy solo. Estoy en un claro, otra vez. Un tipo distinto de claro. No sabía que iba a estar allí.

D: *¿Quizá por eso se te está apareciendo, no querían dejarse ver por los demás?*

J: Sí, aunque no sé si los demás podrían verlo, de todas formas.

D: *Dijiste que era un mensajero, y que te estaba diciendo algo. ¿Cómo te lo dice?*
J: No sé. Con energía. Estoy recibiendo ondas y ondas de energía. No es que se pueda ver cómo esta energía entra dentro de mí. Sólo puedo sentirlo. Está muy lejos, pero siento sus ondas golpeándome.
D: *Tú estás acostumbrada a trabajar con energía.*
J: Sí, pero esa energía sólo está allí. Y está llena de información. Me transmite cosas que van a ocurrir, de algún modo y la manera que tengo que entenderlo. La forma que he de decir a los demás cómo entenderlo. ¿Sabes? a ellos no les importan estas cosas. Soy el único entre ellos, aunque no soy uno de ellos, en cierto sentido. Les gusta el hecho de que estas barras sanen, pero no las saben apreciar. Han perdido el agradecimiento por los cambios de estación y los cambios en cosas que ocurren en la vida.
D: *¿Cómo cuando se da algo por garantizado? (Sí) ¿Qué quieres decir que no eres uno de ellos?*
J: Tengo muchos conocimientos acerca de la energía y cómo funciona. ¡No hay nadie a quien le importe! Nadie más quiere aprender. No comprenden que, si me voy, nadie ya hará estas barras. Nadie podrá sanarse después. Lo dan por hecho y no comprende las consecuencias. Yo comprendo las consecuencias. Las consecuencias son que podrían llegar al punto de avanzar tanto que no necesitarán estas barras nunca más. Las barras son una herramienta para que ellos comprendan y puedan evolucionar. Pero al tener las herramientas que les quita de sus dolencias y enfermedades, es suficiente para ellos. No quieren evolucionar. Y una vez estas barras no estén, revertirán.
D: *No intentarían crear ninguna, porque no saben cómo hacerlo.*
J: No tienen ni idea.
D: *¿Dijiste que no eras de allí?*
J: Sí. Lo que quiero decir es que me mantengo apartado. Y pienso que quizá mi origen no es de allí. Soy tan diferente. Pero como ellos no se interesan, ya no me interesa lo que hago.
D: *Si no eres de allí, ¿de dónde habrías venido?*
J: Vine del lugar de donde vino el diamante.
D: *¿El mensajero? (Sí) ¿Es lo que te relaciona a él? (Sí) Pero parece que llevas mucho tiempo allí.*

J: Sí. Demasiado tiempo. Demasiado. Y la sociedad no ha evolucionado. Acabarán yendo hacia atrás. Se me ha ido la emoción de hacer lo que hago, están usando estas cosas, pero en algún punto habré de irme. Y dejarán de tenerlas. Me entristece que no les importe. Nadie piensa, "Vaya, realmente tenemos que aprender más sobre esto."

D: ¿Naciste allí?

J: Me encontraron cuando era un bebé en el bosque. Tan sólo me encontraron allí. Me dejaron esos seres.

D: ¿Los seres de la nave en forma de diamante?

J: Creo que sí.

D: ¿Cuál es la apariencia de estos seres?

J: Son muy altos y delgados y blancos. Altos.

D: ¿Te pareces a ellos?

J: No, soy más como un humano. Ellos no son humanos. ¿Cómo consiguieron que yo…?

D: Puedes averiguar más sobre ello. (Pausa) ¿Puedes ver el lugar de donde originalmente viniste?

J: Nací en una nave. Nací en ese diamante. Sólo hay unas cuantas personas de este planeta que viven allí. Es como si hubieran trascendido o algo así.

D: ¿Parecen humanos?

J: Oh, sí, son como la gente de este planeta. No sé si fue ingeniería genética o algo parecido. Hubo algo que tuvo lugar cuando fui concebido.

D: ¿Eso te hizo distinto al resto?

J: Sí. Para poder bajar y ayudar.

D: Esa era la idea, de alguna manera.

J: Sí, pero no funcionó.

D: Bien, volvamos hacia atrás, a donde te encontrabas mirando esa forma en diamante, y dijiste que era un mensajero dándote información. Dijiste que estaba relacionado, ¿con algo que iba a ocurrir?

J: Sí. No es información directa como decir, "Ok, esto va a ocurrir, y esto es cuando va a ocurrir" No es así. Es como un conocimiento orgánico sobre las cosas. Puedes sentir cuando van a ocurrir, o cuando algo malo va a pasar. Y básicamente, yo me iré de este lugar pronto.

D: De todas formas, te estás aburriendo.

J: Sí. ¿Pero voy a morir pronto si no vuelvo a la nave? Lo sé.
D: *Podemos averiguarlo. Podemos condensar el tiempo y movernos hacia delante, a cuando ocurre. ¿Cómo abandonas el planeta?*
J: (Pausa) Estoy de nuevo en la nave con ellos.
D: *¿Cómo conseguiste llegar a la nave?*
J: Era como cuando entraba en ese edificio. Lo mismo. Es como ser transportado allí. Podía haber sido desde el edificio. Entré en la nave y después ellos pudieron – yo ya estaba en la nave. Estaba allí. – Pero estaba muy triste.
D: *¿Por qué estabas triste?*
J: Porque sentí que les había decepcionado.
D: *Dijiste que pusiste todo de tu parte. El resto depende de ellos, ¿verdad?*
J: Sí. Pero estos seres altos tenían esperanza en esto. Estaban intentando que esto fuera adelante.
D: *No aprovecharon la oportunidad. No fue culpa tuya.*
J: No, pero siempre pienso, "¿Qué más podría haber hecho?" Porque ahora lo veo desde otro ángulo. Ahora pienso: bueno, quizá podría haber hablado con ellos más, o quizá pude… haber tenido un cierto desprecio por ellos. Y que no lo intenté tanto como debería. Hay dos seres que están hablándome. (Pausa) Les digo que siento que he fracasado. (Pausa) Me están impartiendo un sentimiento de no-juicio, está bien. Ellos no hablan. Imparten información a través de la energía. La situación no funcionó de la forma que se esperaba. Pero lo hice lo mejor que pude, y no entendieron que yo estaba hundido emocionalmente por todo en conjunto.
D: *Sólo puedes hacerlo lo mejor que se puede.*
J: (en voz baja, con melancolía). Sí.

Después saqué a Judith de la escena. No tenía sentido llevarla al último día de su vida, porque podría haber ocurrido mucho después de aquel entonces. Pensé que habíamos cubierto los puntos principales de la historia, de todas formas. A continuación, llamé a SC para que explicara la sesión. "¿Por qué escogiste esta vida para Judith?"

J: Porque queríamos que Judith sepa que esto es lo que hace. Conoce y siente la energía. Tiene conexión con esa vida, y todas sus experiencias, todas sus vidas.

D: *¿Quieres decir que en todas sus vidas ha trabajado con la energía? (Sí) ¿En el planeta Tierra o en algún otro lugar?*
J: En muchos planetas. La vida que estaba contemplando no fue en la Tierra. En la mayoría de sus vidas ha tratado con la energía. Otras vidas eran de aprendizaje para que pudiera entender ciertas facetas de la existencia, para que pudiera usar mejor la energía.
D: *Pero en esta vida no la ha usado aun, ¿verdad?*
J: La usa, aunque no conscientemente.
D: *Afirma que siente una energía que se mueve a través de ella, y que puede ser bastante fuerte algunas veces.*
J: Sí. Todavía está aprendiendo a trabajar con ella físicamente.
D: *¿De dónde procede esa energía que ella experimenta?*
J: Vienen de otras partes de ella. Se está filtrando en este plano dimensional donde esta parte de ella existe. Ella comprende lo que ocurre en parte. Es quien es, ha tenido problemas aceptándolo. Hay ciertas cosas con las que debe llegar a un acuerdo, antes de poder trabajar con esta energía efectivamente en este plano. Primeramente, ha de aceptar esto como parte de su existencia. En segundo lugar, ha de tratar con emociones humanas, desmerecimiento, miedo a ser diferente, cosas de esa naturaleza. Ha de trabajar con ella misma primero. Entonces podrá hacer todas esas sanaciones que quiere hacer. Podrá canalizar toda esta energía. Sólo ha de pensar que sabe cómo. La sanación es una. La transferencia de información es otra. De la manera que piensa sobre ella es sólo verbalmente. Hay muchas maneras de canalizar información, no sólo verbal. Ella conoce esto en otros campos, pero no lo entiende aquí.
D: *Porque como humanos trabajamos principalmente verbalmente. Es la manera en la que operamos.*
J: Sí. Ella puede usarla en la manera que quiera. La sanación es algo en lo que ella está interesada porque su interés está en ayudar a la gente. La energía fue retirada durante un corto tiempo, para que pueda adaptarse a ciertas cosas. Pero ahora la energía está regresando otra vez, aprenderá a cómo usarla más y más efectivamente. Ella la controla, pero no entiende cómo. No es la parte consciente de su mente que piensa que debería poder controlarla. Según vaya abarcando en otros planos dimensionales, automáticamente ganará más control sobre estas habilidades, y la energía que ella es. Ella llegará a un cierto estado de

conocimiento, un conocimiento orgánico. El conocimiento, la información, tan sólo estará allí. Según vaya aceptando quién es ella y lo que hace, el conocimiento vendrá con ello. Esta energía es una energía de conocimiento y sanación.

* * *

D: *¿Por qué la edad de tres años es tan importante para Judith? Siempre se va a la edad de cuando tenía tres años.*
J: Fue a esta edad cuando entró de lleno en su cuerpo. Fue a esa edad en la que tenía todavía conocimiento de quien era en otros niveles. Fue a esa edad cuando decidió quedarse y explorar.
D: *¿Antes de los tres no estaba totalmente dentro de su cuerpo?*
J: No, su consciencia no estaba totalmente en su cuerpo. Esto es en realidad un hecho normal con niños de esa edad. Hasta una cierta edad están entrando y saliendo todo el tiempo.

Me han dicho que hacemos esto hasta la edad de los dos años, pero supongo que en realidad puede ser más tiempo.

D: *Entonces, ¿esto fue importante porque decidió quedarse y entrar en el cuerpo plenamente?*
J: Sí, y era consciente de ella misma a otros niveles, tomó una importante decisión de utilizar el conocimiento de manera que pudiera ser de ayuda aquí. Este fue un momento de gran maduración, cuando todavía no estaba completamente condicionada por las maneras de este campo.

Capítulo 18

LA ATLÁNTIDA

Mitchell fue un caso difícil y yo realmente tuve que trabajar para conseguir llegar al punto donde pudiera obtener información. Esto ocurre algunas veces cuando el cliente es un "control freak", obsesionado con el control, o si su trabajo les causa enfocar más su parte izquierda del cerebro. El lado izquierdo del cerebro, es la parte que se encarga del control, análisis y números. Cuando tengo un cliente que es ingeniero, un CEO – Director general de una gran corporación, un contable o un profesor de matemáticas (¡Uff! Es lo peor), sé que tendré que trabajar el doble de difícil, para sacarles de ese lado del cerebro, y reconducirlos al lado derecho donde las imágenes y memorias están localizadas.

En el caso de Mitchell, podía visualizar, pero eran todas escenas de esta vida. Le lleve atrás durante esta vida hasta que era un bebé. Después intenté llevarlo más allá, para que terminara en otra vida o en el lado espiritual, planeando su vida presente. Aunque nada parecía funcionar. Soy muy paciente, y después de 45 años haciendo esto, tengo una gran bolsa de trucos. Cuando se trabaja con este tipo de personalidad, he de trabajar duro y sacar muchos de estos trucos, pero se puede conseguir hacer. Cuanto más tiempo esté la persona inducida, más profundamente entran en trance, aunque quizá lo estén peleando. Eventualmente, logro romper esa resistencia y llegar al punto donde la información pueda salir. La mayoría de los hipnotistas no tienen ese tipo de paciencia de seguir intentando, y despiertan a los clientes demasiado pronto. Sé que, si seguimos intentándolo, ocurrirá. Sólo lleva más trabajo.

Con Mitchell, intenté distintos métodos y aunque visualizaba, no llegaba a escenas de vidas pasadas o a ninguna información útil. Llevaba inducido durante una hora, por lo tanto, sabía que estaba lo suficientemente profundo para llamar al SC. Al principio, incluso quiso controlar eso y evitar que entrara. La estúpida mente consciente que puede tener tanto poder algunas veces, aunque esa no es la parte que yo quiero. Esa parte no sabe absolutamente nada útil, pero no quiere perder el control. Finalmente vi señales de que el SC estaba ganando la batalla y podría comunicar con él. Aun así, hay que estar alerta cuando la mente consciente intenta volver a meterse. Cuando supe que estaba allí, mi primera pregunta fue, "¿Por qué Mitchell no podía ver ninguna de sus vidas pasadas?"

M: Su miedo al fracaso interfería.
D: *¿Por qué tiene miedo al fracaso?*
M: Porque lleva mucho tiempo que tiene potencial.
D: *Tiene un potencial maravilloso, ¿no?*
M: Sí, y ha logrado mucho.
D: *¿Pero sigue teniendo miedo al fracaso?*
M: Él siente miedo al fracaso. También ha sufrido. Ha sido difícil rendirse porque a veces, cuando no podía estar en control, sufrió.
D: *¿En otras vidas?*
M: En otras vidas y en esta vida.
D: *¿Es por eso que no quiere ver esas otras vidas?*
M: Quisiera poder verlas, pero se frena. Miedo de estar fuera de control y sufrir las consecuencias.

Después tuve una conversación con el SC acerca de la utilidad de ver algunas de estas cosas. Si Mitchell supiera la causa, él podría entender mejor sus efectos en la vida presente. Sugerí que el SC sólo le dijera de las vidas más significativas. Mitchell no tenía que verlas, si pensaban que podría causarle molestias. El SC sólo le contaría sobre ellas. Ese sería un modo más seguro. "¿Fue en un periodo de tiempo en concreto?"

M: Esto viene de muchos y diferentes periodos de tiempo. Ha ocurrido varias veces.
D: *¿Es por eso tan difícil escoger sólo una?*
M: Sí. Es consciente de fracaso en la Atlántida.
D: *¿En qué fracasó?*
M: No fue suficientemente fuerte. No tuvo la maestría emocional para permanecer en el lugar donde necesitaba estar, para trabajar las energías de la manera que necesitaban ser trabajadas. Para trabajar las energías a través de los cristales requiere estar muy centrado.

D: *¿Había otros haciendo lo mismo? (Sí) ¿Cómo direccionaban la energía en los cristales?*
M: Con sus mentes. Tenían control de su intención y atención, lo cual no puedes hacer si estas en un lugar emocional de temor. Las emociones interfieren cuando no hay equilibrio. Cuando estás en equilibrio pueden capacitar las intenciones.
D: *¿Ocurrió algo que creara ese miedo?*
M: El dudaba tener la habilidad de reunir el poder de aquellos con otras agendas. Los que directamente en su presencia trabajaban juntos. Otros en la Atlántida tenían otras agendas. Los egos se opusieron con estas tecnologías, y sus egos se opusieron con sus agendas tan altivas.
D: *¿Había dos grupos diferentes?*
M: Sí, aunque el otro grupo tenía fracciones, no estaban exactamente unidos en sus agendas, aunque todos ellos eran egoístas. Intentaban explotar las energías de la Madre Tierra. Sus intenciones eran controlar, en términos de hoy en día, de usos militares. Definitivamente no para el mejor uso de la humanidad o de la naturaleza. Estaban teniendo éxito en el aprovechamiento de las energías, pero no las dominaban. No sabían lo que estaban haciendo. Sus creencias egoístas en sus propias habilidades no estaban en línea con la realidad. No tenían tanto poder como creían.
D: *¿Jugaban con algo que no deberían?*
M: Correcto. Su grupo estaba intentando dar apoyo a la Madre Tierra, mantener su equilibrio.
D: *¿Hacían esto proyectando energía dentro de los cristales?*
M: Sí. Una energía más armónica, energía amorosa podría decirse, cuando sus propias emociones estaban fuera de balance. Era difícil.
D: *Sería difícil de hacer por los humanos, ¿superar sus propios sentimientos? (Sí) Pero en aquellos días, ¿no tenían control de sus emociones?*
M: Llegaron a ese punto, pero no al final. No fue suficiente.
D: *Entonces, ¿al final cuándo hacían esto, dudó de sus propias habilidades?*
M: Sí. Al final sabía en su corazón que no tendrían éxito.
D: *Había dos energías de mucho poder, ¿verdad?*

M: Sí, lo que suele ser así en este tipo de reino de dualidad. Sus intenciones eran buenas. Él lo hizo lo mejor que pudo.

D: Entonces, él no fracasó. Tan sólo era demasiado difícil, un trabajo demasiado grande. ¿Qué ocurrió al final? ¿No fueron capaces de mantener la energía positiva?

M: Correcto. Fue como una reunión de onda de entrada con una onda de salida en la costa, que luego se unen. Hubo un movimiento rápido, una respuesta energética, que fue lo suficiente grande para reorganizar la Tierra.

D: Tendría un poder terrible, ¿verdad? (Sí) ¿Una aniquilaría la otra?

M: No. Una era más grande que la otra. La negativa.

D: ¿Dijiste que acabó reorganizando la Tierra? ¿Quéquieres decir con eso?

M: La Atlántida fue partida en dos, aunque no completamente en una sola vez, pero el proceso había comenzado.

D: Entonces, ¿fue un proceso gradual?

M: Hubo una pérdida inmediata de almas. La Atlántida y el resto seguido el tiempo. Se trata de un dispositivo de protección.

D: ¿Qué quieres decir?

M: Cuando los poderes se reúnen por la mente, van más allá del crecimiento de la conciencia, en lugar de permitir la destrucción de todo, esas mentes serán eliminadas para empezar de nuevo. Ese es el dispositivo de protección. Apagar la conciencia no sale bien. La tecnología se elimina del control de esa conciencia. La pizarra se limpia en cierta medida, para permitir que el tiempo de conciencia se ponga al día, incluso si eso requiere tiempo para empezar de nuevo.

D: Pero esto puede llevar mucho tiempo, empezar de nuevo.

M: Puede parecer de esa manera, pero el tiempo no es realmente un asunto significativo en el esquema general de las cosas.

D: Por eso, ¿la Atlántida fue destruida? (Sí) También habría buenas personas, ¿verdad?

M: Sí, es verdad. Teniendo en cuenta que todo lo que fue aniquilado, fue en un aspecto físico.

D: ¿Qué le ocurrió a Mitchell en aquella vida? ¿Mencionaste que no pudo cumplir lo que estaba haciendo?

M: Verdad. Su cuerpo físico murió.

D: Dijiste que la Atlántida fue destruida gradualmente. ¿Cómo fue destruida?

M: En el aspecto físico todo lo que se llamó la Atlántida fue eventualmente cubierta por el mar en su mayor parte. Es una forma eficaz de limpiar la pizarra y eliminar las tecnologías ofensivas.

D: *Entonces, ¿murió en el agua cuando esto ocurrió?*

Se hace referencia en Las Tres Olas de Voluntarios, Capítulo 31 (Los guardianes de la Red), para una explicación más detallada del increíble poder que se desencadenó y casi destruye la Tierra. Todo tuvo que ser destruido para evitar que sucediera.

D: *Por ese motivo lleva cargando esta sensación de fracaso, aunque peleó contra insuperables dificultades.*
M: Así es.
D: *Por lo tanto, no debería sentirse personalmente responsable de algo que no pudo controlar.*
M: Eso es verdad. El residuo estaba en su cuerpo emocional. El residuo emocional se lleva a otras vidas.
D: *¿Tuvo otras vidas donde sintió que había fracasado?*
M: Sí, sí. Para Mitchell la dinámica emocional de lo que lleva con él, a menudo se ha convertido en una profecía auto cumplida. Sería buen momento de dejarlo ir.
D: *Porque no queremos que continúe arrastrándolo más tiempo. El karma debería haber sido pagado ya, ¿verdad?*
M: No existen "deberían." Es o no es. Sería buena hora de dejar ir.

Entonces el SC acordó en eliminar el residuo del cuerpo emocional. Pero primero tenía que tener el permiso de Mitchell, a causa del libre albedrío. "Puede ser limpiado. Es cuestión de calmar las aguas." Incluso durante el trabajo, la mente consciente de Mitchell estaba intentando interferir. El SC dijo que intentaba volver a entrar. Sabía que sólo entorpecería lo que se había logrado, entonces hice que Mitchell se pusiera a un lado para observar y escuchar, pero no interferir. El aceptó. Respiraba profundamente mientras el SC trabajó en el cuerpo emocional. Mientras hacía esto, continué con las preguntas de Mitchell. Por supuesto, estaba la eterna pregunta de siempre, "¿Cuál era su propósito?"

M: Lleva por aquí mucho tiempo. Ha estado involucrado en anclar energías en diferentes partes de la Tierra. En las energías de fundación para las diferentes culturas indígenas y las sabidurías que sostenían. Era parte del proceso creativo.
D: *¿Qué quieres decir?*
M: La Tierra es una escuela. Tiene distintas aulas, que llevan diferentes frecuencias para apoyar las distintas expresiones del conocimiento y la creatividad de la cultura.
D: *¿Cómo quieres que lo haga ahora?*
M: Es lo que ha hecho sin darse cuenta en el momento. Viajar por todo el mundo, reuniéndose con chamanes, diferentes profesores de diferentes culturas. Estando allí, reconoce su existencia y validez de sus dones culturales, esto sirvió para despertar esas sabidurías que están surgiendo. En el caso de Mitchell, llevaba partes de aquellas antiguas energías...desde el anclaje original de esas energías. Su presencia es como una llave en una cerradura, que abre la puerta para la aparición y reaparición de aquellas frecuencias. Él estuvo allí antes de que las culturas emergieran, sembró las energías.
D: *Probablemente no tuvo un cuerpo físico en aquel momento, ¿verdad?*
M: No, como en un lugar como el Machu Picchu. La razón que Machu Picchu estuviera allí fue porque la energía ya estaba allí.
D: *¿Y la gente que construyó estos lugares sintieron esa energía? (Sí)*

Una pregunta sobre el pago de cualquier karma a pagar: "El karma es una cosa personal. Él ha hecho un buen trabajo equilibrando el viejo karma – viejo es un término difícil, porque sólo existe ahora – mientras no se esté creando nuevo karma.

D: *Por fin logramos exponer esto en la sesión, incluso si tuvimos que ir encima, por debajo y alrededor para conseguir llegar allí. Pero fue su sistema de creencias que estaba bloqueando todo, ¿verdad?*
M: Sí, sus miedos.
D: *Pero ya me conoces, no me rindo.*
M: Gracias. (Ambos nos reímos). Le estaremos apoyando.

Mensaje de partida: Apreciamos su corazón, sus cordiales intenciones y su integridad, apreciamos todo lo que está haciendo para llevar a la humanidad a su potencial completo. Dios te bendiga, Mitchell. Gracias, Dolores y bendiciones.

* * *

Tuve otros casos similares al de Mitchell. Uno en concreto, implica a Cathy de Nevada, que fue a una ciudad de cristal donde usaban energía muy similar a la Atlántida. Pero era en otro planeta. El SC dijo que otros planetas pasaron por problemas similares, porque esa civilización reunía el mismo destino por la utilización indebida de los cristales. Ella debía traer de nuevo su conocimiento en el uso de la energía con cristales y usarla para sanación.

Otro caso es el de Christy de Memphis. Usaba una máquina de frecuencia para sanar, utilizaba luz para regular frecuencias y armonizar al cuerpo. Dependía de la mente de la persona. Podía ser operada por una sola persona y producir pura energía. Era real, era efectiva, pero quedó en desuso. Otros sanadores preferían usar máquinas de cristales. Eran muy potentes, aunque distorsionaban la energía. Cristales en cajas con un tipo de fluido. Hacía que la luz brillara a través de las cajas generando una fuerza de muchas personas de la misma sala. Era utilizada para propósitos equívocos (especialmente sexuales) y distorsionaba los efectos.

Otro caso también es el de Denise, de Memphis. Al igual que los Atlantes aprendieron más sobre el uso de energías y su conocimiento se expandió, como su fascinación por la manipulación de la energía. Descubrieron nuevas formas de experimentar con ella y dirigirla. Perdieron visión de su uso para propósitos positivos en sus vidas, como la sanación y equilibrio. Cuando la energía (multiplicada por muchas personas concentrándose y dándole un aumento de poder), era utiliza- da para razones negativas, convirtiéndose en mal dirigida y volviéndose contra sí misma. Fue una de las razones de la destrucción de la Atlántida.

Capítulo 19

LOS ARCHIVOS OCULTOS DE LA ATLÁNTIDA

Julie era una joven universitaria que no parecía tener ningún problema serio. Principalmente quería tener una sesión porque le preocupaba que carrera ejercer.

Bajó a un desierto de arena amarilla, tan lejos como la vista alcanzaba. Se encontraba al lado de lo que al principio parecía ser una pared, pero en una examinación más cercana, resultaba ser una gran pirámide. Era una estructura sólida, lisa y brillante. "Es brillante y cálida...muy poderosa. Puedes sentir el calor que emana. Siento que el calor es lo que empodera a muchos. Es un sentimiento confortable. Según camino a su alrededor, hay algo en su parte superior, como una antena o algo así."

La pedí que se concienciara de su cuerpo. "Alpargatas. Siento el calor de la arena. Ropa blanca alrededor de mi cintura que va hasta los pies. Arriba un tipo de nada de lo que he visto jamás. Sin mangas, como un chaleco. Piel rojiza. Pelo muy oscuro recogido por detrás con algo." Era un hombre joven, quizá a finales de sus veinte. Llevaba brazaletes decorados con espirales. También llevaba un colgante grande (como el tamaño de un puño) en el cuello, que tenía un grabado que no describió.

J: Estoy buscando la puerta.
D: *¿Quieres entrar por alguna razón?*
J: Sí. Intento buscar algo.
D: *¿Sabes lo que estás buscando?*
J: La biblioteca, creo. Libros. Hay un ladrillo que he de presionar dentro de la pared. Después, parte de la pared se echa a un lado. Hay una escalera abajo. Bajo las escaleras. Tengo una antorcha. La escalera conduce a un pasadizo. Giro a la derecha. Grandes

muros a cada lado y arriba. El pasadizo es apenas más grande que yo.

Siguió andando y girando y bajando más escaleras hasta que llegó a una puerta de madera. "Necesito una llave."

D: *¿Tienes la llave?*
J: Si, es para lo que sirve mi collar. El colgante. Lo presiono en la puerta y giró. Hay una hendidura en la puerta que encaja con el colgante. Hay una parte del colgante, que hace que gire la puerta. Se oye crujir las cerraduras y después se abre.
D: *Por lo tanto, no todo el mundo puede acceder allí. Has de tener esta llave especial.*

Este caso parecía ser muy similar al de Deb en el capítulo Los cráneos de cristal, excepto que indicaba ser en diferentes partes del mundo.

J: Es una habitación muy, muy grande, techos altos, muchos libros, y todo parece desprender brillo. Como tesoros escondidos… mucho conocimiento. Camino por la habitación, asegurándome que todo está allí. Soy el guardián de esta habitación. Creo que la gente no sabe que soy el guardián. Creo que es un secreto. Hago algo más, pero esto también.
D: *¿Qué otro trabajo haces?*
J: Escribo.
D: *¿Lo haces aquí o en algún otro lugar?*
J: Ambos. Escribo en piedras.
D: *¿Es difícil escribir en piedras?*
J: No uso mis manos. Pienso en las palabras y ellas aparecen.
D: *Como magia. (Sí) ¿Sobre qué escribes?*
J: La historia de la civilización que ya no está allí.
D: *¿Puedes contarme sobre las cosas que escribes?*
J: Los símbolos no tienen sentido. No los comprendo. No son palabras. Están en un alfabeto que yo no comprendo.
D: *¿Qué haces con las piedras una vez has terminado de escribir en ellas?*
J: Se apilan contra la pared. Forman parte de esta biblioteca.
D: *¿Nadie puede hacer esto excepto tú?*

J: No están preparados para verlo.
D: *Éstas son cosas que sólo tú sabes y nadie más.*
J: Ahora, sí.
D: *¿Qué quieres decir con "ahora"?*
J: Aquellas personas ya no están allí. Esa civilización se fue.
D: *¿Los que construyeron esta pirámide?*
J: No, no ésta.
D: *¿Una civilización en otro lugar?*
J: Sí…mucha agua.
D: *¿Cómo conoces esa civilización?*
J: Creo que me pidieron que me fuera, para que otros supieran cuando necesitaban hacerlo.
D: *¿Se suponía que debías preservar los escritos de la historia? (Sí) Viniste a este lugar. ¿Y aquí intentas escribir la historia para que la gente la conozca?*
J: Sí, es muy importante.

El otro lugar donde él escribió era un pueblo que estaba cerca de la pirámide. La gente no era consciente de su trabajo en la pirámide. En el pueblo escribía cartas para gente muy importante. No había mucha gente que sabía escribir. Esencialmente vivía dos vidas. En el pueblo tenía una vida normal, con una familia. "Vivo en una bonita casa, más bonita que las de otros." También escribo libros. "Piensan que son invenciones, pero son historias de un tiempo que pasó."

D: *¿También los escribes con la mente?*
J: No, éstos los escribo a mano. Los vendo. Son muy conocidos. Se basan en historias del pasado.

La llevé adelante a un día importante y dijo que era muy anciano. "Es hora de abandonar la ciudad y he pasado mi colgante a otro hombre."

D: *¿Estás preservando el conocimiento?*
J: Sí, aunque no el conocimiento. - Su custodia.
D: *¿Para que no se olvide?*
J: Y para que no sea encontrado aún. Se encontrará con el tiempo.
D: *¿Enseñaste al otro hombre a escribir con la mente?*
J: No, eso acabó.

D: *¿Tienes toda la historia del lugar de donde procedes? (Sí) Aunque ese hombre no necesita saber eso. (No) Sólo se supone que ha de guardarlo. No ha de saber toda la magia que tú conocías. Quizá algunas de ellas no pueden ser transmitidas, ¿Es eso quizá? (Sí) ¿Puedes contarme sobre parte de la historia que escribiste acerca del lugar de donde viniste? Lo mantendré en secreto. No le contaré a nadie. (¡Vaya sólo a unos pocos miles de lectores!)*
J: Perdieron respeto. No se respetan mutuamente. Había demasiada competición, demasiada poca fraternidad. No se aman ya. Querían demostrarse que eran mejor que el otro. Falta de respeto a la naturaleza, también. Y a la naturaleza no le gustó eso. Hubo terremotos y mucha agua, demasiada agua.
D: *¿Estabas allí cuando ocurrió?*
J: No, pero pude sentirlo. Creo que estaba conectado con aquellos que estaban allí.
D: *¿Crees que con el tiempo localizarán los registros?*
J: Sí, cuando estén preparados.

Dijo que ya era muy anciano, y le conduje al último día de su vida, para averiguar lo que le ocurría. "Ya me he ido. Me han cargado en un bote con muchas velas y me empujan en el agua."

D: *¿Qué iba mal en el cuerpo?*
J: Nada, sólo era muy mayor. Nunca estuve enfermo.
D: *¿Esa es la forma que tienen cuando algo muere?*
J: Es la forma que yo quise. Quise regresar para estar con mis hermanos y hermanas.
D: *¿Qué quieres decir con "regresar"?*
J: Al agua... regresar de donde vine. Pienso que sólo estaba cansado. Hice lo que tenía que hacer y era hora de marchar.
D: *¿Qué quieres decir con "Tú saliste del agua"?*
J: Creo que desde allí viajé para llegar a donde estaba.
D: *¿A dónde cualquiera de esa otra civilización se fuera? (Sí) Entonces, quisiste regresar y fue una manera de respetarlo, poniéndote en el barco y enviándote.*
J: Sí. Ya me he ido. Veo empujar el barco y me voy. Estoy flotando.
D: *¿Sabes dónde vas?*
J: No. Sólo floto.
D: *¿Te alegras de estar fuera del cuerpo? (Sí)*

Le pedí que volviera a mirar su vida en completo y ver cuál fue su propósito. "Llevar el conocimiento, y también ser su guardián, para que aquellos de este área no repitan los mismos errores."

D: *¿Dónde estás ahora, puedes ver si ese conocimiento se sigue preservando en ese lugar? (Sí) ¿Nadie lo ha encontrado aún? (No) Estupendo. Sigue seguro y protegido.*

Después, suscité al SC para obtener más información. Le pregunte por qué había escogido esa vida para mostrar a Julie. "Escribir es poder encontrar conocimiento. Es importante extender el conocimiento a la gente. Escribir es un buen camino."

Por supuesto, ésta era una de las preguntas principales: ¿Cuál era su propósito? ¿A qué debería dedicarse? Tenía mucho talento y muchos senderos que podía tomar. Ya había viajado mucho por el mundo. El SC dijo que era uno de los caminos que podía coger, y era uno importante. "Está obteniendo una impresión del mundo, en global. Sus viajes, aquellas experiencias influirán en su escritura. Está aprendiendo a no juzgar. Viajar mucho. Enseñando a la gente a aprender a vivir los unos con los otros, y a no juzgar un libro por su portada. La fotografía, la imagen será importante, también." Dio mucha más información sobre su carrera, y su vida personal. Algunas cosas que aún no podía saber, "el suspense es la especia de la vida."

D: *La civilización de la que habló, ¿era la Atlántida u otra civilización? ¿La que se destruyó?*
J: Algunos la han llamado así.
D: *Ella dijo que no estaba allí y que no murió cuando se vino abajo.*
J: No. Fue enviada fuera para salvaguardar el conocimiento, aunque seguía conectada con la gente allí. Los pudo sentir cuando ya no existían en este plano.
D: *¿De esa manera pudo retene r las memorias de las que escribía? (Sí) ¿Cómo viajo allí?*
J: En barco, antes del último desastre.
D: *¿El ultimo desastre? Me han dicho algunas personas que hubo una serie de cosas que ocurrieron (Sí) ¿Aún existe esa pirámide?*
J: En forma distinta. Ha cambiado, pero aún sigue allí.

D: *En aquellos días, ella la describe como lisa y brillante. ¿En qué ha cambiado?*
J: Otra fue colocada encima, con forma diferente.
D: *¿Se construyó encima? (Sí) ¿Qué ocurrió con la original?*
J: Fue destruida de alguna forma.
D: *Aunque el conocimiento estaba bajo tierra, ¿verdad? (Sí) Pero no fue destruido, ¿verdad?*
J: No. Aquellos que lo sabían construyeron una forma nueva y un nuevo túnel.
D: *¿Cómo es la nueva forma que se construyó encima?*
J: Parecido a un felino. Muy grande, pero no tanto como las formas que le rodea.
D: *¿Y la apariencia de esas formas?*
J: Similares a las que fueron destruidas.
D: *Por lo tanto, construyeron otra entrada. Dijiste que parece un felino. ¿La estructura en conjunto parece un felino?*
J: No, se suponía que sería así, pero cambio en el último momento y la cara es alguien que reinó en esa tierra. Un ego lo cambio.

Era obvio que ella se estaba refiriendo a la Esfinge. Esto sonaba muy similar a la historia de "El Universo Complejo – libro II," capítulo 3, acerca de la gente felina. En esta historia la Esfinge original tenía la cara de una mujer y el cuerpo de un gato. Cambió cuando los hombres entraron en el poder.

D: *Creo que sé lo que estás diciendo, y dicen que la cara es demasiado pequeña para el cuerpo. (Sí) ¿Originalmente era la cara de un gato?*
J: Debía haber sido así. Fue cambiado antes de que se terminara.
D: *¿Crees que con el tiempo este conocimiento será descubierto?*
J: Sí. No queda mucho tiempo, pero la gente no lo sabrá inmediatamente. Permanecerá secreto cuando lo encuentren.
D: *¿Por qué permanecerá secreto?*
J: Demasiado poder. Hay poder en el conocimiento, y guardando el conocimiento de otros.
D: *No querrán que la gente conozca. (No) Pero, eventualmente se dará a conocer. (Sí)*

Ha sido expuesto por muchos (incluido Edgar Cayce), que La Esfinge se encuentra en La Sala de Registros. He hablado con gente que exploraron debajo de la Esfinge, y dijeron que hay túneles debajo. Una de las razones de que no hayan explorado completamente, es porque normalmente están llenos de agua.

En algunos de mis libros, se dice que las entradas a las habitaciones donde los registros se encuentran, están protegidas por algo parecido a campos eléctricos. Por lo tanto, ha de tener la vibración y frecuencia adecuada para incluso acercarse a ellas. Se encargaron de incorporar dispositivos muy inteligentes.

Capítulo 20

EXPERIMENTACIÓN EN LA ATLÁNTIDA

Amber había trabajado como enfermera durante muchos años, pero lo dejó después de experimentar un "desgaste." Quiso intentar una carrera diferente y ahora estaba trabajando en una oficina.

Esta sesión comenzó normalmente, una regresión típica, pero tomó un giro extraño antes de que concluyera. Siempre espero lo inesperado.

Amber se vio como un hombre de unos cuarenta años, sentado en una torre de vigía de un barco con grandes velas blancas. Vio que habían parado cerca de una isla. Todo lo que podía ver era jungla y una playa rocosa. No había diques, por lo que los marineros bajaban barcas y remaban a tierra. El hombre no fue con ellos, sino que permaneció en el barco y vigilaba desde la torre vigía. Vio que los marineros tiraban de las barcas hasta la tierra y se adentraban en la jungla. Sabía que habían desembarcado para conseguir alimentos, o cosas de valor. Habían estado navegando durante treinta días y sus suministros se estaban agotando. Sólo una tripulación mínima permaneció en el barco. "Es tedioso, paciente y aburrido. Sería más emocionante ir con ellos."

Esto podría haber llevado mucho tiempo, entonces la llevé adelante para ver si ocurría algo. "Estoy en la barandilla observándoles. Fueron atacados. Había salvajes. Luchaban. Intentaban escapar y regresar al barco."

D: *¿Pudieron conseguir comida, sabes?*
A: No. Fue una emboscada. Muchos no lograron regresar. Muchos fueron asesinados. Fue como una carnicería. Fueron cogidos desprevenidos y sorprendidos. Algunos subieron a las barcas.

Heridos. Sangrando. Consiguieron llegar al barco, pero no vivieron. Fueron golpeados con algo como dardos envenenados, en las puntas de las lanzas o algo así. Están hinchados y cambiando de color: azules y negros. Tememos que nos afecte. Les echamos por la borda. Intento levantar el ancla y salir. No quedamos muchos. Somos una tripulación mínima e intentamos irnos.

D: *¿Y el capitán?*

A: Quisiera decir que un poco gallina, no ayuda mucho. Es débil y no ofrece mucha autoridad.

D: *Entonces, ¿no fue con los otros a tierra?*

A: Sí, aunque consiguió regresar. Dejó a nuestros hombres morir. Fue un cobarde. No tuvo agallas.

D: Por lo tanto, ¿no quedaron muchos para cuidar el barco? (No) ¿Podéis hacerlo solos?

A: Lo hacemos, y estamos dirigiéndonos mar adentro. Sabemos lo suficiente para hacer eso, no sé si sobreviviremos. No creo que tengamos suficiente comida.

D: *No hubo tiempo para buscar a otros, ¿verdad?*

A: No, tenemos el mínimo necesario. Tenemos que intentar algo. Eso o morir en manos de los salvajes. Tenemos que escapar. Estamos subiendo las velas. Sólo queremos salir mar adentro.

D: *¿Cuál es tu sentimiento en la situación?*

A: Estamos en "condenados si lo hacemos y malditos si no lo hacemos." Si nos quedamos morimos. La única opción es huir e intentar sobrevivir en el mar.

D: *¿Llevas mucho tiempo navegando?*

A: Toda mi vida...empecé como grumete.

D: *Por lo tanto, ¿estás fuera de casa durante largos periodos de tiempo?*

A: No tengo casa. Ni familia. Voy de barco en barco. Pienso que nunca tuve que haberme enrolado en este barco, con este capitán.

D: *¿Sientes que no sabía lo que estaba haciendo?*

A: No lo sabía en ese momento. No creo que me diera cuenta de que era tan cobarde.

Iba a llevarle adelante para ver lo que había ocurrido, pero antes de que me diera la oportunidad para hacerlo, cuando anunció, "no sobrevivimos en el mar. No tenemos suficiente agua. No hay viento.

Estamos muertos en el agua. Desvanecemos, desvanecemos, desvanecemos. Agotamos la comida hace muchos días. Ahora no hay agua. Hemos perdido hombres. No hay viento. Nos morimos lentamente. Soy uno de los pocos que quedan." Le llevé para ver lo que paso. "Está tranquilo. El barco se mece. Todo el mundo está muerto."

D: ¿Fuiste uno de los últimos?
A: Sí…aunque también me marcho. Sé que está llegando el final. No hay aire.

Le llevé hasta donde todo había ya acabado y ya estaba en el otro lado, le pregunté si podía ver su cuerpo. "Sí. Estamos allí tumbados. No hay vida." Después, le pregunté lo que pensaba que había aprendido de una vida así. "Paciencia. Pienso que paciencia, incluso paciencia de morir. No fui uno de los primeros. Fui uno de los últimos en partir. Paciencia en morir, incluso en la muerte se necesita paciencia. Aprendí a ser paciente y a tener que confiar en mí mismo. Puedo cuidar de mí mismo."

D: Si, toda tu vida cuidaste de ti mismo. (Sí)

Como esa vida había sido corta, sabía que teníamos suficiente tiempo para explorar otra vida pasada. Entonces, hice que saliera de esa escena y la conduje a otro momento apropiado donde había algo más que necesitara saber. Cuando llegó allí, se encontraba en un patio de un gran edificio de piedra, como una iglesia con un campanario. Ella lo llamó "abadía." Vio que era una joven monja, vestida con un hábito blanco, y sabía que no llevaba mucho tiempo en este lugar. Estaba ella sola en el patio, porque las otras monjas estaban cuidando los jardines. Después notó algo que la sorprendió. "Me duelen mucho las rodillas. Parece que no puedo moverme. Estoy en una silla…una vieja silla de ruedas. Puedo mover la parte superior de mi cuerpo, pero mis piernas están rígidas. Me duelen las rodillas. No sé si están atadas o…uso mis brazos y estoy en ruedas. No puedo ir a ninguna parte. Sólo creo que me siento allí." Durante toda la conversación, bostezaba repetidamente e intentaba volver a hablar de ello. Quise saber lo que le ocurrió, y dijo que se había caído de un caballo. "No hace tanto tiempo, y mi familia decidió traerme aquí porque soy mercancía dañada. Nadie se casaría conmigo. No podría ser una esposa o madre. No quería venir aquí, pero no sabían que hacer conmigo. Quizá pensaron que necesitaba tranquilidad. No sabían cómo cuidarme, y ¿Qué harían conmigo?"

D: *¿Las monjas te cuidan?*
A: Sí.
D: *¿Te gusta la iglesia, ese tipo de vida?*
A: No, no era lo que quería hacer. Estoy aburrida, pero no me puedo ir.

Siguió bostezando, "estoy cansada. Creo que bebí algo que me hace estar cansada. Creo que me dieron algo. Un té."

D: *¿Por qué motivo te dieron el té?*
A: Creo que para los dolores. No duele tanto.

La llevé adelante a un día importante. Anunció, "alguien viene a la abadía. Todos están que explotan con los preparativos. Alguien viene. Se acerca un carruaje. No me permiten salir. Estoy escondida. Me metieron en la cama otra vez. Estoy bebiendo algo. Creo que el té, y me hace estar cansada." (Continuaba bostezando repetidamente).

D: *Parece que te dan algo que te causa sueño. ¿Por qué te esconden?*
A: Quieren que duerma. Me dieron un té. Estoy tan cansada. No puedo imaginar qué está pasando.
D: *Pudiera ser una medicina. ¿Te ayudan a acostarte?*
A: Sí. Necesito ayuda para levantarme y acostarme.
D: *¿Pudiste ver quién venía?*
A: Parecía alguien importante, vienen a dar dinero o donaciones, algo así. Dormí durante todo eso.
D: *¿Son buenas contigo?*
A: Sí, lo son. Soy una carga para ellas. Otra boca para alimentar…y sin ayuda. Y yo tampoco quiero estar aquí.
D: *¿Dónde comes?*
A: Entramos en una gran habitación marrón y comemos. Está en la planta baja, de esa manera puedo ir con la silla de ruedas. Duermo durante la mayor parte de las comidas, también. Duermo todo el tiempo.

D: *¿Eso no es bueno? ¿Puedes negarte a tomar el té?*
A: Creo que sí, pero no sé qué pasaría. No puedo asociarlo.

La llevé otra vez a un día importante. "Me están envenenando con el té. Envenenándome. Así es como algunas de ellas se van a librar de mí. Cada vez lo hacen más concentrado, para que con el tiempo no me despierte. Por eso siempre están trabajando en el jardín preparando las infusiones. Atendiendo lo que plantan, saben cómo hacerlo."

D: *(Esto es una sorpresa). ¿Cómo descubriste esto?*
A: (Continúa bostezando repetidamente). Las oí hablando. "Es joven. Necesitará más."
D: *¿De otra manera se tardaría más tiempo en morir?*
A: Creo que sí.
D: *¿Es porque eres una carga?*
A: Es a causa del dinero que traje. Mi padre era rico y les dio grandes piezas de oro para que me cuidaran. Tienen que aparentar como que estoy cómoda, para que después pueda ver que sigo viva y seguir dándoles dinero. (Bostezaba tan furiosamente que era difícil comprender y transcribir).
D: *Pero si mueres, el dinero se acabará, ¿verdad?*
A: Han de fingirlo. Mentirle y fingir.
D: *¿No le dirían que has muerto? Ya no tendrán que cuidar de ti, pero, ¿seguirán recibiendo dinero? (Sí) Ahora que sabes lo que están haciendo, ¿puedes hacer algo por evitarlo?*
A: Demasiado drogada. Tengo demasiado en mi contra para poder luchar. Estoy forzada. No todas las monjas saben esto, solo la madre superiora más mayor y otra más. Las demás piensan que me están cuidando.
D: *Entonces, ¿fue idea de la madre superiora, el usar las hierbas?*
A: Sí. Me forzaron. Las otras monjas piensan que me ayuda. Piensan que es una medicina. No lo saben. No conocen la mezcla.
D: *¿No piensan que es raro que duermas tanto?*
A: Creen que sólo estoy triste y deprimida. Las embauca a todas. Seguirá recogiendo dinero, porque soy joven y mi padre piensa que puedo estar allí durante mucho tiempo. No puedo hacer nada.

La llevé de nuevo a un día importante. Anunció enfáticamente, "me estoy muriendo"

D: ¿A causa de la medicación?
A: Sí. Estoy en mi cama. En la celda. Algunas de las monjas rodean la cama. No todas ellas. Algunas están rezando. La madre superiora está allí. Quería asegurarse de que moría.

La conduje adelante hasta que todo había acabado, y podría mirar atrás. "Veo mi funeral, la procesión."

D: ¿Notificaron a tu familia?
A: No. Creo que mi padre había fallecido. Por eso me mataron, porque cuando mi padre muriera, se acabaría el dinero. No querían continuar cuidándome. No era arriesgado matarme.

Sabía todo eso desde la posición fuera del cuerpo, donde podía ver toda su vida desde distintas perspectivas. Entonces le pregunté lo que pensaba que había sido su propósito en aquella vida.

A: No ser dependiente. No puedo ser dependiente de otras personas. Sólo les importaban sus propios intereses. Tu mayor interés no es el suyo. No tienen tus intereses de corazón.

D: Oh, ¿es mejor depender de uno mismo? (Sí) Es una importante lección.

Después, suscite al SC para conseguir respuestas de por qué escogió estas dos vidas para Ambir. "La primera era el hombre del barco que murió. ¿Por qué escogiste esta para ella? ¿Qué intentabas decirle?

A: Confiar en ella. Sabía que no debía aceptar esa misión, lo hizo de todas formas. No confió en lo que sabía, sus intuiciones.

D: ¿En qué le afecta en esta vida?
A: Lo mismo. No confía en las personas. Duda de ella misma. Sabe, pero no confía. En esa vida, si hubiera escuchado a su intuición, no habría muerto en el barco.

D: ¿Esa manera de morir de hambre en el barco, tiene algo que ver con su vida actual?
A: Sí. Siempre le preocupa que no haya suficientemente comida, de no poder conseguir o encontrar. O que no vendrá fácilmente.

D: *En esa situación, fue imposible conseguirla.*
A: Exacto. Aunque hoy en día, en esta época hay de sobra, doblando en cada esquina.
D: *No ha de temer no encontrar comida. (Correcto) ¿Es ese el problema creado con comer? (Sí) Dice que siempre tiene hambre.*
A: Siempre tenía hambre y no había comida. En el barco una vez que se había ido. (Seguía bostezando).
D: *¿Por qué bosteza tanto? ¿Por qué su cuerpo reacciona así?*
A: Esta liberando.
D: *Bien. Es lo que queremos; liberar desechos de aquellas vidas.*

Amber tenía un problema de sobrepeso. Comía constantemente, porque siempre se sentía hambrienta, no importaba cuánto comiera. Era obvio que llegó de esta vida donde murió de hambre en el barco. Trabajé mucho con la ayuda del SC, para liberar todo eso porque no tenía lugar en su vida presente. Podíamos dejarlo con aquel hombre. No debía preocuparse de morirse de hambre. Podía desprenderse del hambre. Había comida de sobra ahora. Una vez se dio cuenta del sobrepeso, podría desprenderse.

D: *Fue muy sabio mostrar esa vida, aunque también le mostraste la de la joven monja que murió trágicamente. ¿Por qué escogiste mostrar esta de la monja envenenada?*
A: En esa vida se rindió.
D: *Aunque no tenía muchas opciones, ¿verdad?*
A: Podría haberlas tenido, pero se rindió. Perdió todas las batallas.
D: *Pero la obligaban a beber eso.*
A: Había una parte de ella que sabía lo que era y lo aceptó de todas formas como su destino.
D: *En consecuencia, no luchó.*
A: No, y en algún aspecto incluso, lo agradeció.

Quise saber si hubo alguien en esa vida que Amber conociera ahora, en su vida actual. Dijeron que no. Me sorprendió porque habría pensado que la madre superiora habría incurrido seguramente en el karma. "Si, ya se ha ocupado de ello." Para no resolver en compensar karma. Su deuda ya no involucraba a Amber.

Amber se había lesionado su rodilla izquierda en el instituto. Aun le dolía, y se había extendido a ambas rodillas. Las escaleras en particular, eran todo un reto. Tenía dificultad subiendo las escaleras. Los médicos la sugirieron cirugía, como la única solución. Me preguntaba si los problemas físicos de Amber estaban conectados con las piernas dañadas de la monja. El SC contestó que no, "se rindió, era más fácil rendirse."

D: *Debió haber diseñado esas circunstancias antes de entrar en esa vida, como todos hacemos.*
A: Sí y no. Solo fue un accidente. Es muy complicado. Todo lo que tiene una acción, tiene una reacción. Cambia minuto a minuto.
D: *¿No comenzó de esa manera? (No) ¿Cuál fue el primer plan?*
A: El primer plan habría sido que viviera una vida saludable, normal.
D: *Entonces, después del accidente, sus padres ya no la querían. No les importaba.*
A: No es que no la quisieran. Es que no sabían cómo, y no sabían que hacer. Pensaron que estaban haciendo lo mejor para ella.
D: *Por lo tanto, esas partes no eran parte del plan: ¿ser metida en un convento y que las monjas la cuidaran?*
A: Exacto. Su familia estaba convencida… lo hablaron. Ella no, pero no luchó.
D: *¿La forma de morir envenenada, tiene algún significado en su vida ahora, como Amber?*
A: Todas las cosas tienen un significado. Cuidado en quien confías.
D: *La primera de las vidas le decía que confiara en sus instintos, y la segunda le decía que tuviera cuidado.*
A: En quien confiar. Has de tener el equilibrio. Creer en uno mismo…cuando saber…que saber…en quien confiar.
D: *A veces puede ser un equilibrio delicado.*
A: Muy delicado.

Por ahora el lector probablemente se pregunte lo que estas dos historias tienen que ver con el conocimiento. Aunque, son interesantes, no parecen encajar en el tema de este libro. Pero, he aprendido que nunca he de "desestimarlos". Están llenos de sorpresas. Y la sesión tomó un giro fascinante.

Seguimos hablando de sus problemas físicos. Pensé que el problema de su rodilla, estaba relacionado con la vida de la monja, pero no fue así. Este síntoma suele significar que la persona no va en la dirección correcta. Que se están frenando. Pero el SC dijo que era diferente en el caso de Amber. "A veces tiene que ir más despacio. Es muy impaciente. Su terquedad sobre casi todo." Querían que aprendiera a sanarse ella misma, en lugar de someterse a una cirugía. Continúo intentando que sanen las rodillas y ellos siguen negándose. Esto fue un principio, y yo quise una explicación. Dijeron que el problema viene de otras vidas, aunque no de las dos que habíamos cubierto.

D: *¿Qué ocurrió en esa vida?*
A: No fueron puestas correctamente. No fueron construidas correctamente.

Esto era confuso. Pedí una explicación.

A: Quitaron ambas piernas y pusieron otras. Formó parte de la experimentación en la Atlántida. Le quitaron sus piernas y le pusieron piernas de animales, unas con pezuñas. Cortaron las rodillas.
D: *Siempre pensé que en la Atlántida experimentaban con genes. No sabía que en realidad experimentaban con piernas de animales y humanos.*
A: No, esto fue antes de aprender a trabajar con los genes. Ella era una hembra. Quitaron sus piernas y le pusieron unas de animal.
D: *¿Mencionaste que no lo hicieron correctamente?*
A: Eso fue lo que causó el dolor.
D: *¿Pudo vivir así?*
A: Sí, pero fue doloroso. Fue una cirugía muy dolorosa.
D: *¿Lo hicieron solo por pura curiosidad?*
A: Sí y no. Algo de curiosidad, algunos pensaron que habían realmente encontrado algo para ayudar. Pensaron que habría una manera. Primero, usando trasplantes de animal a humano, después usando las de animal. Eso salvaría a otros humanos. Pensaron que habían descubierto la conexión.
D: *Aunque no fue así, ¿verdad?*
A: No, en ese punto, no.
D: *¿Se daban cuenta del dolor que causaban a la persona con la que trabajaban?*

A: Bien, fue una situación interesante: que te duela como tal y como estés, o el dolor que puedas tener.
D: ¿Quieres decir que la persona ya tenía algo mal en sus piernas?
A: Sí. Pensaban que estaban ayudando.
D: Eso justifica un poco más.
A: Sí, y algunos tenían buenas intenciones, no todos. Y después, evolucionaron desde allí. La mayoría de ellos, tenían buenas intenciones. En todo existe bien y mal, y cuando se dieron cuenta de que no podían hacerlo, algunos prosiguieron y otros pararon. Y entonces algunos intentaron avanzar más allá, y otra vez se planteó la pregunta de correcto o incorrecto y en ese momento hubo desacuerdo.
D: ¿Entonces pensaron que, transfiriendo las patas de un animal, al menos le ofrecían algo? Esta era su intención, y más tarde experimentaron con los genes.
A: Sí. Evolucionaron más tarde. Y de nuevo comenzó con buena intención, pero algunas veces, aquellos que sabían no pudieron pararlo. Intentaron lucharlo. Lo intentaron, se puso perseverancia. Intentaron superarlo.
D: Cuando intercambiaban partes del cuerpo, ¿funcionó?
A: Algunas veces sí, otras no. Era pre artificial; fue el primer miembro artificial. En su caso fue doloroso. Podía moverse y caminar, pero era muy doloroso.
D: Siempre pensé que la reacción es de rechazo, cuando se trata de animal a humano.
A: Sí, en cierto grado, pero pudieron resolver cómo sustentarlo.
D: Por lo tanto, ¿el caso de Amber está recordando ahora?

Esto explicaría ciertamente el dolor en sus rodillas. Tuvimos que intentar liberar la memoria y devolverla al pasado donde pertenecía. "Algo ocurrió en esa vida que le causó un daño. Después, tuvo el daño en sus piernas, en su vida como monja. Hay un patrón ahí. ¿verdad?"

A: Si, es hora de quitar el patrón. Es hora de parar el círculo.
D: ¿Vais a terminar con ese patrón?
A: Si, es como un tejido, cómo desenredar un hilo. Ahora elimino el patrón. Llevará algún tiempo. Desintegrarlo, suprimirlo y estabilizar. Hay estratificación en la rodilla, por eso llevará un

tiempo. Hay capas y capas causadas por múltiples razones. Capas, capas, capas, como en una cebolla, capas y más capas.

Amber quería saber cómo conectar con el SC directamente y poder hacer sus propias preguntas. "¿Cómo puede comunicar contigo?"

A: Ya lo hace. ¡No hay AHA!
D: Es como mucha gente piensa que debería ser. Es como una voz que conocen inmediatamente. No hay AHA.
A: No, es muy suave. Somos muy sutiles. No nos gusta interferir, por motivo del libre albedrío.
D: Aunque mucha gente no reconoce esas pequeñas sutilezas.
A: No.
D: Otra pregunta que ella quería preguntar: siempre se ha sentido no importante y no válida. ¿De dónde viene eso?
A: De muchas vidas. Sí, aquellas vidas de la madre superiora queriendo eliminarla, el capitán no escuchando, son también el patrón. Tenemos que deshacer eso, también.

Mensaje de partida: Ella es querida. Así de simple.

D: Su vida actual parece ser mucho más fácil que esas otras vidas, de todas formas. (Río)
A: Sí. Es necesario un descanso.
D: Yo les llamo "vidas de descanso."

Capítulo 21

El ORIGEN DE STONEHENGE

Los templos iniciales datados en Babilonia, fueron diseñados con columnas igualmente separados rodeando el exterior. Algunos tenían el tejado abierto al cielo. Tenían la intención de un observatorio. El sacerdote se sentaría en un punto designado en el centro del edificio. Observaría y registraría los movimientos de las estrellas y los planetas, según pasaban entre los espacios abiertos entre columnas. Estos registros se guardarían y observarían durante cientos de años. De esa manera, cada registro podía medirse con precisión. Estos registros formarían parte del conocimiento sagrado, y sólo aquellos de las escuelas secretas tendrían acceso y serían capaces de interpretar su significado. Esto habría sido el nacimiento o comienzo de la astronomía y astrología. Por supuesto, las enseñanzas originales (y qué estrellas observar) habrían venido de los extraterrestres. Gran parte de ese conocimiento tenía la intención en su comienzo, de observar cuerpos planetarios, invisibles a simple vista. Aunque ya usaban instrumentos altamente avanzados, tales como telescopios. (Probablemente similares a los "dispositivos para ver desde lejos" citado en mi libro "Jesús y los Esenios," que eran usados en Qumrán). Mucha de esta información fue gracias a los extraterrestres, porque así asociaban sus planetas de origen y constelaciones, para hacer el siguiente de los movimientos y así poder saber el mejor momento para viajar allí o comunicar. Parte de la información astrológica tendría importancia para la Tierra, para poder trazar el paso del tiempo y las estaciones, e importante para los propios extraterrestres.

Era muy importante poder calcular el tiempo, especialmente el paso de las estaciones, para que las especies en evolución supieran cuándo sembrar y cosechar. Levantar estructuras, trazar el paso de las estaciones y preparar a ciertas personas, para poder interpretar la información y dársela a la gente. Las primeras fueron construidas por los extraterrestres, no los humanos primitivos que vivían allí en esa época.

El conocimiento del uso de la mente para crear y levitar etc., fue perfeccionado en civilizaciones altamente avanzadas. Y llevada a Egipto y otros lugares por supervivientes después de la destrucción de la Atlántida. Los extraterrestres seguían viviendo entre los hombres y compartiendo conocimiento adelantado durante el tiempo de la Atlántida. A causa del abuso y mal uso de las habilidades, se los llevaron. Es similar a desconectar un fusible, y el conocimiento no podía permitir ser devuelto a la humanidad. Sin embargo, ahora que estamos entrando en el Nueva Tierra, estas habilidades están regresando. Nuestras habilidades psíquicas están despertando, mientras el velo se hace más fino.

Comenzó con el seguimiento de las estaciones, más tarde se convirtió en un sistema de astronomía más sofisticado. Quizá con ellos, los extraterrestres también podían seguir sus planetas y su posición. Las estructuras podrían también ser vistas desde el espacio y servían de marcadores para sus naves que orbitaban el planeta, y así podrían saber dónde estaban trabajando sus hermanos.

* * *

Este es el patrón en la construcción de círculos de piedras y monolitos como los de Stonehenge, New Grange y otros muchos por todo el mundo. Eran marcadores para el paso de estaciones y las posiciones de importantes estrellas y planetas. Sus cursos se medían en relación con los dinteles y piedras.

Esta era una ciencia muy avanzada en la época de la Atlántida. El conocimiento fue llevado por los sobrevivientes a Egipto y otras partes del mundo. Esto se explora en mis libros de Universo Enrevesado.

¿Por qué fue tan importante la construcción de los templos y círculos de piedra, y el marcado del paso de las estaciones? Los monumentos y el conocimiento se remontan tan atrás en el tiempo que el hombre recién comenzaba a dominar la agricultura, la siembra, la cosecha y el cuidado del ganado. La explicación tradicional es que los humanos básicos construyeron estas obras de arte. ¿Cómo es esto posible cuando sólo estaban en el paso del salvajismo a los rudimentos de civilización? Sabemos que, durante estos primeros tiempos, los extraterrestres vivían entre la gente en evolución y les daban información y dádivas para ayudarles en sus pasos de evolución. Sabían cómo dominar las habilidades de la mente, especialmente la habilidad de levitar y moldear la piedra. Recuerda que todo es energía, y es posible manipular la energía. Entonces, ¿cómo es posible pensar que estos seres arcaicos sabían cómo usar el poder de sus mentes para manipular la estructura celular de las rocas y otras materias? Estos secretos les fueron pasados por los extra- terrestres, a humanos especiales para así poder usar este conocimiento y enseñar a un grupo seleccionado de elegidos.

Cada cultura del mundo tiene sus leyendas sobre los portadores culturales. Éstos eran seres especiales que vinieron y moraron entre la gente, para enseñarles las habilidades rudimentarias básicas para comenzar a desarrollar una civilización. Por ejemplo, la mujer del maíz en las leyendas indias americanas; les enseñó cómo sembrar y la agricultura. Hubo otros que enseñaron cómo cazar y recolectar, cómo crear fuego, cómo usar materiales naturales para construir cobijo, etc. Porque estos seres podían vivir tanto como querían, se les trataba como dioses.

Los secretos y misterios más complicados no se dieron hasta más tarde en el desarrollo de la humanidad.

En "El Universo Complejo - libro I," se encuentra la historia del comienzo de la civilización, como contó Bartolomeo. En esa historia, los extraterrestres construyeron complicadas máquinas y aparatos que se usaban para utilizar la energía del sol, la luna y estrellas. Cuando dejaron la Tierra, el conocimiento de cómo usarlos pasó a escuelas secretas. Sin embargo, los extraterrestres no podían prever la codicia de los humanos por el poder (un defecto común que ha causado muchos problemas a través de la historia). Hay ciertas personas que querían el control de los aparatos para su propio uso. Mataron a sacerdotes, y como no entendían cómo utilizarlos, no funcionaban. Los aparatos acabaron siendo destruidos.

En mis sesiones, siempre he preguntado por qué los extraterrestres no podían regresar y decir a la gente que no estaban usándolos correctamente. Pero debemos recordar, las leyes que fueron establecidas al comienzo del desarrollo de la vida en este planeta. "Demos a este precioso planeta una criatura con inteligencia y libre albedrío." Esta información se dio en "Los Guardianes del Jardín." Somos el único planeta en el universo al que ha sido dado libre albedrío. Es por ello que nos llaman "el Gran Experimento." Por lo tanto, el mandato de no interferencia. "Una vez que se ha formado una civilización, no se puede interferir en el desarrollo de esa civilización." La información y aparatos, etc. se dan a la gente como dádivas, y después ellos se apartan y vigilan, observan cómo los usan. Es el libre albedrío de la gente, qué hacer con ello y muchas veces no se usaron para los intencionados propósitos. Regresar e intentar explicarlo a la gente, sería interferir.

* * *

Mi cliente, Sharon trabajaba en Hollywood haciendo películas, como doble y también detrás de escena.

Asistía a mi clase en Burbank, California, y quiso ser la persona para la demostración. Yo acepté y la sesión comenzó.

Cuando Sharon salió de la nube, se encontraba en Stonehenge, Inglaterra. Sin embargo, no tenía la apariencia que tiene hoy. Si alguien alguna vez ha viajado allí, sabe que la estructura no sigue completa. La mayor parte de las piedras erigidas siguen de pie, pero faltan algunas de las colocadas encima (dinteles) que conectan con las verticales o están caídas. Sigue siendo magnífico, pero sólo una sombra de lo debía haber sido en un principio. Ella lo veía de la forma que debió ser en su origen, hace muchos, muchos años. "Realmente, muy fresco y todas las rocas están allí. Conjuntamente en círculo. Son nuevas y completas.

D: *¿Qué piensas según estas mirando?*
S: Orgullo y poder. Como mi gente, mis amigos allí, estamos realmente orgullosos de este lugar y el trabajo que hacemos con la naturaleza.
D: *¿Qué tipo de trabajo hacéis con la naturaleza?*
S: Hacemos rituales con la naturaleza. Hacemos algo para honrar a la naturaleza, se alinea con la Tierra misma, somos uno con la Tierra. Permanecemos en paz y amor, no como en algunas hordas de gente en otros lugares. No son tan civilizados como nosotros. Tienden a ser agresivos, se desvían de este lugar donde reside un portal y se conecta con otra tierra.
D: *¿Sientes que hay un portal allí?*
S: Es un portal. Opuesto al sentimiento que tendría, lo hay. Es como me siento sobre él. Si lo creo o no, está allí.

D: ¿La gente lo cree así?
S: No es una creencia. Es la verdad, tanto si lo creemos o no. Tanto si le das la espalda a este lugar o no, el lugar existe y tiene poder y paz. Puedes encontrar amor en el nivel más alto. Es más profundo que cualquier otra cosa que la vida física pueda producir.
D: ¿Puedes ver este portal?
S: Para mí, mientras me siento en este caballo observando por fuera, veo que el centro verde se abre y está completo. Entonces parece que es verde y terrestre, pero en verdad cuando las estrellas y el Sol y los planetas están en lugares particulares, esto es como un... es un mecanismo que cuando estas piezas están alineadas con el planeta o el energía de las estrellas, entonces es una apertura. Y la persona o personas que están en el centro... su cuerpo físico parece estar parado sobre la hierba, pero en verdad se abre un agujero oscuro y su cuerpo espiritual desciende al centro de la Tierra. Y se realinea para recordar de dónde vinieron sus cuerpos. Lo estoy mirando porque esta noche va a haber una reunión... una participación. Soy una especie de oficiante. Ayudo a la gente que vive en el pueblo. Tengo una capa morada y de alguna manera la capa define mi posición como una especie de ayudante o intermediario. Puedo escuchar las estrellas cuando brillan.

Sharon vio que era un hombre de "vida privilegiada." Le pregunté algo más sobre la capa morada. "La capa fue un regalo que recibí de mis mayores, cuando logré el estado de - ¿cómo lo diría? – Es iluminación, aunque hay niveles. Iluminación significa "en La Luz" y así todos permanecemos en la luz. Toda la aldea lo está, también el panadero y el carnicero. Mi vida está dedicada únicamente a comunicar y ayudar a la gente, para estar alineados con este portal."

D: ¿Con la naturaleza o el portal?
S: El portal es incluso más que la naturaleza. La naturaleza es como un portal, también. Si la gente tuviera que irse de nuestro lugar, serían recordados por estar con la naturaleza. Estamos entre los árboles, en paz y recordamos dónde vivimos. Ahora mismo no estoy con nadie. Solo con mi caballo y aquí observando hoy, porque en una quincena – no sé lo que significa – una quincena…muy pronto, voy a oficiar. Es muy importante. Me han dado esta oportunidad. Mis mayores me han dado una oportunidad

para – oficiar no es la palabra precisa, sino - (Tenía dificultad encontrando la palabra correcta) facilitar, supongo, y estaré en el foco del ritual por la noche, en el norte. Estaré en el norte – en el norte quiero decir "una columna," pero no son columnas. Estaré debajo de uno y toda la congregación de personas que mira al norte. Tiene que ver el tiempo del año, la naturaleza tiene una primavera, un otoño, un invierno y un verano. Estaré en el norte, para que toda la congregación de personas mire hacia el norte, en esta noche. Mientras que, en otras noches, están frente a uno de mis otros hermanos. No un hermano de madre, sino del grupo de ancianos, del que soy un miembro más joven. La gente son los cotidianos, el carnicero, el panadero, y aquellos que son de la aldea.

D: *Pienso que es un gran honor, el que vayas a poder participar en esto.*

S: Sí. Me siento humilde y con poder por esta idea.

D: *¿Construyó tu gente estas piedras?*

S: No, no la gente. Los mayores conocen esto. No sé si eran personas, pero no la gente de la aldea. Ellos no, mis mayores son muy mayores. Hay uno entre ellos que sabe esas respuestas.

D: *¿Conoces la procedencia de esta estructura?*

S: Sólo el anciano, el más mayor de nuestros mayores, podría darte detalles.

D: *¿Lleva estando allí toda tu vida?*

S: Sí. Y si viviera esta vida… estoy seguro que aspiro a ser esa persona, el anciano, aunque todos nosotros podríamos evolucionar para ser él. Y según vamos trabajando nuestro camino en los rangos de más conocimiento, esas cosas podrían serme reveladas, también. Porque soy de esa... no es casta, porque no estoy por encima de la gente. Pero, hemos dedicado nuestras vidas a permanecer conectados, más que a estar en una aldea, un carnicero, un panadero. Fui elegido por mi familia, porque los ancianos vinieron y hablaron a mis padres. Mi madre estaba orgullosa. Mi padre no era feliz, porque quería mi ayuda para trabajar en los campos. (Comenzó a llorar mucho, y encontraba difícil hablar entre sollozos). Aun así, fui llamado a estar con los mayores, me siento mal de no vivir esa vida para ayudar a mi padre en los campos. (Seguía llorando).

D: *¿Crees que habrías sido feliz viviendo esa otra vida con tu padre?*

S: Soy un ser que parece siempre estar contento, no importaba donde estuviera. Siempre tan feliz de estar aquí y ver la hierba verde y experimentar la Tierra desde este punto de vista, de ser una persona con pies y un cuerpo. Puedo decir de donde vine. No me importó si era hijo de un granjero o con los ancianos. Estaba con los ancianos que reconocieron mi luz y me llevaron. Pero en lo que se refiere a mí, como este hombre, no me importó. Sólo quise experimentar el tesoro de este planeta desde este punto, del que formo parte, en lugar de mirar hacia debajo de él. (Llorando de nuevo). Había trabajado para la 'Fuente' en otra competencia, y siempre pasaría por la Tierra en cualquier oportunidad que tuviera, para mirar hacia abajo del paraíso y el trabajo manifiesto de Dios. Fue este gigante tesoro de la tierra, el aire, el agua y quise experimentarlo desde un aspecto humano. Lo más importante es estar en la Tierra y apreciar la belleza de una brizna de hierba, la belleza del verdor. La belleza del tronco de un árbol y que es marrón.

D: *Pero vas a participar en este ritual, estas ceremonias, esa noche.*
S: Estaré en el norte.

La llevé hacia delante a un día importante y Sharon inmediatamente comenzó a hablar sobre la escena caótica que estaba viendo. "La aldea está siendo invadida por una muchedumbre. Las hordas están entrando y la gente de la aldea huye con miedo y preocupación. El más anciano se ha ido. Mis mayores le han llevado a un lugar seguro, una cueva o algo así. Estoy en la colina (Stonehenge) e intento estar en calma." Lo que sería muy difícil rodeado de todo ese desorden.

S: Estoy tranquilo, pero intento conectar con la Sabiduría de los Pilares, para poder canalizar calma a los aldeanos. Siento como que algunos se han ido, yo me quedaré atrás porque temo por mi familia y vecinos, y los vecinos de mis vecinos. Siento que mi presencia ayudará. Mejor intentaré llevarles paz lo mejor que puedo.

D: *¿Conoces a las personas que están invadiendo?*
S: Son rubios del norte. Llevan estos palos con bolas afiladas en la punta, y viven para la violencia. Viven en el borde forestal de la otra agua. Y son muy grandes y muy simples. Beben mucho y

hablan muy alto - ¿Cómo lo diría? – Supongo que diría un Vikingo. Son unos excelentes guerreros, los mejores que hasta ahora el hombre conoce.

D: *Y los tuyos no son violentos. Por eso todo el mundo está asustado.*

S: Son pacíficos y les habrían dado la bienvenida y guirnaldas y habrían partido con una gran fiesta. Pero cuando el primero fue a darles la bienvenida, lo asesinaron. Estas personas se jactan del hecho de que pueden matar, y se enorgullecen de poder asesinar rápidamente. Es su aspiración, como si fuera un fracaso o menos que un buen guerrero, si tardan más de una sacudida para dar muerte. Son casi como una máquina.

D: *¿Estás viendo ésto?*

S: En realidad, no puedo verlo con mis propios ojos, mientras estoy con mi palma contra los pilares del sur, en la parte izquierda de éste. Pero puedo verlo en mi mente y mi corazón, y puedo oírlo. Soy consciente de cuando las personas se van (sus espíritus), y puedo incluso decir quiénes son. Y así, intento ayudarlos, "He aquí la luz," de cómo conseguir llegar donde han de ir. (Llorando altísimo). Soy el único, por lo tanto, estoy limitado en mi habilidad hasta donde poder hacer, sino ayudarles a trascender de esta forma tan horrible. (Sollozando). Haré todo lo posible hasta que me encuentren. El final será después de este día, cuando vengan a asesinarme violentamente en el centro del círculo. (Lloraba tan fuerte que era difícil entenderla).

D: *Lo haces lo mejor que puedes. Estas sólo.*

S: No puse esto en marcha. Ellos colocaron un manto de modo guerrero, que repercutirá desde nuestro tiempo durante muchos millones de años. Tengo confianza de que todos mis amigos, vecinos, mi madre y padre, incluso yo mismo seremos reabsorbidos dentro de (llorando y difícil de entender) …el centro, gracias al poder que guardo. Enviaré un poder mortal. Reverbera cuando lanzas un guijarro en el centro del agua y resuena. Haber hecho esto por diversión, por asesinarme en el centro, de manera ritual, es diferente porque saben que soy importante para la gente de abajo en el pueblo. No se limitaron a golpearme. Todos ellos tendrán su propio ritual oscuro, siendo una luz oscura de matanza. Se hará en el centro, el portal es para la amplificación de la humanidad, enviarán una vibración de esta manera de matar, a través del tiempo, de su futuro, todo el futuro de la Tierra. Y me perturba, porque conducirá a la destrucción de la Tierra. Y la vida que podríamos haber tenido para este planeta, para evolucionar, no irá de la manera que el anciano había dicho que sería, cuando la gente vendría.

D: Entonces, no importa qué tipo de energía. Este lugar es tan importante que amplifica la energía. Aunque en este caso, amplifica la energía negativa.

S: Los vikingos impregnarán esto a la Tierra durante eones de tiempo. Habrá más guerras, mi gente asumirá el manto del norte y se convertirán en grandes guerreros en el mar.

D: Cuéntame lo que ocurre.

S: Matan mi cuerpo físico y se llevan mi caballo.

D: ¿Ocurrió en los pilares?

S: Me asesinan en el centro del centro. Fue malo para ellos y todas las futuras generaciones. Ahora me reabsorberé en la Fuente, y por causa de morir de esa manera, ahora tendré que jugar un juego en la Tierra durante algún tiempo.

D: ¿Tienes que ir y descansar?

S: El descanso no será requerido durante mucho tiempo, porque procedía puro de la Fuente, cuando estaba en cuerpo, y ahora comenzaré el juego de la rueda. El juego de lo que llamaríamos "karma." Esto me ha atrincherado en el juego de la Tierra, y ese camino me va a llevar desde mi obligación original hasta la Fuente, cuando vuele por el universo, como un tipo de mensajero. Llevaba mensajes de Fuente a través del universo, pero ahora perderé mi oportunidad de hacer este trabajo. Porque meramente deseaba observar la Tierra, al hacerlo, me he atrincherado dentro de esta rueda.

Después hice que saliera ese hombre y la llevé adelante, para poder suscitar al SC. El resto de la sesión giró en las preguntas de Sharon y el SC le dio muchas sugerencias.

* * *

Después de despertar, Sharon dijo que todavía recibía información sobre el incidente en Stonehenge. La energía negativa era tan fuerte que se centró en la ejecución que contaminó el lugar y echó a perder esa poderosa energía positiva que tenía antes. Esta fue parte de la razón de que las piedras se desordenaran y algunas de ellas fueran derribadas. Fue para destruir el foco de la energía, esto sería, en efecto, no cerrar el portal allí. Los antiguos se dieron cuenta del poder del círculo de piedra. Si queda algo de energía (algo que sienten personas sensibles), no es ni una parte de lo que en su día solía ser. Aunque Stonehenge sigue estando situada en un vórtice y una unión de líneas ley, no creo que el portal sea funcional ya. De la misma manera que la energía se ha debilitado en la Gran Pirámide. La historia dice que esto fue lo que ocurrió en el círculo de piedra de Avebury. Los romanos sabían del gran poder que tenía, y deliberadamente destruyeron partes del círculo de barro que rodeaba a la ciudad, para romper el poder. Originalmente hubo una milla de piedras (llamada Avenue) que conducen a Avebury. Muchas de ellas fueron rotas y usadas por los locales, de ese modo destrozaron el foco de la energía.

* * *

Después de haber escrito este capítulo, fui a Irlanda e Inglaterra en agosto, 2011. Estuve en un tour donde se destacaron lugares sagrados. La gente me acompañó a New Grange cerca de Dublín, Irlanda; Glastonbury, Stonehenge y Avebury, Inglaterra. En cada parada, me hablaron acerca de lo que he descubierto durante mi trabajo, relacionado con estos lugares ancestrales. Nos acompañaba un historiador, y por supuesto, mi versión no coincidía con su versión de la historia. Él me citó lo que se ha transmitido, y yo hablé de lo descubierto en mi trabajo de regresión.

He estado en Stonehenge muchas veces, siempre fuera del círculo. Sólo se autoriza entrar en el círculo de piedras con permisos especiales. En este viaje pudimos entrar en el círculo. Era muy temprano por la mañana, justo al amanecer. Excepto por los guardias de seguridad, éramos las únicas allí. Llovía suavemente, aunque cesó brevemente mientras estábamos en el círculo. Me sorprendió que en realidad fuera más pequeño de lo que parece desde fuera. Hay dos círculos, uno dentro del otro, el exterior es que se puede ver desde fuera. Cuando entramos me di cuenta de que había dos dinteles de piedra en el suelo a mi derecha. Dije, "esas piedras no deberían estar ahí." María Wheatley, quien es una experta zahorí dijo que originalmente estaban en la parte de arriba de las piedras que estaba en pie, habían sido derribadas. Eran tan enormes que me pregunté quién habría podido derribarlas. Si el propósito era cerrar el portal, podrían haber sido derribadas por los extraterrestres, pero eso sólo era mi especulación.

Conté la historia de esta regresión y María señaló dónde se encontraban los pilares del norte. Pudimos obtener la visualización de donde habrían estado los hermanos ante los aldeanos, durante la ceremonia. (María dijo que era evidente que una aldea había existido cerca de allí). Quise saber el punto exacto del centro del círculo y María me lo señaló. Llevaba sus varillas de zahorí y mientras caminaba por encima del centro, la varilla comenzó a moverse en espiral. Otros en el grupo quisieron probar las varillas y realizar lo mismo. Pienso que es evidente de donde el portal ancestral habría estado ubicado. Por supuesto, la energía no puede acercarse a lo que habría sido cuando estaba activo, aunque algo de ella aún permanecía. El grupo formó un círculo alrededor del portal y María condujo una meditación. Bendecimos al espíritu del hombre que murió allí, y nos enfocamos en remover cualquier negatividad de la violencia que ocurrió allí. Quedó un sentimiento de paz cuando salimos del círculo. En la salida pasé a un grupo de personas a quien también se les había autorizado el acceso. Y dije, ¡no creo que tengan la misma experiencia que acabamos de tener!"

Más tarde María nos mostró una fotografía que tomó según íbamos andando por Stonehenge, justo al amanecer. Sólo colocó su cámara sobre un poste de la cerca e hizo la foto. Mostraba un enorme orbe, justo en el centro donde el portal habría estado ubicado.

Esta es una vista aérea de cuál es su apariencia ahora.

Encontré en internet esta fotografía de Stonehenge en 1.877, antes de su restauración a comienzos del 1.900.

Capítulo 22

EL MONTE VESUBIO Y LA DESTRUCCIÓN DE POMPEYA

Bárbara entró en un lugar donde se sentía muy feliz: Una ciudad grande, con calles de adoquines, y bonitos edificios. "¡Todo es tan limpio, brillante y bonito aquí! Hay muchos edificios y todos son blancos. Todos los edificios tienen pinturas en el exterior y también en el interior. Es un lugar muy limpio. Los edificios no son enormes, quizá un par de plantas, pero la mayoría sólo una. Son tan bonitos. Increíblemente bonitos. Hay algo especial para mí en este lugar. Es inconcebiblemente bello, con tanta atención en el arte, el detalle." Cuando le pedí que se centrara en su cuerpo, vio que era una niña joven, aproximadamente once o doce años, que estaba descalza en la calle, vistiendo una túnica corta y blanca. "Es tan bonito. Es precioso, precioso." La ciudad está llena de gente, casi todos yendo a sus negocios. Todos vestían de forma similar a ella. "Son más las personas que conozco. La gente vive y hace cosas...compran y venden cosas. Yo estoy dando vueltas, supongo, jugando. Hay algunos vagones, pero no están por aquí, ahora. Son animales."

Vivía en la ciudad con sus padres. "Mi padre no tiene dinero. Veo todas estas monedas alrededor, dinero. No estoy exactamente segura cómo nos llega, pero él hace algo. El dinero está bien. El dinero hace que las cosas no tengan importancia, es tan bonito." Describió el interior de su casa y había muchas pinturas en las paredes. "Colorido y bonito, es una habilidad poder hacer esas cosas. Son pinturas de personas, escenas, escenas de la vida, escenas de gente. Algunas veces puedes pagar a alguien y te hacen un cuadro de esa manera o con pequeñas piedras. Tiene tanto talento hacer cosas que son bonitas. Esto es parte de nuestras vidas. La parte exterior de nuestra casa no muestra mucho. Es blanca y roja, pero dentro tenemos estas pinturas con piedras de mi madre. Y pinturas de pájaros. Nadie en mi casa hace eso. Pagan para que lo hagan, y les dan dinero." Dormía en una estera, y dijo que no tenía que preocuparse de la comida o cocinar. Había gente que cocinaba para la familia. "Hay mujeres y a veces hombres, también que se encargan de esto. Les dices lo que han de hacer y lo hacen. Cocinan y después te lo dan. Son sirvientes, pero hay que pedirles que lo hagan. Si no se lo dices, no saben que tienen que hacer. Pero la madre lo hace. Mamá hace eso. Padre no está mucho en la casa, viene y trae dinero y todo lo que hace." Ella no iba a la escuela, su madre la enseñaba. "Mi madre me enseña cómo se lleva una casa y aprendo lo que he de hacer. Me gusta observar las cosas, ver cosas y la experiencia de las cosas bonitas. Desearía poder hacer estas cosas tan bonitas."

Decidí llevarla hacia delante a un día importante y dijo que era un poco más mayor, como unos trece o catorce. Esta era una escena de caos. "Es como que el mundo se ha dado la vuelta." Entristeció. "No se puede respirar. El aire está lleno de suciedad y está caliente y... no se puede respirar." La di sugerencias por su bien y que no tuviera que experimentar molestias físicas. "Oh, dios mío, no sé qué hacer. ¡Qué miedo! Todo el mundo que veo tiene miedo y nadie sabe qué hacer."

D: *¿Qué ocurrió?*
B: ¡La montaña explotó! Terremotos, terremotos y boom. Todo ese polvo en el aire y en todos sitios, es horrible. Y no sé dónde ir. (Llorando). Ningún sitio adonde ir. La suciedad está en el aire, por todos sitios. Está caliente y es malo. Es verdaderamente malo. ¡Tan horrible! - Estoy entrando en la casa, voy a esconderme y quizá pueda estar bien.
D: *¿Estabas fuera cuando ocurrió?*
B: Empezó y está empeorando, mucho peor y nadie sabe qué hacer.
D: *¿Lleva mucho tiempo?*
B: No mucho, lo suficiente. Es sobrecogedor. Es... todo esto... se muere. No está limpio. Está sucio.
D: *¿Piensas que lo más seguro es ir y esconderte en la casa?*
B: No sé si hay un lugar seguro. Es horrible (Llorando).
D: *¿Supongo que no puedes huir?*
B: ¿Dónde? – Voy a esconderme en la esquina donde he estado durmiendo. Es mejor que ningún otro sitio. ¡Todo se ha ido! (Gimiendo fuerte).
D: *¿Cómo?*

B: El cuerpo…estoy encima de él.
D: *¿Ya no estás en el cuerpo?*
B: No, no estoy en el cuerpo.
D: *¿Qué ocurrió?*
B: El cuerpo paró de funcionar. No podía respirar. Hacía calor. Era algo venenoso. Fue horrible. – Ahora estoy bien. Estoy encima del cuerpo. Lejos del cuerpo, mirando hacia abajo, contemplando.
D: *¿Qué ves según observas la ciudad?*
B: Todo está cubierto. No había nada que se pudiera hacer. Ni lugar donde esconderse.

Lo sorprendente sobre esto era que parecía la erupción del Monte Vesubio, que destruyó Pompeya. Su descripción de la ciudad como muy bonita y limpia. En este lugar ha habido excavaciones, aunque esa no es la impresión que los científicos obtuvieron de las ruinas. Por supuesto, todo se cubrió de ceniza volcánica, y probablemente su apariencia sería diferente. Muchas pinturas hechas de pequeñas piedras aún permanecen en las paredes y suelos.

D: *Era un lugar tan bello, limpio, aunque ahora estas arriba. ¿Qué vas a hacer ahora? No puedes regresar. – Estas sonriendo. ¿Qué está ocurriendo?*
B: Hay una luz delante de mí. Es una luz suave. Vaya, la luz dibuja la forma de una señora. Ah, (Un gran suspiro). Mucho mejor. (Un suspiro de alivio) Me rodea… me rodea… me está rodeando…es tan agradable. Creo que me lleva a un sitio. Ya no hay sabor o mal olor a toda esa suciedad. Es maravilloso. Voy a un lugar donde aprenderé cosas. Me lleva y me deja allí. Hay muchos libros…bien, creo que es lo que son. No tenemos esto en el otro lugar, pero muchas cosas, todo tipo de cosas, información. Son cosas para aprender, cosas qué saber.
D: *¿Cuál es la apariencia de este lugar?*
B: Grande, grande, grande, grande, grande. Hay libros, libros, libros, libros, en todos sitios y algo que parecen mesas. Y se supone que tenemos que descifrar, aprender cosas.
D: *Dijiste que hay mucha información allí.*
B: Oh, ¡Dios mío! Por todos sitios. Todo lo que se pueda imaginar – Oh – Creo que voy a mirar muchos libros.
D: *¿Qué se supone que has de hacer allí?*

B: Absorbe información, aprende cosas.
D: *¿Hay alguien ahí para decirte lo que se supone que debes hacer?*
B: Hay un tipo muy mayor con barba muy, muy larga. El cogerá mis libros. (Sarcástica) ¡Hay tantos! Más tarde podré escoger. Ahora he de aprender estas cosas. Se trata de cómo funcionan las cosas. – Hay tantos libros, pero tengo que empezar en algún lugar.
D: *¿Abrirás los libros y verás lo que hay dentro?*
B: Sí, puedo hacerlo. (Río)
D: *¿Qué es tan gracioso?*
B: Hay un libro sobre hojas. (Seguía riendo). Hojas de árboles.
D: *¿Hojas de árboles? ¿Él quiere que mires ese?*
B: Sí, porque allí hay tantos diferentes, tipos de árboles. Y parte de cómo decir las diferencias entre ellos, es por la hoja. ¡No sabía eso antes!
D: *¿Por qué quiere que tengas esa información?*
B: Es importante. Eso es lo que dice. Es importante y necesito saberlo.
D: *¿Pregúntale por qué es importante?*
B: Para algo más, ¿para un trabajo más tarde? Es importante para más tarde, para que conozca las diferencias. Esto no ocurrió antes, pero necesita ocurrir en este lugar.
D: *¿De que tratan otros libros?*
B: Oh, sobre diferentes plantas. – Hay libros sobre todo lo que puedas imaginar y muchos más, pero tengo los que tratan de plantas. El los escogió para mí.
D: *¿Por qué quiere que aprendas acerca de plantas?*
B: Para ayudarlas a crecer. ¿Cómo saber cómo crecen las cosas, cómo funcionan, si no sabes las diferencias en las plantas? Necesitaré esta información en algún momento. Me dice que necesito saberlo. Esto es importante. Algunas plantas están enfermas y necesito saber acerca de las diferentes plantas para ayudarlas. En algún momento tengo que ir, necesito trabajar con plantas y ayudarlas a crecer. Este es un lugar al que vienes y estudias y aprendes cosas.
D: *¿Este es el único lugar donde vas, sólo para leer libros, o vas a al gún otro sitio?*
B: Todo lo que estoy viendo es este lugar con libros, y a este tipo mayor, que escoge mis libros. Y dice, aprende esto y lee y lee y lee algunos más. No sabía que podía leer (desconcertada) y

aprender. Y aquí tienes y esto es importante para más tarde; no ahora.

D: Oca, movámonos hacia delante y veamos si hay algún otro lugar al que tengas que ir.

B: Sigo oyendo que no tengo que irme todavía hasta que haya aprendido todo de estos libros.

Era obvio que ella estaba en la Biblioteca, en el lado espiritual, la cual contiene todo el conocimiento que haya habido o que habrá. Esto podría llevar mucho tiempo, con respecto al aprendizaje, y condensé el tiempo a donde había aprendido todo el conocimiento que se requería. "Has aprendido y absorbido mucha información sobre plantas. ¿Qué es lo siguiente que tienes que hacer?"

B: Partir.
D: ¿Dónde?
B: Dentro de un bebé.
D: ¿Alguien te ha dicho lo que se supone que has de hacer?
B: Más tipos mayores. Son muy fuertes y muy poderosos. Están juntos. Quiero decir, no conectados entre sí, sino que vienen juntos y te dicen. "Okay, ahora has aprendido eso. Ahora necesitas conocer algunas otras cosas," y te dejan escoger un poco, pero ellos deciden.
D: ¿Toman muchas de las decisiones?
B: Sí. Necesito ir y aparentemente necesito trabajar con gente, y trabajar con plantas, porque no están creciendo bien.
D: ¿Tomas algunas decisiones sobre dónde ir y qué hacer?
B: Puedes decidir cuándo algunas veces. Me dejan decidir cuándo y con quien, pero he de hacer este trabajo. Es un trabajo.
D: ¿Porque las plantas no están creciendo correctamente?
B: Para que las plantas crezcan correctamente. Ahora no lo están. Hay algo en ellas que no va bien. Y quizá no hayan de estar en este lugar, sino en otro con otras cosas, pero la gente allí no lo sabe. Por eso necesitan a alguien nuevo que vaya allí y les hable y les ayude, porque de otra manera no habrá comida. (Preocupada). La comida faltará.
D: ¿Por qué las plantas no están creciendo correctamente?
B: Las cosas han cambiado afuera y la gente mayor hace las mismas cosas que antes. Necesitan nuevas personas, que entren y hagan

algo diferente. Conocer algo más, para que entonces siga habiendo comida. De lo contrario, todo el mundo morirá.

D: ¿Las plantas son tan importantes?

B: ¿Qué comen las personas?

D: Por lo tanto, las cosas no están progresando. Parece que van hacia atrás.

B: Sólo enferman. Las cosas enferman. Las cosas han de cambiar y la gente no cambia como debería. Necesitan cambiar.

D: ¿Creen que podrás ayudar?

B: Soy uno de los que ayuda. Hay otros.

D: ¿Y tu trabajo está relacionada con las plantas?

B: Trabajar con plantas y hacer algunos cambios, pequeños cambios que acabarán siendo grandes cambios.

D: ¿Han de ser grandes cambios?

B: Fundamentalmente, aunque los cambios pequeños pueden ser hechos más fácilmente que los grandes cambios.

D: ¿Qué ocurre cuando entres dentro del bebé?

B: El bebé no hace mucho. El bebé ha de crecer, pero el conocimiento sigue estando ahí.

D: ¿Te han dicho cómo realizar esos cambios?

B: Llegar a una familia donde ya cultiven cosas.

Esto tenía sentido, porque en su vida actual Bárbara nació en una familia pobre de granjeros que vivía en el campo. De esa manera, Bárbara fue criada cerca de la naturaleza.

D: ¿Dijiste que te dejaron escoger con quién vas a ir?

B: Sí. Ellos cultivan cosas.

D: ¿Es ese el único trabajo que has de hacer cuando vayas a la Tierra?

B: Trabajar con plantas es supremo. Llevarse bien con personas complicadas, también es importante. Personas difíciles.

D: ¿Por qué es eso importante?

B: Para aprender flexibilidad. Permite hacer más cosas posibles.

Le pregunté el propósito de haber visto esa vida pasada que acabábamos de revisar. "Ya entiendo el sentido que tuvo. El Monte Vesubio estalló. Identifiqué el lugar cuando lo vi. Era Pompeya. Pude verlo. Bárbara había estado allí en esta vida, pero parecía muy diferente. Estuvo allí."

Cuando vio Pompeya en esta vida fue una experiencia emocional con un presentimiento de desastre que seguía colgado en el lugar. Los miembros de la familia en aquella vida, están ahora interpretando diferentes papeles. Pregunté qué aprendió de vivir allí y morir de esa manera. "A dejar ir, dejar ir, dejar ir." Fue una vida corta. Le encantaba estar allí, el miedo surgió después de que la montaña estallara, hubo miedo. Se quedó sin poder de ser capaz de confiar. Lo perfecto y lo bello, no se puede confiar. ¡Fue increíble! Que algo tan bello se convierta en algo tan horrible. La sensación de que nada ofrecía seguridad. Aún queda algo de eso en su vida actual."

D: *¿Cuál fue el propósito de una muerte así? ¿De tener una vida tan corta?*
B: A un pago de otra vida. Hubo veces en las que fue muy cruel, muy cruel. En algunos niveles, ella ya lo sabe. Es por eso que hay fuerzas abusivas – no sólo abusivas – abusivas.
D: *¿Muchos diferentes poderes?*
B: Oh, sí, pero no en esta Tierra. Casi como una encarnación de la Tierra diferente.
D: *¿Entonces, la Tierra también ha tenido muchas encarnaciones?*
B: Eso es lo que viene. Es como una encarnación que va a venir.
D: *¿Ésta era una vieja encarnación de la Tierra?*
B: Anterior a la presente encarnación de la Tierra. Ella era muy poderosa. Ha sentido temor de su propio poder. Es el miedo de su poder, porque creó demasiada miseria. No sólo por ella, en otro tiempo y espacio, sino por la miseria creada a causa de su amor a sus poderes. La fascinación, el cambio, el poder de, "puedo hacer que suceda." Eso era lo que pensaba. (Con voz perversa). "Puedo hacer que suceda." Su poder era increíble.
D: *¿En esa vida había humanos en esa encarnación de la Tierra?*
B: Seres, como los humanos, pero había dinosaurios, anima- les.
D: *¿Todo el mundo tenía acceso a ese poder en aquel tiempo?*
B: Muchos, sí.
D: *¿Pero ella jugaba con él más que los otros?*
B: Ella era realmente mala, más que la mayoría. Era como si quisiera ser el rey del mundo – la reina del mundo – el poder.
D: *¿Hizo daño a otros seres?*

B: Si, sí. Aunque no sola.
D: *¿Qué ocurrió en aquella vida?*
B: Destrucción. Terremotos y agua. Agua, no ceniza, agua.
D: *¿Provocó ella ésto?*
B: Oh, sí, fue parte de ello. Mal uso del poder. Querían ver lo que ocurriría. Sin pensar en consecuencias.
D: *¿Hería a otros incluso antes de este gran acontecimiento?*
B: Esa no fue la razón. No fue la intención. No se trataba de querer hacer daño, tanto como, "Quiero ser poderosa," o "quiero ser importante." Eso es lo que pensaba, y los demás allí pensaban que lo que iban a hacer ayudaría a hacer las cosas mejor de alguna manera y que serían importantes. No fue, "Oh, vamos a acabar con esto." No fue ese el pensamiento, sino lo que ocurrió. Fue la consecuencia. Fue destruida por el agua, agua, agua, agua, agua, agua, es por eso que el pago en esta otra vida, feliz, feliz, feliz, feliz. Terremotos, ceniza, ceniza, ceniza, ceniza o polvo, polvo, polvo, polvo, polvo.
D: *Solo tuvo que estar en ese otro lado en esa ocasión.*
B: Sí. Ese karma ya se pagó.
D: *Un gran karma.*
B: Sí, pero el miedo continúa. Tiene ese temor de que los poderes, poderes poderosos, con el tiempo dañan a otros.
D: *¿Es por eso que en esta vida no los ha usado?*
B: Sí, totalmente. Tuvo muchas cualidades cuando era una niña y todavía las tiene.
D: *Es como que los enterró, pero ahora están reapareciendo ¿verdad?*
B: Y cuando esto ocurre asusta a la gente. Ella sabe que tiene que usar estas habilidades. Sabe que no ha de enloquecer con esto, no tanto ego. Fue una vida de ego para todas esas personas. Todo el mundo vivía en el ego, pensando que estaban con los dioses. Que todo lo que hacían estaba bien, que todo lo que hacían no traería consecuencias. Simplemente, no importaba. Seguían presionando, presionando, presionando, presionando. Todo estaría bien.
D: *Entonces, ¿esa memoria sigue en el fondo, en la memoria de Bárbara?*
B: Completamente, parte de la memoria. El miedo a adentrarse en los poderes. Se trata de estar cómoda, encontrando comodidad, buscando agilidad. Las pequeñas cualidades están reapareciendo.

Pero su miedo es enorme para ella. Ha de aprender confianza. Y es muy difícil confiar de nuevo, cuando los actos destruyeron todo. Sigue existiendo un asunto de auto importancia. Sólo dejándolo ir desaparecerá. Es casi como una ranura de descalcificación. Hay algo que es como una roca. Esa roca de miedo tiene que salir.

D: *Bien, sirve de propósito porque no queremos que continúe en esa dirección. Cuando estaba en la biblioteca estudiaba sobre plantas. ¿Quieres que use ese conocimiento?*

B: Tiene mucho conocimiento sobre plantas. Es fácil para ella. Necesita hacer lo que está haciendo. Estudia. Aprende. Ayuda a la gente. Es lo que necesita hacer.

A Bárbara le fue dado mucho consejo personal, especialmente sobre su matrimonio, habiendo acabado y que era hora de seguir adelante. Todo ese karma había sido pagado. Su actual marido había formado parte de toda esa destrucción con ella, cuando abusaron de sus poderes, y habían vuelto a estar juntos en papeles diferentes. Su dependiente madre había sido su criada en otra vida y Bárbara no la había tratado bien. Por ese motivo, ahora estaba en una posición de tener que cuidar de ella.

Mensaje de partida: Ella está bien y necesita saber que lo que está ocurriendo en su vida es para su mejor bien. Significa libertad para ella. Y que su vida en realidad aún no ha comenzado. Ahora es cuando comienza.

D: *Estaba preocupada de envejecer. Le dije que todavía quedaban muchos años.*

B: Necesita mirarse en el espejo. Y esa es la cultura. La cultura es confundirse.

D: *Una vez me dijiste que la edad no es lo que solía ser, de todas formas. La edad no es lo mismo.*

B: ¡Se puede tener cien años, tener control y elección de dirección!

Capítulo 23

IR AL INFIERNO

Cuando Catherine llegó a la habitación de mi hotel en Sídney, Australia en 2.007 para la sesión, andaba encorvada, con un bastón, aparentaba más una mujer anciana que su edad real, acabando los cuarenta. Su lumbar le causaba tremendos e insistentes dolores. Ésta era la razón de la sesión, para encontrar alivio. También iba a asistir a mi clase allí, en pocos días.

Nació en una familia donde fue ignorada, abusada y maltratada. La consideraban un "accidente" y su madre nunca la quiso. Toda su vida cuando era niña le decían que no valía y todo lo que ocurría era todo culpa suya, sin recibir ninguna empatía. Su padre la ignoraba totalmente porque no creía que era su hija. Sus padres tuvieron que casarse porque la madre estaba embarazada de su hermano mayor. A él le trataban mejor. Su padre no quería tener más hijos. Catherine dijo que podía recordar las cinco o seis veces que habló con ella. La ignoraba totalmente. Se marchó de casa cuando fue a la universidad, especializándose en Psicología. Cuando se casó hubo más abuso verbal y sufrimiento. Su vida sexual no fue buena, la mayoría de las ocasiones no las deseaba. Tuvo dos hijos y el hijo se iría con su padre en el divorcio. Su segundo matrimonio no fue mucho mejor. (¿Acaso es una sorpresa que su espalda se viera afectada con todo esto?)

Consiguió un trabajo para ayudar a mujeres que habían experimentado abuso en la infancia, y los niños que estaban en medio de todo esto. Parecía ser una solución ideal, porque supo identificarlo. Aunque en su lugar creó un gran estrés. Trabajar con sus historias y problemas le trajeron todos sus propios recuerdos. Toda la vieja basura, con la que nunca trató. Finalmente, no pudo controlarlo y la transfirieron a encargarse de papeleo, trabajo de oficina, en lugar de tratar directamente con las víctimas.

Su padre murió a los 50 años. Él también había sido víctima de la constante ira y rabia. Su madre (ahora en sus 80), seguía enfurecida por todo. Siempre culpó a Catherine por el fracaso de su matrimonio y su infelicidad. Incluso entonces cuando la llamaba, sólo encontraba gritos y acusaciones. Ni simpatía, ni comprensión.

No le gustaba su trabajo y pocos meses antes de la sesión, tuvo un ataque de corazón y lo dejó. (Es una forma de escapar de una situación indeseable). Había explorado vidas pasadas con otros hipnotistas, con la esperanza de encontrar algunas respuestas. Tuvo muchas, involucradas con conventos y monasterios, la mayoría de las ocasiones como monja. En una de las que más exploró, fue abandonada en un convento a la edad de cinco años. No siendo querida, estuvo allí y se arraigó totalmente con el dogma de la severidad, rigor y obediencia. Vivió allí toda su vida, con el tiempo preparando a las nuevas iniciadas de la misma manera, transmitiendo la amargura y la necesidad de sufrimiento. Había explorado estas vidas pasadas y tenía medicación, pensaba que había limpiado casi todo. Pero se fue haciendo obvio durante la sesión, que sólo había tocado la causa. La necesidad de sufrimiento para poder ir al Cielo estaba muy arraigada y entró con fuerza en su vida actual.

* * *

Catherine salió de la nube para encontrarse como un joven adulto, vestido con una prenda similar a una toga corta. Se encontraba en una playa rocosa, mirando el océano y las olas golpeando las rocas. Inmediatamente, se emocionó, "Tengo miedo de volver a la ciudad. Temo lo que voy a ver." Comenzó a llorar y sollozar, "la montaña explotó. Tanto temor por la montaña."

D: ¿Te encontrabas en la ciudad cuando ocurrió? (No) ¿Continúa explotando o se ha acabado?
C: Está ocurriendo y la gente huye, no sabiendo dónde. Les oigo y les veo correr y gritar. Sólo hay dolor, miedo y pánico. El humo y las cenizas cubren a las personas en las calles, sofocantes. Los hombres sabios dijeron que es porque la gente es tan mala. Esas personas eran lascivas y adoraban a dioses y demonios. No estaban siendo personas propiamente honestas y tendrán que pagar por sus pecados. Los hombres sabios querían que cesaran de beber y hacer ruido y las prostitutas y… Algunos sintieron

mucho temor y le creyeron, y otros se rieron. Están pagando las consecuencias.

D: *¿Toda la ciudad se ha corrompido? (Sí) ¿Tú creíste a los hombres sabios?*

C: No sé a quién creer, considerando que los líderes y la gente no quieren escucharles. Los líderes quieren que les sigamos con la bebida y el libertinaje, aunque el adivino de los hombres sabios dice, "No hagáis esas cosas. Es erróneo y hiere a la humanidad." Y por tener mucho vino, hacen daño a la gente. Ellos dicen que nos lo pagaran. La gente no los escuchaba.

D: *¿Hacías tú estas cosas?*

C: Sólo tengo casi dieciocho y empezando a ser un hombre, sin saber el camino correcto. No quiero hacer algo malo y ser castigado. No hay forma de saber la verdad. No hay manera de saber si los líderes deberían ser seguidos, o la gente que bebe todas las noches y el descontrol. O ser puritano y no seguirles, o seguir al sacerdote.

Aquí no estaba su casa. Él había venido de Roma para visitar primos que vivían en la ciudad. "La ciudad terrible. Estoy visitando a estos primos y me llevan a sitios para apostar y beber, y no estoy acostumbrado a hacer esto. ¿Quién tiene razón? (Muy desvalido). ¿Quién es verdad? ¿Cómo sabemos la verdad? ¿Por qué sólo escuchamos a los dioses a través de personas que mienten y nos controlan? Es difícil. Quiero oír la verdad. Pero quiero ser como el sacerdote."

Ha tenido que llegar al punto donde la montaña ha explotado. "Estoy en la orilla contemplando, oyendo los gritos y la gente correr. Les oigo decir, "ves, te lo dije, que si no cambiabais, esto ocurriría." Y otros dicen, "Oh, eso es estúpido, no es por eso." Es terrible, cosas terribles, tiempos terribles.

D: *¿Tienes alguna idea de qué vas a hacer ahora?*
C: Quedarme en el agua. Quedarme en el agua. No estar cerca de la nube de humo. (Le costaba respirar).

* * *

Tuve otra sesión que pudo haber ocurrido en un momento similar u otro lugar donde había un volcán en erupción. En esa historia la mujer corrió dentro del océano para escapar de la lava y el humo, pensando que sería más seguro estar allí. Sin embargo, ningún sitio era seguro. El agua se calentó tanto, que la gente se cocinaba viva. Era una situación que parecía como ésta, no habría un lugar seguro, no importaba la decisión a tomar. También la niña joven, del capítulo anterior, intentó esconderse en su casa para escapar del humo, aunque se ahogó allí.

* * *

Condensé el tiempo para ver qué decidió hacer. "¡Dios mío, no me puedo decidir! No puedo decidir si quedarme en el mar, o subir más arriba, pero en una dirección distinta a la de la montaña arrojadiza. (Con pánico) No sé qué hacer. (Llorando) No puedo tomar una decisión. Estoy solo y no sé cómo decidir. (Con más calma) Está bien, no tengas miedo ahora, que no te paralice tu miedo. Toma una decisión. (Preguntándose) ¿Y si tomo la decisión equivocada? ... ¡Entonces, ¿Qué?!

D: Seguirá siendo tu decisión. ¿Qué quieres hacer?
C: Estar aquí por ahora. No tomar acción porque es más seguro. No veo lava, solo humo y ceniza, y a la gente quemándose por la ceniza. – Ahora estoy corriendo por las calles. La gente ha caído y algunos de ellos están cubiertos de cenizas ardiendo.
D: ¿Por qué entraste en la ciudad?
C: Para ver qué pasaba porque no sé lo que hago. No sé qué hacer. Mejor huir. – Muchos han tenido una muerte horrible. Escucho los gritos.
D: Vayamos adelante y veamos qué te ocurre.
C: Todo está en silencio ahora. El miedo terrible de que decisión tomar se ha ido porque ya se ha hecho. La decisión se tomó por el miedo terrible, terrible. El miedo de no poder tomar una decisión, ha acabado. Él está muerto.
D: ¿Cómo moriste?
C: Por la lava, la ardiente lava.
D: No tenías que haber entrado en la ciudad, ¿verdad?
C: No sabía qué hacer.
D: Estabas a salvo en el agua.

C: Pero allí también llegó la ceniza. Tuve que correr. Incluso llegó a la orilla. (Llorando). Tuve que correr. Tuve que entrar dentro de todo ello. Solo floté, otros confusos y perdidos. No saben lo que ocurre. No lo saben. Es un shock terrible, terrible, tantos en pánico.
D: ¿Muchos murieron a la vez?
C: Sí. Terrible. – Ahora estoy perdido. Sigo sintiendo dolor… un dolor agudo.

Le saqué de cualquier sensación física que quedara, para que pudiera hablar sin que ese residuo le distrajera.

C: Ese dolor tan agudo, la culpabilidad de no tomar una decisión, nunca me ha dejado. (Comenzó a llorar otra vez). Estoy aquí y atrapado allí. Ni vivo, ni muerto.
D: ¿Por qué estás atrapado allí?
C: Porque necesito el cuerpo. Seré quemado y castigado por Dios.
D: ¿Eso es lo que temes que ocurra?
C: Si todo es de Dios.
D: *Pero ya no necesitas el cuerpo. El cuerpo ya no funciona. No puedes hacer que se mueva. ¿Verdad?*
C: Entonces, cuando estaré seguro de salir, me encontraré peor en el infierno, ¿me quemaré en la eternidad?
D: *¿Eso es lo que temes? (Sí) ¿Es eso lo que te han dicho?*
C: Sí, sí, ellos me dijeron. Los ancianos y los viejos viciosos, me señalaron con sus dedos huesudos y dijeron, "irás al infierno."
D: *Pero tú no hiciste nada malo. No hiciste lo que los otros hacían, ¿verdad?*
C: No. No lo hice, aunque quise probarlo.
D: *Bueno, eso es normal, pero no lo hiciste. No creo que tengas que preocuparte por ser castigado por algo que no hiciste.*
C: Sin embargo, fui a un lugar infernal después de la muerte. Eso es lo que ellos dijeron, "Te quemarás en el infierno eternamente". Y fui allí, porque lo creí. Porque tuve mucho miedo. Pero ellos estaban equivocados. Deberían saber que estaban equivocados. Lo que dijeron estaba basado en sus miedos y falso conocimiento. No tenían una verdadera religión. Eran falsos y me enseñaron algo falso, que yo creí. Y de esa manera, no pude tomar una decisión. Estaban equivocados. Me enseñaron con miedo, falsedad y

libertinaje. Quizá se cometió un daño, pero no todo fue daño. Creí y tuve temor y no tuve ni siquiera una oportunidad de probar la vida. No tuve la oportunidad de hacer nada, porque tiraban de mí en muchas direcciones y no había verdad en la que creer.

D: *¿Piensas que eso es lo que te impedía tomar una decisión?*
C: No pude tomar una decisión. – Pero no tengo que estar en ese lugar infernal. Me hicieron creer que tenía que estar allí. Ahora lo sé y es un enorme alivio. No he de estar en un lugar infernal. Creí a todos ellos.

D: *¿Dónde vas ahora que sabes que no era real?*
C: Parece que puedo ir a la luz. Ellos dijeron que yo era indigno.

D: *Pero tú sabes que no has de creerlos.*
C: No. Puedo ir a la luz. Veo a personas fluyendo a un lugar agradable. Todos vuelan, siguiéndose hacia arriba y arriba, yo no estaba allí. Yo estaba abajo.

D: *Eso es porque les creíste. Ahora puedes ir a otro lugar. (Sí) ¿Cómo es?*
C: Es muy largo… como un haz de luz. Todas las almas que abandonaron sus cuerpos y murieron, todos flotaban. Había dos o tres a la par, todos en una gran fila, uno tras otro. Se dirigían hacia estas nubes de luz. Es dorado, está llegando música de allí y parece muy agradable. Yo pensaba que no podría ir. No pensaba que lo merecía. Hay seres que señalan el camino, ayudando a los rezagados a alinearse y seguir adelante, hacia arriba.

D: *Los que estaban atascados.*
C: Sí, como yo. Y venían a sacarnos del infierno mental en el que estábamos. Pero parecía tan real. Podemos ser libres.

D: *¿Cómo era cuando llegaste allí?*
C: A todos nos envolvía una luz reconfortante, todos los miedos habían desaparecido, y todos los pecados – que fueron percibidos – pudieron desvanecerse. ¡No tienen que guardarse para siempre! (con temor). Siento tanto alivio (Llorando) sentir que no ha de ser para siempre. Me dijeron que iría al infierno eternamente.

D: *(Reí) ¡Estaban equivocados!*
C: Me alivia saberlo. Nunca debí creerlos. Nunca debí creerlos.

D: *Fueron las circunstancias. (Sí) Estabas allí para aprender y tomar una decisión.*
C: Creo que era la de alejarme de la bebida y el juego. Nos llevaban a un lugar falso con falsas enseñanzas. Puedo dejar que eso se vaya,

y el dolor, puedo dejar que se marche el miedo de convertirme en alguien que sólo vive para festejar. Dejar que todo se vaya. Quiero permitir que entre la verdad. Hay verdad en este lugar a donde todos vamos.

D: *Vayamos adelante hasta que estemos allí. ¿Cuál es su apariencia?*
C: Respiro…no podía respirar abajo. Es algo que se mantuvo siempre. Ahora puedo respirar. Es tan bello, está lleno de haces de luces que emanan y brillan de todos sitios. Puedo respirar y puedo ser aceptado, otra vez. (Suspira) Puedo ser aceptado.

D: *¿Hay alguien que te hable?*
C: No, nadie que conozca, pero hay muchos a mi alrededor, son amistosos y me hacen gestos para que me acerque. Yo no puedo aun creer, que merezca estar aquí.

D: *(Reí) Por supuesto que sí.*
C: Y no tener esos dolores, sin culpa y condenación eterna.

D: *Es perfectamente justo que estés allí.*
C: (Enfadada) Aquellas personas me enseñaron cosas muy malas. Ahora, aquellos de nosotros que estábamos atrapados y perdidos nos llevan a un templo de luz brillante, donde nos permitirán recuperarnos de todo lo que hemos pasado. Veo algunos de ellos. No tuvieron un periodo de estancamiento. Fueron directamente a ese lugar tan agradable y comenzaron a recuperarse directamente. Pero aquellos de nosotros que nos quedamos atascados, necesitamos ayuda.

D: *¿Cuál es la apariencia del templo?*
C: Por fuera, todo son columnas, es muy bonito. Dentro, es como… ahora estoy en una piscina. Dicen que esta piscina me sanará de las terribles heridas y ese dolor horrendo. Una piscina que sanará todo el dolor atrapado, el terror, el horror y el malestar. Es agua dorada que brilla, mueves los brazos alrededor de esa luz brillante y dorada, llegando hasta la altura de las axilas, mientras permaneces de pie.

D: *¿Te limpia de todo?*
C: Sí. Y mi alma eterna sigue viva. Me dijeron que moriría en el infierno. No sabía que podría seguir viviendo. (Sorprendido) Te dicen que tu alma morirá y tú lo crees. ¡No sabes que puedes vivir!

D: *No se puede matar al alma. No es verdad.*
C: No. Ellos podían ocultarlo porque nosotros lo creíamos. No necesito seguirles nunca más. Ahora estoy sentado con otras

personas en un bonito lugar, un jardín y comen uvas. Y yo puedo unirme a ellos ahora. Llevo fuera mucho, mucho tiempo. Me permiten estar allí y estar a salvo, tener una vida que no he tenido durante mucho, mucho tiempo.

D: *¿Vas a permanecer allí mucho tiempo?*

C: Necesito ser instruido con nuevas enseñanzas. La verdad real sobre Dios y la vida, amables maestros que nos enseñarán todo lo que contrarreste las cosas falsas que hemos tenido con la antigua materia. Puedo estar en paz aquí. Y podemos crecer, porque nuestro aprendizaje se paró. Dicen que no tenemos que regresar a la Tierra hasta que hayamos aprendido muchas más cosas.

D: *¿Quieren que estéis más preparados?*

C: Para hacerlo mejor la próxima vez. No estábamos preparados, no lo hicimos bien, creímos en falsas creencias y no fuimos nosotros mismos. Ahora tenemos una oportunidad de ser enseñados, para que cuando volvamos otra vez, seamos nosotros mismos, siendo nuestro verdadero yo. Poder pensar por nosotros mismos y ser individuos. Ser nosotros mismos, ser reales y vivir nuestro destino plenamente, cumplir con nuestro potencial que nos quitaron y ahora está siendo restaurado.

D: *Es hora de regresar y hacerlo bien.*

C: Sí, con el conocimiento adecuado y el estímulo apropiado.

D: *¿Podrás recordarlo cuando vuelvas a tener un cuerpo físico?*

C: No sé sobre eso, pero sé que ahora nos fortalecen y nos dejan ser nosotros mismos, en lugar de ser sometidos y ocultos como antes. Quieren que seamos quienes somos realmente y eso es mucho más de lo que pude creer.

D: *Vayamos adelante, a cuando ya has aprendido todo lo que necesitabas aprender, y te estas preparando para regresar a un cuerpo físico. ¿Alguien te ayuda o te dice cuándo es el momento?*

C: Sí, estamos en una clase que nos enseña cómo regresar. Estos son los que están preparados, a los que se instruye cómo regresar.

D: *¿Cuáles son las instrucciones?*

C: Que puedes tener acceso a tu verdadero conocimiento, aunque puede que no emerja inmediatamente. Siempre está ahí, puedes recurrir a él, puedes conectar y nunca es necesario perder tu conexión. E ir a la Tierra en un cuerpo y permanecer conectados.

D: *¿Puedes escoger en qué tipo de vida o cuerpo físico entrar?*

C: No, creo que no he llegado allí todavía.

D: *Vayamos a donde ya te dieron las instrucciones. ¿Te permiten escoger dónde ir?*
C: Sí, y me ayudan a escoger una buena esta vez. Que construya mi alma y restaure mi espíritu.
D: *¿No toman la decisión por ti?*
C: No, me muestran algunas diferentes y me ayudan a escoger una buena. No hay que tener malas experiencias siempre, ni el dolor cada vez. Puedes escoger una buena. Puedes crear música y convertirte en pianista, puedes escoger cosas que construyan y mejorarte, en lugar de hacerte pedazos y destruirte.
D: *¿Cuál vas a escoger?*
C: Me gusta la naturaleza y la ciencia, allí hay ciencia. Puedo estudiar el universo.
D: *¿Escoges la familia?*
C: Parece que iremos en grupo a un planeta donde podemos estudiar física y el universo. Todos los secretos de la vida física y cómo ayudar a la gente a ser mejor. Es un lugar donde trabajaremos juntos y tendremos maestros maravillosos, no tendremos los problemas que existen en la Tierra. No te despedazarán y medio enterrarán. Podrás hacerlo en la luz.
D: *Pensaron que ésta sería una opción mejor que volver a la Tierra.*
C: Sí, una opción mejor para ayudar a la humanidad. De otra manera, estaríamos atrapados en esos pequeños agujeros del infierno siempre. Podremos construir algo diferente. De paz, y aprender lo que puedes hacer sin que te rompan.
D: *¿Qué tipo de cuerpo tienes en esa vida?*
C: No es como en la Tierra. No se daña tan fácilmente. Es duro, como el cuero, parecido a una apariencia de reptil.
D: *Aunque, parece con gran inteligencia.*
C: Sí, pero en cualquier lugar se puede ser inteligente, porque éramos tan estúpidos en la Tierra.
D: *¿Permaneces mucho tiempo en ese planeta? (Sí) ¿Te conviertes en científico?*
C: Sí. Alimenta mi alma y llena mi espíritu de conocimiento e información, para ayudar a otros planetas y razas en su momento, en un cuerpo físico. Esto es para ayudarles. Es para facilitar el sufrimiento, porque el sufrimiento causa demasiado daño.
D: *¿Realizas todo el trabajo en ese planeta?*

C: Oh, no. Vamos en naves. Tenemos todo el universo para estudiar. Cómo explotan las estrellas y cómo los planetas se crean en su conjunto. Es tan enorme y bello, nosotros podemos ser parte de ello. Es muy extraño, porque salimos y vemos estrellas y galaxias un minuto y ahora podemos ir a algo distinto al minuto siguiente. No sé cómo ocurre. Yendo y viniendo entre diferentes dimensiones. Queremos aprender a aprender y enseñar. Porque hay tanto que sanar desde la experiencia terrestre, y ahora me han dado esta oportunidad para sanar.

D: *¿Alguna vez has estado cerca de La Tierra, mientras exploras el universo?*

C: Todavía no.

Parecía finalmente haber encontrado felicidad, después de la terrible experiencia por la que había pasado. Entonces decidí llevarle al último día de su vida en aquella vida y ver lo que había ocurrido.

C: La luz brillante dorada que comenzó en mi corazón y se expandió por todo mi cuerpo y su energía, forman parte de mi espíritu, ha permeado mi ser y a los otros que también se irán.

D: *¿Qué ocurre con el cuerpo que estás dejando?*

C: Se disuelve en polvo.

D: *¿No había ningún problema en él?*

C: No. Cuando la luz dorada vino, sabíamos que estábamos sanados y que era hora de marchar y llevar el conocimiento que aprendimos a otras especies y planetas. Ahora flotamos, como seres esféricos dorados. Nos dirigimos al consejo con el conocimiento y nos comunicamos con otros seres que han obtenido otro conocimiento. Llevamos esferas plateadas relucientes, esferas de resplandecientes colores brillantes de luz. Y juntos nos damos la información al conjunto de conocimientos para uso de todos, de manera que los planetas rotos pueden atraer este conocimiento para su curación.

D: *¿Es como un estanque que recoge todo?*

C: No exactamente un estanque, son estas burbujas. Cada ser es como una esfera brillante y todos sus conocimientos juntos, forman como corrientes eléctricas que fluyen a los universos, a todos los lugares que lo necesitan. Y así, un planeta en problemas como era La Tierra puede recurrir a esa electricidad para que venga a ellos.

Llega como una corriente dorada y lleva sanación. Y se hace disponible para todo el planeta.

D: *¿Cómo puede todo un planeta recibirla?*

C: Bien, no puede, pero según se preparan, se abren y la reciben. Gradualmente sana el planeta, a la gente y la ruptura que había, el daño.

D: *¿La gente del planeta ha de desear esto?*

C: Si. Alguien ha de recurrir a ella. De otra manera, fluye justo sobre el planeta y falla completamente.

D: *Entonces, ¿han de querer la ayuda?*

C: Sí. Por lo que las muchas, muchas esferas de luz…cada uno de los seres, continuamente se reúnen en un lugar central y llevan el conocimiento, la información y la ayuda para compartir con todos. Van y vienen, llevamos nuestro cubo de conocimiento y lo vertemos dentro. Ellos pueden escoger ir a otro lugar y recoger otro puñado de información y volverlo a llevar. No hemos de permanecer rotos para siempre. Ahora ya estamos reparados.

D: *Ahora me gustaría que pasaras a cuando decidas volver a Tierra y dentro del cuerpo físico de Catherine, a través del cual estás hablando en este momento.*

C: ¡Ay, ella! Estaba rota, pero no tiene por qué estarlo. Ahora ella me tiene Ella estuvo en ese lugar roto en muchas vidas en la Tierra, pero ahora he venido a ella. Una parte perdida de ella, y ahora la luz dorada y brillante también puede estar en ella, a partir de ahora. Ella estará complacida. Se aferraba fielmente a toda la miseria, pero ahora no tiene que hacerlo.

D: *¿Puedes explicarle a ella por qué escogió una vida tan dramática con sus padres?*

C: Debía continuar estando rota. Estaba aferrándose a cada quebrantamiento de cada experiencia. Creía que estaba siendo fiel a Dios haciéndolo.

D: *Ella piensa que tuvo algunas vidas donde había sido religiosa.*

C: Sí, con todo eso, seguía construyendo ese quebrantamiento cada vez. Haciéndolo más fuerte y aferrándose a él. Creía estar haciendo lo correcto. Era su forma de ser fiel. Sólo estaba fuera de lugar.

D: *¿Por lo que, cuando llegó a esta vida pensó que tenía que continuar teniendo ese trauma y malas experiencias?*

C: Eso es. Sólo continuar estando rota y disfuncional, sufriendo, porque es lo que ellos dijeron – en algún lugar dijeron "Dios ama cuando la gente sufre en su nombre", y lo creyó. Ahora que visualizó El Vesubio, sabe que eran falsas enseñanzas.

D: ¿Y sus padres, porque eligieron todos volver juntos y experimentar esto?

C: Eran almas apacibles y todavía con mucho aprendizaje que realizar, compartieron algunas de las falsas creencias y es como todo se desarrolló. Todos compartían vidas distantes y primitivas, llenas de superstición y miedo. Tenían una conexión de creencia en la superstición y el miedo. Era casi continuo el sufrimiento inconsciente. Veo a la madre ahora. Cree tanto que infligir dolor es bueno para las almas, por lo que lo hace y lo vuelve a hacer, nunca se dio cuenta de lo equivocado que es esto.

D: *Pero Catherine no necesita estar atrapada en eso nunca más, ¿verdad?*

C: No. No quiere estar atrapada en ello. No sabía cómo salir de ahí.

D: *Pero ahora puedes ayudarla, ¿verdad?*

C: Sí, porque ahora ha entrado nueva información y penetrado en el lugar que estaba bloqueando el dolor. Ahora toda su vida cambiará. Porque el cambio en ese planeta distante, donde la sanación y la ciencia tomaron lugar, puede permanecer en ella ahora…comenzando ahora en esta vida.

Cambié para preguntar acerca de la condición física de Catherine. Dijeron que si hubiera continuado por el camino donde se dirigía, hubiera muerto. Seguía el camino equivocado.

C: El corazón se estaba secando a causa de haber sido quebrantado, aunque ella ahora ha aprendido que, si una relación acaba, no hay que marchitarse y morir, porque tú eres auto-suficiente y un individuo fuerte. Y por eso el corazón marchito puede ser sanado. ¡Ese marchitar concluyó!

Después se enfocaron en la espalda de Catherine, la mayor fuente del dolor y los efectos de paralización que tenía en su espalda. El dolor iba desde el cuello hacia debajo de su espalda. Los doctores hablaban de cirugía como la única opción.

C: La tensión extrema, la rigidez y aferrarse a la vida de los viejos tiempos. ¡Déjalos marchar! Los huesos pueden restaurarse ahora. Puedo hacerlo. Permite que la energía eléctrica rodee toda la columna; restaurar toda la energía que restaura los huesos. La energía no estaba funcionando. Los huesos serán restaurados, una vez que la electricidad y la energía se vayan moviendo en los próximos días. El patrón para sanar esta ahora ahí. Ella no pensaba que podría ser inter- dimensional, pero su columna se encontraba en ese lugar infernal inter-dimensional. Todavía estaba sujeto a ese lugar. Era inter dimensional, un lugar donde no ha de estar. Pero ahora ese lugar, es un lugar saludable. Su canal de luz ha sido abierto. Ese infierno dimensional le quitó mucha fuerza. Ella tiene mucho poder. Todo su cuerpo siente un cosquilleo con esa energía.

Mensaje: Ella estará encantada de unirse en mi trabajo de llevar luz a planetas y despertar a la gente, ayudarlos a vivir, tan contenta y feliz, con deseo en su corazón de hacer este trabajo.

D: Mencionaste "mi." ¿Estoy comunicando con el subconsciente?
C: Soy el que estaba en el planeta de ciencia.
D: ¿Quieres decir que ahora estás asignado a trabajar con ella?
C: Sí. Es la parte de ella que fue arrancada y se sentía tan perdida. El trabajo es galáctico. Quiso ser parte del trabajo galáctico.

Mensaje de partida: Tan sólo escucha más. Escucha más porque ahí es donde reside la verdad. No te rindas.

* * *

En nuestra sesión ella murió como hombre durante una erupción volcánica. Una masa de roca fundida golpeó su estómago, causando un dolor intenso. Este hombre murió confuso en Pompeya y entonces encarnó en varias vidas religiosas para encontrar sus respuestas. Este probablemente fue esa parte del lugar infernal del que habló. No funcionó. Le enseñaron que la respuesta era el sufrimiento y eso continuó en la vida de Catherine.

La otra parte que surgió durante nuestra sesión fue otra astilla o aspecto que encontró el camino correcto. Esa parte ahora podría fusionarse con ella y quitarle la falsa creencia en la necesidad de sufrir. Suficiente es suficiente.

La otra parte que emergió fue el sufrimiento en un convento por la negación al alimento, viviendo de muy poco. Comiendo tanto como podían, a causa de no saber cuándo tendrían la siguiente comida (o si habría otra comida). (Se puede observar que el hombre de Pompeya murió de heridas en el estómago).

* * *

Después de la sesión Catherine estaba sorprendida de descubrir que ya no tenía ningún dolor en su espalda. También parecía más dulce y joven. Se había presentado voluntaria para ayudar en mi conferencia al día siguiente, así como asistir en la clase. Cuando llegó a la conferencia sonreía y habló sobre lo bien que se encontraba. En la clase, antes de que comencemos dijo que quería contar y mostrar a los estudiantes lo que había ocurrido. Caminó y corrió en círculos por la sala, riendo emocionada. Dijo que el día antes había pasado cuatro horas caminando por todo Sídney sin molestias en absoluto.

* * *

Tristemente, este tipo de miedo aún existe en nuestro mundo de hoy, y es causado por la iglesia. Mi hija, Julia, fue enfermera en cuidados intensivos, durante muchos años. Dice que los casos más tristes eran aquellas personas que morían con miedo. Habían vivido una vida perfecta, con sus retos, y no habían hecho daño a nadie. Aunque la iglesia les había contado que a menos que fueran perfectos, irían al infierno. Como nadie es perfecto, estaban aterrados. Sabían que morirían y la iglesia les había convencido de que irían al infierno. Pienso que es un gran deservicio de cualquier organización religiosa hacer que una persona tema a morir. Deberían hablarles sobre la belleza y maravilla que encontrarán cuando crucen. Que no estarán solos y que se reunirán con sus seres queridos. Que el otro lado es un lugar de amor incondicional, donde nadie es juzgado, no importa lo que las circunstancias de sus vidas hayan sido. Cuando salen de sus cuerpos terrenales, simplemente se van a "casa," y no es un lugar que temer, sino de acogida.

Hay mucha más información sobre que es la muerte y todos los maravillosos lugares donde puedes ir en el lado espiritual, en mi libro "Entre la muerte y la vida."

* * *

Para aquellos que no conozcan la historia de lo que ocurrió en Pompeya, les daré una versión comprimida. Estuve allí cuando viajábamos en autobús desde Roma y atravesamos Nápoles, para llegar a las ruinas. El monte Vesubio se alza majestuosamente como flotando en todo el paisaje. Salía humo de la parte superior, mostrando que sigue activo. Los científicos afirman que sólo es cuestión de tiempo que el volcán entre en erupción otra vez, me sentí inquieta en las inmediaciones. La última vez que entró en erupción, fue en el año 79 dc y enterró Pompeya en cenizas (como se describió en las sesiones). Además de destrucción, la ceniza sirvió de otro propósito; conservar la ciudad para la posteridad. Durante años las excavaciones revelaron perfectamente edificios y artefactos. En las ruinas puede verse lo que fue una gran ciudad. Ahora se considera una de las fuentes con más riqueza en cuanto a conocimiento del mundo Helenístico y Romano, debido a su extraordinaria conservación.

En consecuencia, tenemos dos versiones diferentes de personas que murieron durante la erupción del Vesubio y ambas esencialmente correctas. Tan solo se narran desde distintos puntos de vista. La primera fue desde un ángulo donde era una niña viviendo en Pompeya, en ese tiempo y pudo verla como una ciudad limpia y bella. Durante las excavaciones encontraron edificios perfectamente conservados que tenían restos de pinturas (estucos) en las paredes, murales preciosos. También se encontraron pinturas hechas con pequeñas piedras o mosaicos. Éstas no sólo se encontraban en edificios públicos, incluso estaban en casas familiares, preciosos murales (como se describió en la sesión). También había un gran número de industria, agricultura y comercio, por lo que el padre de la niña podría fácilmente haber sido un hombre de dinero. Viéndolo desde los ojos de una niña, sólo veía belleza. No sólo vio el lado oscuro de Pompeya.

La versión de Pompeya del hombre también era correcta. Entre las pinturas de los edificios, se encontraron explícitamente escenas de sexo y estatuas con órganos sexuales exagerados, como si tuvieran una obsesión exagerada por los deseos carnales. Por lo tanto, la versión del hombre joven de libertinaje también era correcta. Los roma- nos también eran bien conocidos por divulgar en exceso cómo comer y los placeres sexuales. En algunas ruinas antiguas encontraron lo que llamaban "vomitorio." Comerían en exceso, irían y vomitarían, para después volver a comer. Este tipo de mundo debió haber sido muy confuso para un hombre joven, que venía de una vida en el campo. Por lo que es fácil ver cómo estaría de acribillado por la culpa cuando murió tan violentamente.

Aquí están las ruinas de Pompeya con el Monte Vesubio elevado en el fondo.

Aquí hay un mosaico encontrado en una de las casas.

* * *

Los investigadores muestran el concepto de infierno originado en el segundo y tercer siglo, después de que el Nuevo Testamento fuera escrito. El concepto de infierno se ha usado por predicadores cristianos demasiado entusiastas durante siglos, como una manera de atemorizar a sus rebaños a la obediencia, aunque no tiene un fundamento en textos sagrados.

Capítulo 24

OCULTANDO LAS ENSEÑANZAS DE JESÚS

Esta sesión se realizó como demostración durante una clase en Ojai, California. Escogí a un estudiante de la clase para realizar la demostración. Nunca sabía por adelantado quién sería; me inquietaba este momento enfrente de un grupo grande de personas. Nunca sabía cómo ocurriría y no es el mejor lugar, tampoco. Lo llamo escenario "pecera" porque no hay privacidad y ellos también están nerviosos. Se realiza en frente de la clase y puede ocurrir cualquier cosa. Normalmente, sorprendentemente, siempre ha funcionado aunque nunca sé qué información saldrá. En pocas ocasiones, la persona que escogí ha sido difícil hasta el punto que me fue complicado de poder llevarlo a una vida pasada. Es normalmente un "zurdo-cerebral" o, en otras palabras, un "control freak", una persona controladora. Lo hago con la intención de mostrar a la clase cómo realizar la técnica y lo simple que es de usar. En estos casos, los estudiantes dicen que les gusta ver cómo trabajo los casos difíciles. Piensan que aprenden más que de algo fácil.

Esto es lo que ocurrió cuando pedí a Betsy servir de demostración. Cuando salió de la nube, todo lo que vio fue oscuridad y después imágenes confusas. Su lado izquierdo estaba muy activo, intentando comprender porque no podía encontrar algo. Esta es siempre mi explicación para los escépticos que dicen que el cliente inventa una historia para complacer al hipnotizador. Si fuera a inventar algo, ¿Por qué ella no? Después de un rato, comenzó a ver imágenes disociadas y después escenas de sus primeros años de vida, de su vida actual. Era interesante ya que éstas, hacían referencia a las discusiones que oyó entre sus padres mientras se encontraba sola en su cuna. Yo no me rindo. Persisto hasta que finalmente rompo su resistencia. Después de media hora con esta confusión, le pedí que fuéramos adelante a algo importante y apropiado para que ella lo viera. Más tarde nos liberamos de la barrera del lado izquierdo y llegamos a una vida pasada.

B: Soy como una monja. Vivo con un grupo de mujeres que estudian libros. Estudiamos enseñanzas. Estamos en Francia y estudiamos enseñanzas que trajimos con nosotras. No salimos mucho. Nos asusta salir.

D: *Dijiste que eras como una monja.*

B: Sí. Estoy en una orden de mujeres muy brillantes que estudian enseñanzas agnósticas de Jesús de Nazaret.

D: *¿Son enseñanzas que trajisteis con vosotras?*

B: Sí. Fuimos a ese lugar…el lugar donde él fue crucificado.

D: *¿Estuvisteis en ese momento?*

B: Yo estuve allí. Estaba con otras y vimos lo que ocurrió. Todas estábamos allí y sabíamos lo que ocurriría. Él había sido nuestro maestro y le queríamos mucho.

D: *¿Todo el grupo de mujeres estudiaba con él?*

B: Sí, éramos estudiantes muy especiales para él.

D: *¿Presenciasteis lo que le ocurrió?*

B: Sí, fue crucificado, por supuesto, y vi todo. Intenté no mirar mucho, pero después tuvimos que irnos. Tuvimos que llevarnos nuestras enseñanzas a otro lugar. Él nos dijo que tendríamos que hacerlo y obedecimos. De otra manera, las enseñanzas se habrían perdido. Y nos estaban buscando también, porque sabían de nosotras, que éramos sus discípulas especiales, y que tendríamos que partir rápidamente. Después de que se encargaran de su cuerpo, nos fuimos deprisa y vinimos a Francia.

D: *Si no, habríais estado en peligro.*

B: Definitivamente. Yo y algunas de las otras. Por asociación yo lo habría sido también, pero principalmente nuestra líder.

D: *¿Cómo viajasteis a Francia?*

B: Caminamos. Bueno, parte del viaje caminamos. Fue un viaje largo. Gran parte lo hicimos andando.

D: *¿Estabais todas juntas?*

B: Todas juntas.

D: *¿Cómo encontrasteis el lugar donde vivís ahora?*

B: Nos había sido dispuesto y sólo seguimos a la mujer que sabía…nuestra líder. Ella sabía y había un hombre que dirigía el camino. Él sabía. Todo había sido preparado. Sabíamos que esto ocurriría, por lo que nos llevamos las enseñanzas y partimos.

D: ¿Los recuerdas?

B: Fueron escritos. Muchos de ellos fueron escritos. Escribimos más después. Se escribió y tuvimos que protegerlos. Fue muy difícil. Lo que realmente querían eran las enseñanzas y había que protegerlos de ser rasgados y perdidos. Él nos dijo diferentes cosas que comunicó a los demás. Aprendimos más que otros. Estas eran enseñanzas secretas, con respecto a otras.

D: ¿Estas eran diferentes a las que los discípulos se les enseñó?

B: Diferentes a las de los discípulos hombres y estaban recelosos de que nos enseñara esas cosas, y no querían que las tuviéramos. Pensaron que si las teníamos siendo mujeres, eran ellos los que habrían de tenerlas. Por supuesto, es como son, ya sabes.

D: Comprendo. ¿Por eso estaban recelosos del grupo?

B: Mucho, en especial de nuestra líder. Ella fue la que ellos realmente menospreciaron. Pretendían quererla, pero en el fondo no sentían amor por ella en absoluto.

D: ¿Sabes si los hombres fueron en otra dirección?

B: Sé que algunos vinieron con nosotras, pero no a los que temíamos. Se quedaron atrás y cogieron su camino. Tenían una dispensación. Su trabajo era llevar las enseñanzas que fueron verbales y extenderlas verbalmente. Pero aquellas que fueron escritas, eran preciosas y nos fueron dadas a nosotras. Seguimos estudiando más y se produjo después de que Él regresara de nuevo. Vino y nos visitó en aquel lugar de Francia.

D: ¿Quién vino a ese lugar después de que estuvierais?

B: Jesús vino. Le llamaban Yeshua. Él vino.

D: ¿Después de haber sido crucificado? (Sí) ¿En espíritu o en cuerpo?

B: Él estaba en espíritu y en cuerpo.

D: ¿Ambos juntos?

B: ¿Ambas cosas? Sí, ambas cosas. Vino en su cuerpo físico, sólo brevemente. Sólo para darnos las enseñanzas y después se fue. Se fue, aunque yo le conocía y él me conocía a mí, muy casual, no muy profundamente. Fue mi maestro.

D: ¿Fue a algún otro lugar después de abandonar vuestro grupo?

B: Sí. Volvió con su Padre. Vino varias veces.

D: Quizá para asegurarse de que hacíais lo que se suponía que debíais estar haciendo.
B: Sí, para cuestionarnos y dejarnos más enseñanzas. Y las escribimos. Nadie conoce sobre esto, no lo creo. No creo que nadie lo sepa.
D: Entonces, es un secreto. Es muy valioso para vosotras protegerlo.
B: Sí, es verdad. Nos honra y vivíamos solas durante muchos años. Nunca salíamos. Permanecimos dentro. Incluso nuestra líder. Estuvimos alejadas de la gente durante años. Queríamos ser como él. Pensamos que podíamos ser como él. Pensamos que podríamos ser como él por qué así nos lo dijo. También quería que fuéramos maestras, aunque no podíamos estar con los hombres. No lo permitían, por eso vinimos aquí.
D: Esa fue una buena decisión.
B: Sí, creo que sí.

Decidí llevarla adelante a un día importante en su vida. Sería una manera de conseguir más información, de otra manera nos quedaríamos en ese lugar donde vivían.

B: Fue el día que intentamos salir y comprobar que ellos aún seguían...oímos que seguían buscándonos. Pensamos que podríamos encontrar más mujeres...traer a otras mujeres a nuestro grupo. Se estaba reduciendo mucho y necesitábamos y queríamos extender las enseñanzas a nuestra propia manera.
D: ¿El grupo se estaba extinguiendo?
B: Sí, muchas habían muerto. Quedábamos quizá cinco o seis, era importante no dejar que fuera así. Otras debían de conocerlo. Salimos y descubrimos que las cosas no habían cambiado en absoluto, aun muchos no sabían lo que nosotras conocíamos.
D: ¿Qué decidisteis hacer?
B: Decidimos que debíamos llevarnos estas enseñanzas y ponerlas en algún sitio. No sólo donde podríamos acceder a ellas en solitario, porque ciertamente todas podríamos morir y no habría nadie que tuviera estas enseñanzas excepto nosotras. Dispusimos sacarlas fuera y enterrarlas, y así lo hicimos. Queríamos protegerlas y confiamos en estos hombres. Eran amigos. No todos eran iguales, sabes. Teníamos amigos que pensaban diferente a nosotras. Algunos hombres que querían estudiar con nosotras, pero por supuesto, (Ríe) no en aquellos tiempos.

D: *¿Dónde se enterraron?*
B: Se enterraron en varios lugares, no solo en Francia. Algunas fueron enterradas cerca de donde vivíamos. Hubo otras que se llevaron de vuelta donde él fue crucificado, y las enterramos en la orilla, muy cerca de ese lugar.
D: *Este lugar donde fuisteis y enterrasteis casi todas...donde estaba el grupo. ¿Se encontraba cerca de una ciudad o pueblo?*
B: Sí, fue...Le Deuce...Le Blanc. Algo así.
D: *¿Ese era el nombre del lugar donde estaba el grupo?*
B: Sí, cerca de la ciudad. Realmente vivíamos en un templo, una vieja iglesia. Había caballeros que nos protegían en ese lugar.
D: *Entonces, ¿las enseñanzas que enterrasteis, estaban cerca de la ciudad?*
B: Algunas de ellas, si, y después algunos de los caballeros las llevaron a otros lugares y las enterraron.
D: *Pienso que era una buena manera de protegerlas. Es conveniente proteger el conocimiento, ¿verdad?*
B: Extremadamente importante, las preciosas y atemporales, enseñanzas de todos los tiempos. Aquellos que enseñan el camino, el camino a Dios. Es lo que siempre quise y fue un privilegio conocerle. Fue un honor poder estar en su luz e irradiar esa luz y realizar las enseñanzas.
D: *Hiciste un buen trabajo.*
B: Creo que sí.
D: *También intentaste proteger las enseñanzas.*
B: Sí. Sin embargo, no había mucha gente que escuchara, no dónde estábamos, pero creo que habría sido bueno. Quise enseñar a grandes grupos, pero ese no era mi destino en la vida. Aunque hicimos algo muy importante en aquella vida y me gusta hacer cosas que son importantes. Sabes que algunas personas no pueden ver las cosas que son importantes, aunque yo sí. Puedo ver cosas importantes. Puedo reconocerlas inmediatamente y eso es lo que hago.

Pensé que habíamos aprendido tanto como podíamos de esa mujer que vivía enclaustrada y en una existencia de aislamiento. Entonces, procedí a llevarla al último día de su vida y preguntarle lo que estaba ocurriendo.

B: Me encuentro en la cama y mis hermanas están conmigo. Son muy mayores ahora. (Ríe) Vivimos mucho tiempo, y estoy triste porque echo de menos a muchas otras, mis hermanas. Estoy entre las últimas y pienso ahora en mi vida. Pensando en él. Pensando en el futuro. Pienso en la grandeza de esas enseñanzas. Si tan sólo otros pudieran conocerlas. No son lo que parecen. No son de la manera que se están enseñando. La belleza de las enseñanzas se ha perdido.

D: *Pudiste enseñar a algunas personas, ¿verdad?*

B: No, no fue suficiente... no a suficientes. No las verdaderas enseñanzas. Sólo enseñanzas superficiales, sólo a aquellos que podían comprender. No hubo nadie que pudiera comprender la profundidad de las enseñanzas. Ese fue el problema. Tuvimos que protegerlos de aquellos que no podían ver ni comprender.

D: *No pudiste extenderlos tanto como te hubiera gustado.*

B: No. Tuvimos que enterrarlos. Pero algún día, alguien los descubrirá y se enseñarán, ese fue mi trabajo.

D: *Por lo tanto, no fueron perdidos.*

B: No, no se perdieron, y muero felizmente sabiendo esto. Mi vida se ha cumplido. Hice un buen trabajo. Estoy orgullosa. No la habría tenido de otra manera diferente, aunque estaba muy sola. Me habría gustado haber conocido a más gente. Estaba muy sola en todo ello, sola con las enseñanzas.

D: *Creo que hiciste un buen trabajo. Lo intentaste.*

B: Gracias. Así fue.

La llevé al otro lado donde estaba fuera de su cuerpo y pregunté si podía ver su cuerpo. "Lo veo muy lejos. Me alejo, tan sólo me alejo."

D: *Según contemplas esa vida, cada vida es una lección. ¿Qué crees que aprendiste de esa vida?*

B: Aprendí el amor de las enseñanzas y aprendí que debían ser preservados y escondidos. Y que Dios está dentro. A pesar de lo que los cristianos enseñan hoy, conozco la verdad y no es lo que dicen. No es lo que han hecho con él. Ahora puedo verlo.

D: *¿Es lo que aprendiste en esa vida?*

B: Sabía que estaría a cargo de las enseñanzas todo el tiempo. Aprendí sobre la unidad de Dios. Aprendí de la forma que fue enseñado, lo que ocurrió con la doctrina después de que la dejara nuestras manos. Sí, aprendí eso.

D: ¿De qué te servirá haber aprendido esa lección? Es una lección importante. Ahora que estás fuera del cuerpo, ¿qué piensas?

B: Voy a proteger la verdad y me aseguraré de que la verdad persevere. Y que se revele a otros en espíritu como yo pude, porque conocí la verdad, la verdad sobre quiénes somos.

Después hice que se alejara de esa vida y convoqué al SC. La primera pregunta que siempre hago es porque el SC escogió esa vida en particular para mostrar al cliente.

B: Porque duda de sí misma. Duda de quién es. Duda y tiene miedo.

D: ¿Por qué tiene miedo?

B: Tiene miedo de ser diferente a otros. Está enfadada porque su familia nunca vio su diferencia y si lo hicieron no la apoyaron. Su madre intentó ineficazmente, no muy bien. Pero pretendía dejar a Betsy que se metiera aquí y allí, pero no tanto como para ver esa pequeña diferencia, después nutrirlo y formarlo. Necesitó más formación, ella está enfadada, muy enfadada por no haberlo cultivado antes, para poder hacer algo para el mundo. Más de lo que ha podido ser capaz de hacer en esta vida. Es difícil…difícil para ella. No era necesario que fuera tan difícil.

D: ¿Fue tan complicado?

B: Bueno, creo que entró en esta vida con un propósito y le fueron dadas circunstancias para resolver el karma. Supo desde el principio quién era. No pudo escapar del karma que tenía que pagar, y así intentaría con voz entrecortada, hacer esto y aquello, por supuesto, nada funcionaría porque no era nuestra voluntad. No era lo que había que hacer. Nunca le gustó la idea del contrato. No quería realmente tener que hacer eso. Quiso ponerse manos a la obra.

D: ¿Cuál era su contrato?

B: El contrato era ayudar a distintos hombres a encontrarse a ellos mismos y que aprendieran algo de ellos mismo, algunas veces ver sus propias debilidades y después seguir. Tuvo que aprender que no era allí donde debía de estar y continuar. Ellos tuvieron que acabar el karma juntos y para ella supuso mucho sufrimiento. Sintió mucho enfado hacia ellos, sentía no poder soportarlo otra vez. Sabía dónde debía ir, pero tenía que hacer esto primero. El primero era algo que debía realizar. Pobre, sufrió. Menudo fue el primero. Vaya personaje. Tuvo que vivir con él y vivía muy asustada. La pegó durante mucho tiempo y ella volvía a por más. La culpa cristiana no deja abandonar el matrimonio y despegarse. Sentía culpa y dejó que él hiciera lo mismo una y otra vez, ella "no captó el mensaje." Estuvo demasiado tiempo con él, podría haberla matado. Fue suficientemente inteligente como para ver que eso sucedería finalmente y escapó. Él consiguió salir impune, por lo que la única a quien culpar era a ella misma, si es que alguien quiere sentir culpa, pero pudo acabarlo mucho antes. Sé que a menudo se pregunta sobre el karma de esa en particular. No quisiera regresar con esa y no la culpo. Creo que podemos decir que está cumplida. Pudo salir de esa, y fue lo más inteligente. Tenía que pasar por esa experiencia con él. También tuvo que pasar por la otra, la segunda, Dennis. Con él no había un karma. Simplemente tenían que encontrarse. Denis tenía que madurar y seguir, y Betsy ver que éstos eran hombres débiles que la frenaban.

D: *¿Estuvo ella involucrada con estas personas en otras vidas? (Sí, sí) Entonces, existía un karma.*

B: Sí, tenían que concluirlo. Y después, por supuesto, estuvo el profesor de música, uno de los amores de su vida. Por supuesto, nunca se casaron, pero fue otra lección. Ya sabes, enganches, enganches. No podía ver quien era en realidad, a causa de su vida anterior, donde estaba en la música. Y de repente, pensó que iba a ser una cantante de ópera, y no pudo convencerse de que no era donde debería estar. Se quedó demasiado tiempo. ¡Dios mío! Finalmente tuvo que perder su voz. Tuvimos que dejarla sin voz, para sacarla de esa, él la amaba. Y después, por supuesto, hubo otro, el último. No hablaremos de él. Finalmente, ha encontrado un compañero. Éste es alguien que necesita una compañera y ella encontró al adecuado.

El SC después nos habló de los problemas que tuvo Betsy con su madre. Estos aún continuaban y era momento de dejarlos marchar.

D: *Sabes del interés de Betsy en enseñanzas metafísicas. ¿Procede de esa vida que le has mostrado?*

B: Sí, ella ha sido una parte de ese patrón durante muchas vidas. Y otras religiones, también, pero siempre en el meollo de la misma, rodeada por algunos de los grandes maestros de algún tipo. En la que estuvo en la vida de Buda, era amiga de su mujer y recibió la enseñanza en ese tiempo. Estuvo en la vida de Mahoma, como seguidor, no tanto como una parte de su círculo interno.

D: *Es como que su destino ha sido estudiar enseñanzas antiguas y pasarlas.*

El SC nos habló de su fascinación por las enseñanzas antiguas ahora, y cómo ha ido yendo de profesor a profesor, para absorber tanto conocimiento como era posible. "Aún tenemos mucho más para ella. Hay mucho más de lo que es capaz. Es hora de avanzar. Las enseñanzas son muy importantes, y se ha dado mucho a la gente que ama estas antiguas sabidurías y enseñanzas, pero no mucha gente se tomará el tiempo en leerlas. Sólo hay dos o tres de esos libros que cualquiera puede entender." Puntualicé que era similar a esa otra vida, donde no tenían muchas personas a las que poder transmitir el conocimiento. Decidí que era hora de preguntar sobre la curación de su cuerpo. Betsy tenía muchos problemas físicos y dolencias. Tenía un dolor constante que iba en ascenso, durante los últimos cuarenta años, tomaba medicación fuerte para los dolores. El dolor estaba presente en la mayor parte de su cuerpo, al sufrir de problemas en su espalda (escoliosis y discos degenerativos), su pelvis (suelo dañado y caído, caderas, rodillas, tobillos, muñecas y omóplatos. Sufría de alergias severas y había tenido problemas de respiración desde niña. Además de estos problemas, Betsy tenía la presión arterial alta y problemas con su vista, tomando numerosa medicación. Pensé que era mejor hacer que el SC hiciera un escaneado corporal, por existir tantos problemas de salud.

B: Necesita que este cuerpo sea curado. Lo lleva queriendo durante tanto tiempo. No sabía cómo llegar a mí. Pienso que no supo tomar contacto con su cerebro tan aturdido por causa de las medicinas. Lo intentamos. Intentamos llegar a ella cuando suplicaba y pedía, pero no pudo realizar la conexión. No había nada que pudiéramos hacer. Las medicinas, las drogas, se interponían definitivamente en el camino hacia la luz que queríamos enviarle, lo que podría haberla salvado, haberla curado en el acto.

D: *Pero en este estado podéis ayudarla, ¿verdad?*
B: Puede ser ayudada y queremos hacerlo. Lo hemos querido hacer durante mucho tiempo, así que pongámonos manos a la obra.
D: *No podrá poner resistencia*
B: Está justo donde queríamos que estuviera. Realizaremos un escaneado de arriba a abajo y veremos lo que hay.
D: *Yo lo llamo escáner corporal.*
B: Sí, por supuesto. Nosotros tan sólo dejaremos que la luz vaya de arriba a abajo y después descubriremos lo que se nos ha pasado por alto. Tenemos una técnica que queremos realizar. La técnica de luz que será la nueva manera de sanación de la Nueva Era. Los Hermanos del Espacio la tienen, sabes.
D: *No lo sabía.*
B: Todo está creado de luz. Todo es luz. Sólo tenemos que aprender a cómo enfocarla. Empezaremos por la parte superior de la cabeza. Nos detendremos durante un tiempo considerable y trabajaremos en el cerebro. Llevaremos luz y repondremos cada molécula de su cerebro y sacaremos toda esa toxicidad. Todo eso hace que su cerebro se encuentre sin claridad.

Con otros clientes, el SC ha dicho muchas veces que estaban recableando el cerebro. Eso puede ser como lo hacen. Siempre les pregunto para que expliquen cómo realizan la sanación, porque tengo curiosidad, y es bueno para el cliente oír el proceso en la grabación.

B: No tengo que concentrarme. Tengo este instrumento en este momento, un instrumento que abre esta energía de luz. Y es capaz de ir rompiendo las frecuencias necesarias para equilibrarlas con la luz. Es bastante difícil de explicártelo, pero aquí está.

Después, continuaron sobre su cavidad torácica y se horrorizaron de lo que las alergias y las drogas habían hecho. "No lo creerías. Aquí en Las Vegas (donde Betsy vivía) no es bueno para ella. Tiene que irse tan pronto como su madre haga su transición. Tenemos que conseguir que se marche de allí. Su cuerpo es muy sensible, en gran medida porque estuvo mucho tiempo en otro planeta. Hay dos maneras de hacer esto. Podemos hacer que su cuerpo no reaccione a las alergias, lo cual es lo que prefiero para que pueda ir a cualquier lugar. O podemos hacerla no alérgica a las alergias, que experimente en un lugar concreto si quiere permanecer allí."

D: Hacedlo de la manera que prefiráis.
B: Bien, me gustaría eliminar todas ellas. Nos ha llevado tanto tiempo, que vamos a hacerlo bien. (Ríe)
D: Hacedlo como queráis hacerlo. Eres el jefe. (Reí)

También, mencionaron que el spray nasal que le fue prescrito le estaba creando una reacción de rechazo. Repararon el daño, pero tendría que ser paciente para que la nariz se acostumbrase a respirar sin él. Después, pasaron a la zona hígado/riñón donde observaron una congestión y procedieron a desintoxicar. Más tarde pasaron la zona a la pelvis.

B: Se había sometido a dos cirugías y tenemos que quitar todo eso. Esta parte no es fácil. Los doctores no intervinieron bien. Y le habría llevado a una vida de adversidad y quizá incontinencia. La cirugía es tan arcaica y primitiva. ¡Dios mío!
D: Ellos querían operar otra vez.
B: Absolutamente un despropósito. Es tan fácil.

Prosiguieron trabajando en todas las articulaciones, reparándolas. "Hay una sensación de cosquilleo. Seguro que puede sentirla." Un problema en la glándula pineal le estaba creando problemas del sueño, y también tomaba medicación para eso. El SC definitivamente quería que dejara todas las medicinas. Tomaba también medicación para la depresión, aunque también arreglaron eso, sin que se lo pidiera. "Nos hemos ocupado de eso. Ella está ahora bien. Llegó de todas esas vidas de tener que estar frenada como mujer. Las mujeres lo pasan muy mal con el karma, todo el colectivo. Han acumulado tanto. Caen en depresión después con el tiempo. Absolutamente ha cargado con eso en su vida, no recibir amor del padre lo agravó. Hemos equilibrado esa parte. Ahora tenemos que ir a la espalda." El problema de espalda de Betsy era el problema principal que ella señaló, pero ellos dijeron que tendrían primero que solucionar todo lo demás antes. Ahora, podríamos ir a su espalda y ayudarla con eso. Betsy había nacido con una curvatura en la columna vertebral.

B: Todo empezó cuando era una mujer en África, cargando siempre esas cestas. Nacida en una época donde las mujeres habían de llevar a cuestas tanto peso. Comenzó allí y continuó en otras vidas. Hubo accidentes y guerras que hicieron que se quebrará. Se rompió la espalda durante una guerra y no tenían medios de parchear eso en aquellos días. Ha cargado con eso en forma de memoria.

D: No necesita sufrirlo ahora.

B: No, no debe hacerlo. Le impactará cuando se ponga de pie y pueda ponerse derecha. Le encantará. Siente que algo está ocurriendo. Es una alineación. Continuaremos. El problema de su espalda no es algo fácil. Estamos intentando deshacernos de toda esa medicación, que no queremos que tome por mucho más tiempo. Queremos que todo sane ahora mismo. No tendría dolor sin que estiremos su espalda enseguida. Sí, el dolor va a desaparecer. Preferimos realizar el estiramiento durante varios meses, porque es difícil de hacer. Es mucho trabajo.

D: Sé lo que podéis hacer.

B: Sé que lo sabes. (Ambos reímos) Bien, déjame ver.

D: Lo que creas que es más apropiado.

B: Aunque creo que sería bueno para Betsy si pudiera ver un milagro. (Pausa)

D: Entonces, ¿qué estáis haciendo?

B: Estoy observando un triángulo y arreglando su espalda a la misma vez. La pelvis está rotada, toma algún tiempo mientras se reequilibra. Para readaptar el equilibrio del cuello, los hombros, todo en conjunto se coloca. Creo que hemos obrado milagros hoy. Se sorprenderá y no necesitará algunos medicamentos, o ninguno en absoluto. Aunque tendrá que ir al médico para que se los vayan retirando gradualmente. No le resultará difícil. Eso es lo principal. No habrá más dolor y experimentará los síntomas normales de su retirada. El cuerpo tan sólo se acostumbrará a no tener esas drogas dentro. Quisiera decir que no habrá ningún dolor, quizá náuseas debido al estómago. Creo que es suficiente. Continuaremos. Continuará, aunque yo no esté aquí.

D: Bueno, sabes que estamos en una clase, ¿verdad?

B: Oh, sí, eso es.

D: Y es importante que aprendan todo esto, ¿verdad?

B: Espero que hayamos sido instructivos. Espero que hayan aprendido una o dos cosas.

D: Queremos enseñarles. *Para que puedan hacer lo mismo.*

B: Si, nos hará felices trabajar con ellos para que puedan ser sanadores. Si, el mundo necesita más, así sea.

D: *Que no haya más cirugías.*

B: Oh, ni siquiera menciones la palabra. (Ambas reímos) Hemos eliminado todo el malestar de la espalda. ¡Eso es! Hemos hecho un gran número de cosas hoy, pero durante el sueño seguiremos asistiendo. Haremos que los discos se suelten aún más, mientras duerme. Trabajaremos más durante el sueño, porque es muy sensible. Toda la situación del sistema en completo, el fluido de la columna y cefalorraquídeo.

D: *De esa forma, la mente consciente se pone a un lado y podéis trabajar sin interferencias.*

B: Si, es lo mejor.

D: *Dijiste que llevaría varios meses realizar el estiramiento.*

B: No creo que sea tanto, porque he trabajado con ella sobre eso. Gracias por permitirme más tiempo. Creo que se sorprenderá. Notará la diferencia.

D: *¡Maravilloso! ¡Y así lo creerá!*

B: Es lo que queremos. Creer es importante, además tiene un problema en particular con todo esto, sabes, el acercamiento esotérico. Creer en sólo lo que uno realmente cree, no porque alguien te lo dice. Ha de ser algo que tú sepas. Será una nueva persona.

D: *Estaba preparada para partir, y no es el momento, ¿verdad?*

B: No, es sólo el comienzo.

* * *

Mensaje de partida: Siempre se ha preocupado mucho de realizar un buen trabajo. Siempre tan preocupada de hacer esto y lo otro, y preocupada sobre el "otro" lado. No, está realizando un trabajo excelente. Todo está bien. Ha de acallar la culpabilidad y saber que la queremos. Yo lo haré incondicionalmente. No puede hacer nada mal y deberíamos haberlo tenido más en cuenta. Está realizando su parte, en el grandioso plan. Escucha a su ser superior y logrando su propósito en la vida.

* * *

Cuando Betsy despertó y se bajó de la cama, estaba atónita de no sentir dolor. También notó inmediatamente que estaba más erguida. Más tarde se sentó en el suelo, haciendo posiciones de yoga, mientras los estudiantes miraban. Reía, mientras nos contaba que no había podido hacer éstos en tantos años.

* * *

De acuerdo con Stuart Wilson y Joanna Prentis, en "El Poder de Magdalena – La Historia Escondida de las Mujeres Discípulos," María Magdalena abandonó Israel en uno de los barcos de José de Arimatea y su grupo tomó tierra en el sur de Francia, en ese momento conocida como Galia. Se afirma que habría una igualdad de discípulos entre hombres y mujeres, seis círculos de doce, siendo 72 discípulos hombres, y seis círculos de doce, siendo 72 discípulos mujeres – un total de 144 discípulos. María Magdalena formaba parte de las primeras doce mujeres discípulos. ¿Pudo haber Betsy estado en el mismo grupo del que mencionó formar parte? Dentro del mismo texto, Stuart define Agnósticos como un movimiento poco cohesionado, que estuvo activo durante los primeros años de la Cristiandad. Creían en un estado místico de Profundo Conocimiento o de Gnosis, en el cuál el conocedor y lo conocido se unían y formaban uno.

Continúa un gran debate sobre los motivos y la ética de éstos, por la iglesia.

* * *

Las Reliquias de Santa María Magdalena en la Diócesis de Frejus-Toulon, sur de Francia.

Por cortesía de: Eternal World Television Network Traducido del francés por: Diacono E. Scott Borgman

La región de Provenza fue evangelizada en el siglo uno por los cristianos de oriente. La tradición les ha llamado los "Amigos de Bethany o Betania" o como los conocemos; Lázaro, Marta y María

Magdalena, quienes se dice, llegaron al sur de Francia de la siguiente manera:

Al año siguiente de la ejecución de San Juan en Jerusalén, las persecuciones se amplificaron. Lázaro y Marta fueron enviados a prisión, y María Magdalena, por su afán en visitarlos, fue hecha prisionera así junto con otros miembros de la comunidad cristiana de Betania: San Maximino, San Marcelo, Santa Susana y San Sidonio.

Los judíos, temerosos de la muchedumbre si ejecutaban a los prisioneros, los metieron en un barco sin velas o timón, y un gran barco lo remolcó mar adentro, abandonándoles en mar abierto. Cantando y orando llegaron a tierra, en las costas de Galia, en un lugar llamado Saint Marie de la Mer. El viaje se realizó a una velocidad milagrosa.

Viajaron por tierra a Masilia (Marsella), donde les fue dada una buena acogida. Predicaban el Evangelio y Lázaro en su potestad como obispo, bautizó a mucha gente. María Magdalena se retiró a una cueva en las montañas de difícil acceso; allí vivió en severa penitencia. Marta fue a Aviñón y Tarascón.

Santa María Magdalena murió cerca de Tégulata (San Maximino). En el sitio donde el sarcófago de Santa María Magdalena fue encontrado, durante las excavaciones debajo de la Basílica de San Maximino, también se encontraron tumbas del siglo I, hechas de ladrillos y tejas.

¿Sería Santa María Magdalena enterrada de este modo y después trasladada al sarcófago de mármol en el 710? Quizá. Lo esencial de todo esto es la Tradición que lo afirma, y los constantes peregrinajes a Ste Baume, un lugar venerado por el cristianismo desde los primeros siglos, antes de que llevaran algunas de las reliquias a Vézelay en Borgoña, durante los estragos en Provenza por los Saracens.

La presencia de Lázaro, Marta y María Magdalena en Provenza fue reconocida como verdadera y pertenece a la historia sagrada de Francia. También ha sido reconocido por la cristiandad, tanto en occidente como en el oriente. Gente de todos los países de Europa hacen peregrinaje a las cuevas de "Los Amigos Sagrados de Jesús."

Capítulo 25

CONCLUSIÓN

Como afirmé en la introducción, éste no es nuevo conocimiento. Es nuevo antiguo conocimiento. Lleva aquí durante milenios, pero estaba reservado para unos pocos elegidos, que dedicaban sus vidas al entendimiento y enseñanza del mismo. Porque el conocimiento era poder, normalmente las personas de autoridad se sentían amenazadas por cualquiera o cualquier cosa que no podían comprender, e intentaban conseguirlo a toda costa. Muchos fueron torturados y asesinados por este conocimiento. Muchas de estas almas han regresado ahora para ayudar a la humanidad y al planeta en el movimiento de avance. Su misión es asegurar que los errores de antes no se cometan otra vez. Muchas de esas destrezas, habilidades y conocimiento están regresando a aquellos que estén abiertos a ellos, para ser usados en una manera de asistir a uno y a todos. Es por eso que hay tantas personas que se sienten atraídas por el trabajo de sanación, como "trabajadores de luz" o en profesiones de ayuda. La mayoría de personas que vienen a verme, incurren en una de estas categorías.

    Es un momento emocionante. Vivimos en un tiempo ahora mismo, mientras estamos en nuestra casa, nuestro planeta en el que nos movemos ya hacia otra dimensión. Se trata de frecuencias y vibraciones. Y las personas están despertando a un ritmo alarmante. Puede ser confuso a veces, pero todos nosotros hemos firmado un contrato para estar aquí ahora mismo. Nunca hemos de olvidar que nosotros escogimos estar aquí y estamos aquí por una razón. Estas sesiones son sólo algunos ejemplos de cómo regresando a recordarnos a nosotros mismos quienes somos y lo que hacemos o deberíamos hacer. Ya no es el conocimiento para unos pocos elegidos, sino para todos nosotros. Según vamos despertando y elevando nuestras frecuencias, nos ayudamos mutuamente y a nuestra Tierra, para lograr su misión de elevar frecuencias plenamente en otra dimensión.

Constantemente recibo más y más información sobre nuestra herencia y por qué estamos aquí; continuaré realizando mi parte en la ayuda a descubrir este conocimiento oculto y sagrado, para que todos nosotros aprendamos.

SOBRE EL AUTOR

Dolores Cannon, una terapeuta regresiva e investigadora psíquica que recopila el conocimiento "Perdido." Nació en Saint Louis, Missouri. Estudió y vivió en St. Louis hasta su boda en 1.951, con un oficial naval. Pasó 20 años viajando por todo el mundo, como una típica esposa de la marina con sus hijos. En 1.970 su marido quedó inhabilitado, pasando a ser un veterano incapacitado y se retiraron a vivir en las montañas de Arkansas. Después, comenzó su carrera de escritora, empezando a vender sus artículos a distintas revistas y periódicos. Ha estado involucrada con la hipnosis desde 1.968 y exclusivamente con terapias de vidas pasadas y trabajo de regresión desde 1.979. Ha estudiado los diversos métodos en hipnosis, de ese modo creó su propia y única técnica, la cual permite obtener la versión más eficaz de la información de sus clientes. Dolores ahora enseña su técnica única de hipnosis por todo el mundo.

En 1.986 expandió sus investigaciones en el campo OVNI. Ha realizado estudios in situ de presuntos aterrizajes de OVNIS, e investigado los Crop Circles (Los círculos de las cosechas) en Inglaterra. La mayor parte de su trabajo en este campo ha sido una acumulación de la evidencia a través de la hipnosis de presuntos abducidos.

Dolores es una reconocida ponente internacional que ha dado conferencias en todos los continentes del mundo. Sus diecisiete libros han sido traducidos a más de veinte idiomas. Ha dado charlas para la audiencia en la radio y televisión internacional. Artículos sobre/ de Dolores han aparecido en revistas internacionales y periódicos.

Dolores fue la primera americana y la primera extranjera en recibir el Premio Orfeo, en Bulgaria, por el mayor avance en la investigación de fenómenos psíquicos. Ha recibido premios de la Contribución Destacada a la Trayectoria, por distintas organizaciones de la hipnosis.

Dolores tiene una familia muy numerosa que la mantiene firmemente equilibrada entre el mundo "real" de su familia y lo "oculto" de su trabajo.

Dolores hizo su transición de esta dimensión el 18 octubre, 2014.

Other Books by Ozark Mountain Publishing, Inc.

Dolores Cannon
A Soul Remembers Hiroshima
Between Death and Life
Conversations with Nostradamus, Volume I, II, III
The Convoluted Universe -Book One, Two, Three, Four, Five
The Custodians
Five Lives Remembered
Jesus and the Essenes
Keepers of the Garden
Legacy from the Stars
The Legend of Starcrash
The Search for Hidden Sacred Knowledge
They Walked with Jesus
The Three Waves of Volunteers and the New Earth
A Vey Special Friend
Aron Abrahamsen
Holiday in Heaven
James Ream Adams
Little Steps
Justine Alessi & M. E. McMillan
Rebirth of the Oracle
Kathryn Andries
Time: The Second Secret
Cat Baldwin
Divine Gifts of Healing
The Forgiveness Workshop
Penny Barron
The Oracle of UR
P.E. Berg & Amanda Hemmingsen
The Birthmark Scar
Dan Bird
Finding Your Way in the Spiritual Age
Waking Up in the Spiritual Age
Julia Cannon
Soul Speak – The Language of Your Body
Ronald Chapman
Seeing True

Jack Churchward
Lifting the Veil on the Lost Continent of Mu
The Stone Tablets of Mu
Patrick De Haan
The Alien Handbook
Paulinne Delcour-Min
Spiritual Gold
Holly Ice
Divine Fire
Joanne DiMaggio
Edgar Cayce and the Unfulfilled Destiny of Thomas Jefferson Reborn
Anthony DeNino
The Power of Giving and Gratitude
Carolyn Greer Daly
Opening to Fullness of Spirit
Anita Holmes
Twidders
Aaron Hoopes
Reconnecting to the Earth
Patricia Irvine
In Light and In Shade
Kevin Killen
Ghosts and Me
Donna Lynn
From Fear to Love
Curt Melliger
Heaven Here on Earth
Where the Weeds Grow
Henry Michaelson
And Jesus Said – A Conversation
Andy Myers
Not Your Average Angel Book
Guy Needler
Avoiding Karma
Beyond the Source – Book 1, Book 2
The History of God
The Origin Speaks

For more information about any of the above titles, soon to be released titles, or other items in our catalog, write, phone or visit our website:
PO Box 754, Huntsville, AR 72740|479-738-2348/800-935-0045|www.ozarkmt.com

Other Books by Ozark Mountain Publishing, Inc.

The Anne Dialogues
The Curators
Psycho Spiritual Healing
James Nussbaumer
And Then I Knew My Abundance
The Master of Everything
Mastering Your Own Spiritual Freedom
Living Your Dram, Not Someone Else's
Sherry O'Brian
Peaks and Valley's
Gabrielle Orr
Akashic Records: One True Love
Let Miracles Happen
Nikki Pattillo
Children of the Stars
A Golden Compass
Victoria Pendragon
Sleep Magic
The Sleeping Phoenix
Being In A Body
Alexander Quinn
Starseeds What's It All About
Charmian Redwood
A New Earth Rising
Coming Home to Lemuria
Richard Rowe
Imagining the Unimaginable
Exploring the Divine Library
Garnet Schulhauser
Dancing on a Stamp
Dancing Forever with Spirit
Dance of Heavenly Bliss
Dance of Eternal Rapture
Dancing with Angels in Heaven
Manuella Stoerzer
Headless Chicken
Annie Stillwater Gray
Education of a Guardian Angel
The Dawn Book
Work of a Guardian Angel

Joys of a Guardian Angel
Blair Styra
Don't Change the Channel
Who Catharted
Natalie Sudman
Application of Impossible Things
L.R. Sumpter
Judy's Story
The Old is New
We Are the Creators
Artur Tradevosyan
Croton
Croton II
Jim Thomas
Tales from the Trance
Jolene and Jason Tierney
A Quest of Transcendence
Paul Travers
Dancing with the Mountains
Nicholas Vesey
Living the Life-Force
Dennis Wheatley/ Maria Wheatley
The Essential Dowsing Guide
Maria Wheatley
Druidic Soul Star Astrology
Sherry Wilde
The Forgotten Promise
Lyn Willmott
A Small Book of Comfort
Beyond all Boundaries Book 1
Beyond all Boundaries Book 2
Beyond all Boundaries Book 3
Stuart Wilson & Joanna Prentis
Atlantis and the New Consciousness
Beyond Limitations
The Essenes -Children of the Light
The Magdalene Version
Power of the Magdalene
Sally Wolf
Life of a Military Psychologist

For more information about any of the above titles, soon to be released titles, or other items in our catalog, write, phone or visit our website:
PO Box 754, Huntsville, AR 72740|479-738-2348/800-935-0045|www.ozarkmt.com

www.ingramcontent.com/pod-product-compliance
Lightning Source LLC
Chambersburg PA
CBHW071657160426
43195CB00012B/1502